足球比赛
决策分析及针对性训练
★ 修订版 ★

[英] 伊恩·弗兰克斯（Ian Franks） 迈克·休斯（Mike Hughes）◎著

毕妍 周亢亢◎译

人民邮电出版社

北京

图书在版编目（CIP）数据

足球比赛决策分析及针对性训练 / （英）伊恩·弗兰克斯（Ian Franks），（英）迈克·休斯（Mike Hughes）著；毕妍，周亢亢译. -- 2版（修订本）. -- 北京：人民邮电出版社，2022.9
ISBN 978-7-115-58314-7

Ⅰ. ①足… Ⅱ. ①伊… ②迈… ③毕… ④周… Ⅲ. ①足球运动－竞赛战术②足球运动－运动训练 Ⅳ. ①G843.2

中国版本图书馆CIP数据核字(2021)第260018号

版权声明

免责声明

作者和出版商都已尽可能确保本书技术上的准确性以及合理性，并特别声明，不会承担由于使用本出版物中的材料而遭受的任何损伤所直接或间接产生的与个人或团体相关的一切责任、损失或风险。

内 容 提 要

近年来，足球比赛分析越来越重要。职业足球俱乐部的每一场比赛都离不开比赛分析，它能够帮助球队分析自己和对手的比赛，找出适合自己的最佳训练方案，从而获得比赛的胜利。

本书介绍了如何将足球比赛分析、执教分析、决策领域的研究成果应用于具体的足球训练中，向读者提供了提升个人技术水平及球队整体战术水平的训练方案，涉及带球、传球、射门以及团队配合等方面。此外，本书还详细介绍了足球训练课分析方法。无论是经验丰富的职业足球教练、足球俱乐部经理人、体育院校的师生，还是业余教练、足球运动爱好者，都能从本书严谨的理论阐释和大量的训练实践中获益。

- ♦ 著　　　　[英]伊恩·弗兰克斯（Ian Franks）
　　　　　　　[英]迈克·休斯（Mike Hughes）
　　译　　　　毕　妍　周亢亢
　　责任编辑　刘日红
　　责任印制　马振武
- ♦ 人民邮电出版社出版发行　　北京市丰台区成寿寺路 11 号
　　邮编　100164　电子邮件　315@ptpress.com.cn
　　网址　https://www.ptpress.com.cn
　　廊坊市印艺阁数字科技有限公司印刷
- ♦ 开本：700×1000　1/16
　　印张：17.75　　　　　　　　　　2022 年 9 月第 2 版
　　字数：253 千字　　　　　　　　2025 年 8 月河北第 3 次印刷
　　著作权合同登记号　图字：01-2016-6546 号

定价：118.00 元

读者服务热线：(010)81055296　印装质量热线：(010)81055316
反盗版热线：(010)81055315

关于作者

伊恩·弗兰克斯博士（Ian Franks, PhD）

弗兰克斯博士于 1975 年获得了全英足球协会优秀教练员奖，他曾在 20 世纪 80 年代早期参与了加拿大足球协会教练员培养计划的制订，1980—1983 年在不列颠哥伦比亚大学（University of British Columbia，UBC）奥林匹克足球训练中心担任主教练。之后，弗兰克斯博士被任命为 UBC 运动分析中心总监，并研究出针对国际足球比赛的第一个计算机分析系统。自担任 UBC 运动科学学院教练员以来，他已经在运动分析、运动技能习得和动作控制等领域发表了超过 200 篇研究论文以及编著了 5 本著作。弗兰克斯博士还是加拿大精神运动学习和运动心理学会以及加拿大全国运动机能学院的成员。

迈克·休斯博士（Mike Hughes, PhD）

休斯博士在比赛分析领域有超过 30 年的研究经验。他曾担任英国多支国家运动队的数据分析师，运动项目包括壁球、曲棍球、足球和羽毛球。他已经发表了超过 160 篇研究论文，编著和参与编著了 24 本著作，并组织、参与了 18 场关于运动分析的国际会议。他的研究领域包括建模、战术和技术分析以及个人动作分析。他近期的研究成果涵盖了诸多运动项目，包括足球、持拍类运动项目、篮球、板球和女子壁球，此外还有统计学在足球分析领域中的应用。休斯博士是国际运动分析学会（International Society of Analysis of Sport, ISAS）的创始人。他还是经英国体育与运动科学协会（British Association of Sport and Exercise Sciences, BASES）认证的运动科学家，同时也是英国皇家统计学会的会员。

关于译者

毕妍

  北京师范大学体育与运动学院硕士、中国女足前队长，现任北京师范大学校女子足球队助理教练。她先后以队员和教练身份荣获 2006 年亚洲杯冠军、2011 年世界大运会冠军、2014 年北京高校五人制女足锦标赛冠军和 2017 年全国大学生运动会冠军。

周亢亢

  北京体育大学体育教育训练学博士，目前在国家体育总局训练局体能康复中心任职，助理研究员，2017 年 11 月借调到中国女足黄队担任副领队，先后在体育类核心期刊、学术会议发表学术论文若干篇。

鸣谢

首先，我们想要感谢插画作者蕾切尔·爱普特的优秀插画作品，她的彩色插画让本书变得更加生动有趣。我们还要感谢乔治·马里亚诺维奇给本书插画带来的诸多灵感。其次，我们要感谢克里斯·弗兰克斯对本书相关章节的贡献，他运用专业知识向我们介绍如何在训练开始的时候进行热身运动。弗兰克斯是温哥华白帽队的训练师兼理疗师，同时供职于温哥华福尔提斯运动和健康诊所。我们还要感谢系统分析师保罗·内戈尔科，他创造性地开发了用于数据分析的计算机程序和视频接口，如果没有他的贡献，我们就不可能对足球比赛的分析数据展开研究。我们还要感谢帮忙搜集比赛数据的来自 UBC 和卡迪夫城市大学的研究生们。最后，我们要感谢加拿大社会科学和人类学研究委员会和加拿大体育局对比赛分析和执教分析研究的资金支持。

献辞

谨以此书献给艾米丽、布琳、海登、基兰、西恩纳和塞巴斯蒂安。他们正在积极地为完成 10 000 小时比赛和训练的目标努力。

关于本书

    本书针对足球的重要影响因素展开分析，并在分析结果的基础上发展出了一套有实用价值的先进训练方法，用以提升球员和球队的表现。在参考历史研究成果的基础上，我们通过逻辑学和系统性方法对比赛进行了解析。同时，我们还对执教实践本身进行了分析，对教练的行为展开了详细的审视和评估。我们专门设计了技术和战术训练方法，将有关人类决策和动作技能习得的研究成果直接应用到了执教过程中（本书数据截至英文原书成稿）。我们希望各位教练可以通过本书了解到如何在比赛分析方法的帮助下发展他们自己的执教方法并丰富完善他们的执教风格。

    本书适合所有级别的教练使用，不管是负责青训的年轻教练还是拥有丰富的成年队执教经验的资深教练，都可以从本书中获取他们需要的信息。在第一部分，我们将简要介绍足球比赛分析的概念，有逻辑地向各位读者介绍如何开发一套分析系统，并对分析的结果进行简要概括。我们重点关注了对定位球和传中球的研究。在第二部分，我们阐述了决策在足球比赛中的重要性，并提供了一种与众不同的决策方法。例如，我们把防守分解成一系列全队球员都应该参与的决策过程，而不论他们在场上处于什么位置。在第三部分，我们强调教练需要循序渐进地安排接近实战的训练，把训练成果最大限度地应用到比赛中。我们举了几个关于功能性训练的例子，辅以循序渐进的训练方法——从在足球场的某个特定区域进行单独的技术训练到完成一场完整的训练赛。此外，我们通过设定具体的情境训练球员的综合进攻技术，再让他们在小型比赛中应用这些技术。在第四部分，我们为青训教练简要概括了运动技能习得方面的研究成果和建议，旨在帮助他们提高足球执教水平。接下来，我们按照这些建议为多项足球技能的习得设计了训练方案。第五部分是关于热身和训练课结束的指南。我们介绍了几种与比赛相关的热身运动，它们可以作为训练课的第一项内容；此外，还介绍了几种有趣的训练游戏，它们可以作为训练课结束前的最后一项内容。第六部分对整个执教过程下了定义，并举例说明了如何把比赛分析融入整个执教过程。此外，这部分内容还将指导教练如何准备、组织和执行一节成功的训练课。在训练课的框架内，我们强调了安排自我反思练习的重要性。为了改善与球员之间的信息传递效果，教练必须向他们收集有关自己执教风格的反馈。

为了保证本书的可读性，我们选择不在正文中标注所引用的文献。但我们提供了更多的参考文献（获取方式详见第 282 页），包括与本书的研究直接相关的经典研究和近期研究。这部分内容将有助于足球专业的学生对足球分析和足球技能习得的各个方面展开更加严谨和翔实的研究。

目 录

第一部分
比赛分析

第 1 章　引言

在一场足球比赛中，球迷追求的是乐趣，而观察者关注的是比赛的关键信息。毋庸置疑，所有人都想要从比赛中获得乐趣，但是对教练来说，观看一场足球比赛是一项艰巨的任务。观察球员的踢球表现是一名教练必须完成的重要任务之一。针对行为观察过程的早期研究带来了社会心理学领域的一些有趣发现，我们可以用这些发现评估足球教练的观察技巧。达伦·纽森发现，成熟的观察者会使用动作序列中的中断点对不间断事件的行为单元加以组织，帮助自己在事后进行回忆。之后这些行为单元会成为理解和记忆的单元。例如，对负责分析比赛的足球教练来说，足球比赛中的中断点可以是一些非常简单的事件，如控球权的转换，每次转换都可以成为一段记忆。遗憾的是，由于足球比赛时间较长，而且会受到大量其他因素的影响，教练在比赛中观察到并记住的绝大部分信息都是不准确的。这是意料之中的，毕竟 90 分钟的比赛里会发生很多事（例如控球权转换等关键事件）。我们在哥伦比亚大学实验室中进行的研究表明，大多数教练（从业余级到国际级）尝试回忆自己在比赛中观察到的一些事件（例如球是如何进的以及进球机会是如何创造的）时，出错的概率超过五成。

那么，教练应该怎么做才能让自己记住比赛中更多的关键事件呢？我们知道，熟练的观察者具备专业的预测能力，并且会确定某些优先观察项目。因此，足球教练必须知道影响球员预期表现的关键因素有哪些，并且对预期表现应该有一个清晰的概念。很明显，为了准确记忆比赛中的所有关键事件，教练需要进行大量与比赛行为相关的观察练习。除此以外，教练还可以选择使用某种记忆辅助工具，帮助自己准确记忆 90 分钟的足球比赛中的关键事件。这类记忆辅助工具可以是很简单的一支笔和一张检查表，也可以是复杂的安装在交互式计算机上的视频分析系统。系统先进与否并不重要，对任何分析系统来说，关键是确保搜集到的信息的准确性、相关性和实用性。例如，一台录像机可以记录并存储一场比赛中的大部分信息，但这些信息还需要通过某种方式加以分析才能对教练的决策起到帮助作用。如果教练需要用这些信息评估球队或球员的表现，并为下场比赛做准备，那么仅统计数据是不够的，例如控球和传球次数。让我们以简单的向前传球为例，在图 1.1 和图 1.2 所示的传球案例中，除了一名防守球员的站位（见图 1.1）或传球的地点（见图 1.2）不同，其他所有情况都是相同的。在图 1.1 中，案例 2 的传球比案例 1 更有穿透性，因此形成了更大的进攻威胁。同样，如果我们像图 1.2 那样把传球的地点从中场换到禁区顶部，很明显案例 2 的传球难度远远高于案例 1，而且最终应该能够制造一次射门机会。

如果只统计传球成功次数，却不考虑传球时的具体情况，那么数据的丰富程度就会明显降低，信息量也会减少。因此，我们必须知道这些传球和控球创造了哪些机会。基于此，保证数据捕捉的连续有序性（也就是什么导致了什么）就成为所有分析系统的一项重要功能。

但是，如果我们试图仅通过观看简单的比赛录像达成这个目标，却没有任何系统的分析体系指导我们如何观看录像，那么我们在现场看比赛时遇到的很多问题可能仍然存在。

那么，我们如何才能以系统、先进的方法对一支球队的表现进行分析呢？

场景的不同之处
防守球员的站位

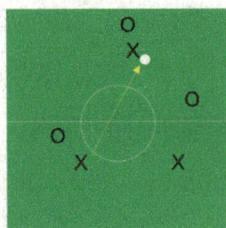
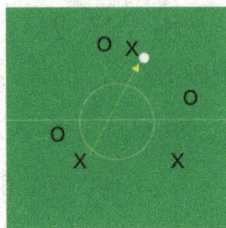

案例 1   案例 2

图 1.1

场景的不同之处
传球的地点

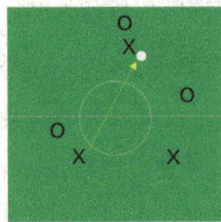
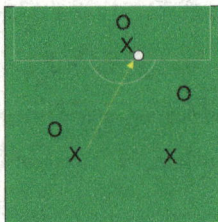

案例 1   案例 2

图 1.2

在一场普通的足球比赛中，双方各有接近 200 次控球机会，既然比赛的目标是进球，那么这 200 次控球机会就有可能转化为 200 次进球机会。但是这种情况发生的概率微乎其微，因为即便是各大联赛的冠军，每场比赛的平均进球数也只有 2 ~ 3 个。实际情况是，大约 99% 的控球机会最终以失去球权告终，无法转化为进球机会。因此，在分析一场足球比赛时，我们必须记录下球队如何、在哪里以及为何失去和重新获得控球权。通过详细分析球权的转换情况，教练可以对影响双方表现的关键因素有一个总体概念。

让我们简单地讨论一下这些控球权丢失的情况。在一场比赛中，每次控球权转换都发生在场上的某个特定区域，而且每次丢球的原因都可以归结为某个具体的动作。很明显，只有在场上特定的区域射门才有可能得分，让我们把这个区域限定为以球门为圆心，半径为 40 米的半圆。当然也有一些例外的情况，但这些情况在所有射门得分的情况中只占非常小的比例。因此，进攻方的任务就是把球带到这个可以起脚射门的区域内。防守方在这个区域内失去控球权就等于给对方送了一个"大礼"，让他们有机会将球射进门框范围之内并最终得分，或者至少让他们有了射门机会。如果防守方在射门区域内不断失去控球权，但进攻方一直无法创造射门机会，那么对防守方的教练来说，在这些区域内丢球的严重程度就不如在其他射门区域内丢球。从这个角度出发，现在我们可以确定统计球权转换次数时应该优先关注的事项：第一，球权转换后导致进球（对获胜球队来说，每场比赛出现这种情况的概率一般是 1%）；第二，球权转换后导致进攻方将球射入门框范围之内（对获胜球队来说，每场比赛出现这种情况的概率为 20%）；第三，创造射门机会后发生球权转换（每场比赛出现的概率为 20%）；第四，射门区域内和射门区域周边发生球权转换（每场比赛出现的概率为 40%）。如你所见，我们现在正在研究一种系统观察比赛的分析评估方法。

对球权发生转换的相关信息进行的搜集和分类涵盖了比赛中的所有攻防转换事件。如果只是记录这些独立事件发生的总次数，那么得到的统计数据只能取悦现场和电视机前的球迷而已。对观察比赛的教练来说，他想从这些数据中得到更多信息。只有通过从头到尾记录整场比赛，我们才能搜集到这类信息，找到"什么导致了什么"的答案。过去 30 年来，数据分析研究人员已经开发出了能够记录比赛时间顺序的计算机分析系统，这些系统后来又增加了记录的功能。有的系统有很多自动化功能，例如通过摄像头识别所有球员、足球以及裁判在比赛中每一秒钟的图像。多亏了这些系统，现在教练可以在赛后（或中场休息时间）查看统计数据（既可以是数字，也可以是图表），然后调取比赛关键时刻的录像。这项技术已经成为非常有用且有效的执教工具，可以给球员们提供重要的视觉反馈。除了把它作为出色的执教工具，研究人员还可以用这些技术系统从许多大型足球赛事中搜集数据，然后建立一个大型数据库。这个数据库可以解答很多类似下面的问题。

⚽ 这些球是怎么进的？什么导致了射门机会的出现？

⚽ 哪种防守战术重新赢得球权的概率最高？

⚽ 出色的表现需要满足哪些技术要求？

这些都是多年来困扰足球比赛分析研究领域的问题。接下来，让我们一起来探索这些问题可能的答案。

这些球是怎么进的

在回顾大量历史比赛数据之后，我们发现导致进球的进攻套路和形成射门但没有进球的进攻套路之间似乎并不存在显著差异。人们认为进球是在大量的射门中随机产生的结果。但是，作为较早进行全面比赛分析的研究人员之一，查尔斯·里普通过一套成熟的手记系统向我们揭示了哪些因素能导致进球。

1968 年，他和本杰明发表了一篇论文，其中包括他们搜集到的大量数据的样本。他们研究了从 1953 年到 1969 年间的 3 213 场精彩的足球比赛中搜集到的数据。后来，他们的分析结果得到多位教练以及来自全世界的实验室研究者的支持。

在几乎所有的分析结果中，一项主要的发现是：近八成的进球是在不超过 4 次的连续传球之后取得的。这表明进球来自高效的团队配合。在英国，这项发现——过于复杂的传球配合无法带来进球——已经成为争议的焦点，而且已经导致某些球队采用某种非常直接的战术风格，并且取得了相对来说不错的战绩。但是，误解仍然存在——不论是针对这些分析结果，还是关于这些打法直接的球队为何能取得成功。为了消除某些误解，我们首先必须对过去的分析结果有所了解，然后才能分析这些结果对球队选择战术风格产生了哪些影响。

那么，让我们先来回答这个问题："什么带来了进球？"表面看来，是直接的战术带来了进球（例如，经过次数较少的连续传球形成射门）。这并不是什么新发现。有经验的教练都会记得，时任英足总训练总监的艾伦·韦德曾在 20 世纪 60 年代初期大力提倡这种战术，但是他绝不是长传冲吊战术的支持者。这种战术重视传球的穿透性，要求带球球员尽可能多地绕过对方的防守球员。在过去，瞄准对方防守球员身后及其相互之间的空当进行传球、带球和射门的战术非常重要。

时至今日，这种战术的重要性仍然不减。穿透性强的配合通常包括一脚长传球。研究发现，成功将球传到对方防守球员身后的远距离精准传球非常有可能带来进球。在这种情况下，能否进球的重要影响因素似乎不仅仅在于能否运用长传球战术成功将球传到对方防守球员身后，还在于配合的队员能否及时赶到：要么把球停在脚下，要么与对方防守球员展开拼抢。在进攻位置专门部署几名球员负责接长传球之后，要想把球成功传到对方后场，本方后卫线（也就是负责长传球的那几名后卫）就必须往前移动，以保持球队纵向阵型的紧凑性。也就是说，除守门员以外的 10 位场上球员应集中在面积不超过球场面积一半的区域内。分析结果表明，当对方在其后场赢得球权之后，如果本方靠近球的几名球员能立刻展开逼抢，那么对方就很有可能在他们的半场丢掉控球权。此外，在紧凑的团队战术中，一旦赢得球权，本方的配合流畅度和传球成功率都会有所提高。如果一支球队强调传球的穿透性，即把球传到对方防守球员身后，而且所有球员齐心协力保持阵型的紧凑，那么比赛的节奏就会相当快。这就对所有球员的身体和心理素质提出了较高的要求。在具备出色的身体和心理素质的前提下，选择这种直接战术风格的球队往往能在比赛的最后 20 分钟或中场休息之前收获大量进球的机会。

除身体和心理素质之外，这种特殊的直接打法还要求球队具备其他一些特质。例如，全队球员都必须同时具备个人防守和团队防守的能力（见本书有关防守的章节）。此外，所有球员都必须敢于与对方进行身体对抗。前卫和中场球员必须具备熟练的传球技术，能够在 30 米之外把球准确地传到对方防守球员的身后或其中间的空当。在长传球之后，中场球员还必须能够准确预判第二脚传球（也就是回敲球）的位置。这些中场球员必须确保在中场或进攻半场接到回敲球，还需要具备熟练的拿球技巧以保住控球权，然后发动下一波进攻。中场区域拼抢的激烈程度比其他任何区域都高。因此，负责这个区域的球员不仅需要具备非常出色的身体素质，还需要具备强大的心理素质。

前锋球员应该拥有较快的速度，有能力扯开对方的防守空当，并且能把握正确的时机跑到正确的接球区域，这样他们才可以充分利用队友的穿透性传球。

如上文所述，直接打法虽然说起来简单，但是给球队提出了许多其他要求，我们在上文中只举了一小部分例子。因此，当一名教练在分析比赛时，把如何进球简单地归结为"应该把长传球打到对方的球门区域内，然后由一到两名球员抢点"是不够的。这不仅无法帮助球队提升表现，还会让人们对直接打法的优点产生误解。教练必须对这种打法的衍生要求（包括球员的选择）进行彻底的了解，并用所有可获得的分析结果数据指导自己的思维过程。例如，基于进球是如何发生的数据，一个可能有用的建议是尽可能在进攻前场失去控球权（最好以一次门框范围内的射门结束本方的控球权——别忘了进球也算失去控球权）。据统计，获胜球队有超过六成的控球权是在他们的进攻前场失去的。

哪种防守战术重新赢得球权的概率最高

在诸多支持在关键区域展开密集拼抢的理由中，最有说服力的也许要数如何重新赢得球权的分析结果。如果能在对方后场夺回球权，那么本方有65% 的概率射中球门。如果在中场得到球权，那么接下来控球一方射中球门的概率就会降到 25%。但是，如果在本方后场夺回球权，那么射门得分的概率就会降到不足 10%。更重要的是，如果能在对方后场通过运动战赢得球权（也就是不通过定位球），那么本方得分的概率就会显著提高。我们能从这些数据中得到两个重要的启示。其一，不要增加在本方半场丢球的概率：在遭受对方逼抢的情况下，在本方禁区内或周围连续进行复杂的短传（距离短于 20 米的传球）只会增大被断球的可能性。其二，球队的首要防守目标应该是至少在对方半场把球权夺回来。

从防守的角度出发，一个建议是尽量避免因在本方后场 1/3 区域的运动战丢球，并且力求在对方半场把球夺回来。球员应该尽早赢得球权，并组织好本方的防守阵型，确保在可预测的区域重新赢得球权。因此，不参与逼抢的球员可以快速地由守转攻（有时也称攻守转换）。一旦赢得球权，球员们就应该马上展开直接进攻（例如快速从防守转为进攻），努力形成一次射门。我们将在本书有关防守的章节中详细介绍防守方面的分析结果。

出色的表现需要满足哪些技术要求

第一项同时也是最重要的一项技术是接球技术。不论球来自哪个方向，球员都应该有能力控制住球，尤其是通过头部或胸部停球。与此相关的是，球员应明白在哪些情况下他们必须在首次触球时就把球控制好，以及在哪些情况下他们应该通过首次触球把球回敲（一般称为一脚出球）给队友。这些是所有球员都必须掌握的基础技术，技术能力同样是青训的一项重点内容。教练应该精心设计训练课，让球员有机会在各种实战环境下训练各种接球动作。这种训练应该允许球员给自己留出时间，他们应该在这段时间内做出最佳的进攻选择。对球员来说，最重要的是选择最合适的技术动作（例如射门、带球或传球）。

第二项重要的技术是带球跑动技术，特别是在青少年球员的培养过程中。尽管带球跑动时可能被限制在安全区域（例如本方的进攻半场）内，但是所有球员都应具备与对方球员展开 1 对 1 对决的能力。针对经验较为丰富的球员，教练应该强调在哪些区域选择带球能产生最好的效果。此外，对任何希望进攻到前场的球队来说，带球穿过无人防守区域是一项关键的技术。在球员具备这些技术的情况下，教练还应该向他们强调带球进攻、带球过人、射门或传球的正确时机。

第三项重要的技术是传球技术。多年来，相较于其他技术，教练在训练课中更加重视短传训练。对球员（尤其是青少年球员）来说，短传技术可以帮助他们领会配合默契的精髓。但是，短传的重要性往往会让教练忽视长传。教会球员如何、何时及何地精准长传与教他们短传一样重要。有趣的是，在一场势均力敌的比赛中，当比赛时间所剩无几（例如只剩下 5 ~ 10 分钟），急需破门得分的时候，对阵双方传向前场的长传球数量就会显著增加。所有球员都应该强化他们的长传技术，守门员也要训练开大脚球技术。守门员开大脚球产生的进球数量正在不断增加。通过训练，守门员如今可以把球直接送到前场队友的脚下，这种配合可能最终会带来进球机会。但是，执教 11 岁以下年龄段的球员的教练必须注意：年轻球员的肌肉力量还不足以完成距离在 30 米以上的传球，因此，教练应该给这些球员制订较低的传球技术方面的目标，让他们把更多精力放在其他技术上。

第四，既然射门和传中被认为是进球的主要来源，那它们就应该在每节训练课中得到高度重视。但是，这两项技术的常用训练方法忽略了一个因素，那就是球员需要把训练成果应用到比赛中。这是因为比赛中的事件的发生有其先后顺序，而许多教练对这种顺序没有清晰的认知。解决这一问题的关键在于让球员意识到有射门或传中的机会。在球员眼里，比赛就是抓住适当的机会选择正确的技术动作。

例如，比赛中有直传球的机会，有传中的机会，有射门的机会，也有铲球的机会，而且这些机会稍纵即逝，因此球员的首要目标是创造这些机会。机会出现的时候，他们必须能够发现并抓住。如果错过了，那就无所谓采取什么技术动作了。只有当球员抓住机会做出技术动作的时候，教练才可以评估这个技术动作的质量。如果球员知道教练如何从机会的角度看待比赛，那么他们就能完成教练制订的目标。

最后，个人防守技术是训练课中最容易被忽视的技术。所有球员都应该认真训练个人防守技术，就像训练其他进攻技术一样。没有全面的防守技术，球员就很难从对方脚下断球，其所在区域就会成为全队的防守漏洞。只有在球员掌握出色的个人防守技术之后，教练才有可能指导球员进行团队防守的演练。

足球运动中球员的生理需求

尽管详细介绍足球运动表现的生理学分析领域所取得的进步并不在本书的范畴之内，但是我们需要了解足球的运动分析发展的历史。早在1974年，约翰·布鲁克及其同事对足球比赛中的运动行为的记录和后续分析进行了研究，并建立了一套可信的方法和流程。他们使用速记符号代表各种变量，然后对参数进行测量。使用时间和动作分析对足球比赛进行限定性研究是由汤姆·赖利和沃恩·托马斯在1976年完成的。他们使用速记符号记录正常比赛中离散活动的强度和范围，并展开分析；在使用速记数据的同时，还使用磁带记录设备对参加英国足球甲级联赛的球员动作做了详尽的研究。这项研究能够计算出不同位置的球员的工作效率、跑动距离以及每个位置的球员在每个不同的动作类别上所花的时间。例如，他们计算出了每名球员的工作量和跑动距离，以及他们在场上行走、慢跑、冲刺等所用的时间的百分比。

基于这些数据，研究人员计算出了每名球员的生理需求。然后，他们让球员进入实验室，重复场上的动作。在实验室中，研究人员对球员的乳酸水平和最大摄氧量（VO_2）做了测量。随着数据库容量不断增大，汤姆·赖利最终为足球运动中球员的具体生理需求以及所有与此相关的行为给出了清晰的定义。在汤姆·赖利的研究成果的基础上，威瑟斯及其同事针对澳大利亚职业足球运动员（守门员除外）的运动模式做了一次非常详细的研究。他们把球员分成4类：后卫、中后卫、前卫、前锋，然后录制了球员的比赛录像。比赛结束后，他们要求球员把比赛中的动作重新做一遍，包括行走、慢跑和冲刺等，以测定各类动作所占的比例。在很大程度上，威瑟斯等人得到的数据与赖利和托马斯的研究成果一致。接下来，在具体的数据分析结果的基础上，威瑟斯根据具体的比赛要求和球员在场上的位置制订了专门的训练方法。时至今日，随着能够分析球员动作的自动化数字系统和远程实时生理评估装置的诞生，这些研究早已过时，但是布鲁克、赖利、托马斯和威瑟斯等人的研究成果已经成为一项标准，可供其他类似的研究项目参照。这些研究的重要性在于他们建立了一套动作分析模板，让今天的教练可以根据球员在场上的具体位置制订专门的训练方案。

结语

在这篇引言中，虽然我们只是简要概述了运动分析的历史研究成果，但是它可以作为制订新表现标准的基础。值得注意的是，当不同运动项目的教练在具体的球队或环境中应用以上研究成果时，他们可能会遇到一些例外的情况。但是，这些例外只是极少数。

对球员来说，通过分析来制订训练计划的理念并不难理解，但这对教练的逻辑思维能力提出了很高的要求。教练首先要知道应该分析哪些项目，才能有目的地进行观察，从而确定比赛和训练的优先项。如果教练能让球员理解这些优先项，那么教练和球员就能了解彼此的期望。球员拥有比较实际、客观的表现目标，他们可以将这些目标与分析结果进行对比。现在教练和球员之间的反馈流程已经是一个可以观察（录像）和量化的过程。但是，教练不应该把可用的各种统计数据一股脑儿地全灌输给球员。教练有责任对这些信息进行筛选，并概括出关键的因素，这样才能有效地帮助球员和球队提升表现。

在对技术或战术理念进行重大改变之前，教练应该首先对比分析结果和实际表现。因此，为了给教练提供一些有关足球技术和战术的实用信息，我们在本书中提供的训练方法都来自足球分析和运动技能习得领域多年来的研究成果。本书大部分章节都是以某个技术动作为主题，辅以效果较好的实用训练方法，并概括了每个技术动作的要领。在这个过程中，我们认识到球技出众的球员是帮助球队取得成功的基石。如果教练把重点放在训练球技上，球员就能够适应教练为球队搭建的任何技术体系。除了图解，我们还概括了每种训练方法的组织要点以及如何让它变得更加接近实战。此外，我们还为每节训练课概括了几个简单的训练要点。

第 2 章　定位球分析

　　一直以来，定位球都很有可能导致进球。研究表明：在各个级别的足球比赛中，40% 的进球是通过定位球实现的。这个结果对定位球战术中进攻和防守球员的组织产生了深远的影响。球队可以利用比赛暂停的时间安排场上球员的站位，而且这种安排不受任何战术体系的限制。例如，在踢角球和任意球时，个子较高的中后卫会进入对方禁区争抢头球；在两侧边线掷界外球时，拥有远距离掷球能力的球员就有了用武之地。在比较了采用各种方式进球的概率之后，教练可以清楚地看到球队的战术体系并没有他们原先认为的那么重要。对教练来说，问题的关键是他们在定位球训练上花了多少时间。既然通过定位球创造的进球数占总进球数的比例这么高，那么教练似乎有理由增加定位球训练的时间。在分析定位球时，我们需要先回答两个基本问题：哪些行为会导致定位球在禁区内或禁区附近出现？利用这些定位球能否破门得分的关键影响因素有哪些？本章将回答这些问题。除了通过界外球、角球和点球进球得分这几种情况之外，我们还会对通过中路和两条边路的任意球进球得分这种情况加以分析。

任意球

　　"直接"似乎是大多数成功的任意球战术的普遍特征：采用直接的进攻战术可以赢得更多任意球，而通过踢任意球直接攻门更有可能破门得分。带球突破防守球员或者把球传到对方后卫身后都可以让进攻球员在禁区附近创造 1 对 1 的机会。这些机会是任意球的主要来源。当防守球员——尤其是在国际比赛中——在本方禁区附近预见危险的时候，为了努力阻止对方进攻球员进入禁区，他们很有可能提前犯规，送给对方一个任意球。有趣的是，一旦对方进攻球员带球突入禁区，防守球员的动作反而不如在禁区外那样凶狠。很明显，他们这么做是为了避免被判罚点球，因为国际赛场上的点球判罚尺度一直在加强。

　　一旦赢得任意球，负责主罚的进攻球员应该灵活变通，尽可能抓住机会快罚任意球，把球传向前场并射门。在比赛暂停期间，防守球员的注意力很容易分散，这时防守是最容易被突破的。但在组织禁区内或禁区附近的任意球时，如果没有快罚的机会，那么进攻球员应该考虑以下几个关键因素。

禁区两侧的任意球

　　从本质上说，这些任意球提供了很好的传中机会，因此能否踢出高质量的传中球的关键影响因素也适用于这类任意球（第 3 章会专门讨论传中球）。但是与运动战中稍纵即逝的传中机会相比，在利用任意球传中时，关键位置的球员站位可以更加从容，这也为防守球员提供了充足的时间来选择合适的盯防位置。简要地说，利用任意球传中的要领如下：

　　⚽ 将球传到防守球员身后；

　　⚽ 传球线路不要离守门员太近（但是要能够吸引守门员出击）；

　　⚽ 无论何时，当球被传入禁区的时候，进攻球员应该努力抢到第一点；

　　⚽ 进攻球员应该覆盖 3 个区域，即从近门柱到球门中线、从远门柱到远门柱后方，以及禁区顶部（也就是俗称的禁区弧顶）。

　　任意球传中拥有运动战传中不具备的两个优势：其一，可以让拥有特殊天赋的球员扮演特殊角色；其二，此时的传中球既可以是外弧线球（朝球门相反方向），也可以是内弧线球（朝球门方向）。内弧线球球速较快，而且直奔从球门中线到远门柱的区域。自从保罗·加斯科因在

1990 年世界杯上首次成功使用内弧线球以来（如马克·赖特在英格兰对阵埃及的比赛中踢进的球），它已经成为创造进球机会的一种非常有效的传中方式。

射程之内的中路任意球

以下是分析这类任意球时需考虑的关键因素。

⚽ 主罚任意球的球员必须直接攻门，最大限度地利用这个射门机会。但是如果在这个位置为直接攻门而踢出的任意球没有打在门框范围之内，就等于浪费了一次射门机会。

⚽ 进攻球员的站位要合理，应让他们既能抓住补射机会，又可以和守门员或防守球员拼抢球的第二落点。

在所有定位球中，最后也最重要的一个因素是踢出的任意球的质量。不论球员在禁区内的站位有多么合理，除非主罚球员能够保证射门、传球或传中的精准度，否则通过任意球得分就和碰运气一样。因此，球员必须勤奋训练任意球，把球准确送到禁区内的指定区域，这样至少有 75% 的成功率。也就是说，在 10 次任意球中，球员能够有 7 ~ 8 次把球准确送到指定区域。这可不是一项简单的任务，需要球员付出大量的时间进行训练。

界外球

一直以来，人们都很少认为界外球可能导致进球。但是已经有分析表明：当进攻方掷界外球时，防守球员很难找到合适的盯防位置。大多数成功创造射门和进球机会的界外球战术都比较直接，即要么直接把球掷到防守球员身后，要么由本方球员在接到球之后快速带球突破或把球传给有机会射门的队友。近年来，已经有不少球队采用远距离界外球战术，而且取得了一定的成功。他们一般会把界外球掷向近门柱，由埋伏在此的进攻球员将球回敲到球门区内。如果进攻方在球门区内和球门区附近部署了足够的进攻球员，那么使用这种战术就能创造射门机会，从而进球。界外球的优势是进攻球员不用担心越位。由于进攻方可以通过界外球在不承受任何防守压力的情况下把球送到前场可能的射门区域内，因此，鼓励所有球员练习在边线上的各个位置掷界外球也许能给球队带来很多好处。

角球

角球是创造进球的绝佳机会。如果球队中有边路进攻能力非常强的球员，那么他们赢得角球的机会就会明显增多，通过角球破门得分的概率也会提高。以近门柱到球门中线之间的区域为目标的内弧线球——这种球能吸引近门柱附近的防守球员出击——是最有可能创造进球机会的角球。

这种角球往往势大力沉，弧线低，飞行速度快。进攻方应该在球门的 3 个关键区域部署球员负责拼抢角球，至少应该由两名球员覆盖近门柱到球门中线之间的区域，由一名球员站在远门柱外侧，另外由至少一名球员移动到接近点球点的位置。另外，进攻方还应该安排两名球员站在禁区边缘也就是弧顶位置，一旦防守球员或守门员解围，他们要预判球的第二落点并参与拼抢。教练应该为这些特殊位置安排具有特殊才能的球员。例如，应该把侵略性强的球员安排在近门柱附近，而将善于凌空抽射且射门精度高的球员安排在禁区弧顶位置。和任意球一样，所有角球战术的关键影响因素也是踢出的角球本身的质量。被指定主罚角球的球员应该定期进行训练（例如每节训练课都进行角球训练）以达到 75% 的成功率。但是，不是每个角球都能落到预计区域，因此配合球员应该通过合理的跑位弥补角球主罚球员的失误，或者利用防守球员的失误展开二次进攻。

防守角球的一个要点是要在两侧门柱附近安排人手。大量丢球都是因为本队没有在近门柱和远门柱附近部署防守球员，这些球员的任务是阻止球进入门柱内侧和外侧一米范围内，这样守门员就只需要站在门线前方，负责球门中间大约 6 米宽的区域。另外，在来自角球的威胁解除之前，这些球员必须坚守自己的位置，切勿贸然出击。

点球

在大型国际足球赛事中，点球正在成为影响比赛结果的一个重要因素。原因就是，如果在加时赛中仍未分出胜负，比赛双方就必须通过点球大战决出胜者。此外，常规时间内的点球判罚数量似乎也在增加。因此，点球理应成为每节训练课的一项必不可少的训练内容。

哥伦比亚大学研究员托德·汉维和蒂姆·麦加利针对点球展开的研究非常及时，而且和本书的内容密切相关。这项研究旨在解决这样一个问题："我们能否给守门员提供信息，帮助他准确地预判点球的角度？"

早期研究已经表明，可以通过扑点球时使用的预判技术来区分守门员是新手还是优秀的守门员，而在我们自己的研究中一项明显的发现是：即使是优秀的守门员也不是每次都能猜对点球方向。分析表明：在所有点球中，守门员预判正确射门方向的概率只有41%（和碰运气差不多）。即使正确预判了方向，守门员也只扑出了其中的14.5%。很明显，在尝试预判射门方向和扑点球的过程中，优秀的守门员并没有使用任何有效的预判策略。因此我们的第一步是找出能够帮助守门员提高点球扑救成功率的可靠反应信号。

和守门员的动作一样，点球的速度和方向也可能发生变化。我们在研究中发现，球的平均飞行时间（从主罚球员将球踢出到球越过门线）大约是500毫秒（半秒），而守门员的移动时间（从守门员做出第一个明显的动作到他的身体与球的飞行平面相交）是600毫秒。假设守门员在主罚球员移动之前就能准确观察到刺激因素，也就是反应线索，那么他们接下来就需要决定扑救动作的方向。因此，我们必须把反应时间（从反应线索出现，即脚接触球到守门员做出第一个明显的动作的时间）作为额外的延迟时间计算在内。在实验环境下，正确预判的反应时间可能短到仅需100毫秒，但是决定扑救方向的反应时间往往超过 250 毫秒。基于这些预测的时间，守门员如果等球被踢出才开始做扑救动作就为时已晚。新的点球规则（从 1996 年开始生效）允许守门员在对方射门之前移动。从表面上看，制订这个新规则似乎是为了提高守门员的扑救成功率。但是，分析结果表明过早移动对守门员没有任何帮助。他们如果过早做动作，就很难利用主罚球员移动之后出现的反应线索。而且，在某些情况下，如果守门员选错了方向，重新调整然后朝正确的方向移动可能需要超过整整一秒的时间。过早移动还会给对方提供反应线索，使他们可以在起脚之前从容地选择射门方向。

那么，问题的关键就变成了寻找可靠又出现得足够早，能让守门员有充足的时间做扑救动作的反应线索，按照时间顺序可能有以下反应线索。

⚽ 主罚球员开始助跑的位置。

⚽ 助跑线路与足球形成的角度。

⚽ 主罚球员的躯干是前倾还是后仰。

⚽ 在起脚射门的一刹那，主罚球员的支撑脚落点。

⚽ 射门脚的击球点。

我们认为，当守门员根据一个早期反应线索做出的预判和之后的判断不一致时，浪费在第一个反应线索上的时间会大大延长他的反应时间，导致守门员移动得太晚。唯一既可靠又能提供充足的反应时间的反应线索是主罚球员的支撑脚落点。这个反应线索可以给守门员 150 ~ 200 毫秒的反应时间。我们通过分析发现：支撑脚落点和射门方向之间存在超过 80% 的相关性。如果支撑脚指向左侧，那么球也会射向球门左侧；如果支撑脚指向右侧，那么球也会射向右侧。我们又从多项赛事（英超、欧冠、世界杯等）中搜集了点球数据，进一步测试了这个反应线索的可靠性。结果发现，使用这个反应线索预测射门方向的正确率超过 85%。

在我们的研究结果中，明显的事实是守门员可以利用可靠的反应线索来提高点球方向的预判成功率。因此，教练应该花点儿时间和守门员一起找出最适合他们的反应线索。一旦选择了合适的反应线索，守门员就应该在每节训练课中训练与之相关的观察和移动技术。守门员的第一个目标是把自己预判方向的正确率提高到 80% 以上,然后充满信心地朝自己选择的方向全力扑球。不过,有的角球不仅势大力沉,而且直挂球门死角。这种角球如果扑不住也不能怪守门员。尽管有的点球是必进的,但是守门员不应该根据某位主罚球员过去的习惯来预测方向,因为这么做的话,猜对点球方向的概率又会降到 50%。

在规则被改为允许守门员沿门线移动之后,一个有趣的现象出现了。一般情况下,在主罚球员助跑的过程中,为了观察守门员是否提前移动,在快接近足球的时候他会把助跑的速度放慢。如果守门员提前朝某个方向移动,那么主罚球员就会以较慢的球速朝相反的方向射门,有的甚至会选择守门员移动前所在的位置射门。对守门员来说,主罚球员的这种战术可以为他所用,例如他可以等到主罚球员的支撑脚已经就位的时候再开始移动,这样会提高扑慢速球的成功率。

因此,为了应对守门员的扑球策略,主罚球员应该用尽可能大的力量把球准确地射向球门的死角。主罚球员必须首先保证射门的准确性,然后大力抽射。他应该尽早选择朝球门的哪个角射门,并且不要改变。再强调一遍,有的点球是必进的,主罚球员必须努力掌握这种高水平的点球技术。提升点球技术水平的唯一途径就是训练。教练可以在每节训练课的末尾安排点球比赛。此外,利用这段时间,教练还可以通过观看守门员和主罚球员的录像对点球进行分析。这样,教练就可以确定队里点球成功率最高的球员是哪几个,然后根据他们的成功率从高到低排定主罚顺序。在整个赛季里,虽然这个顺序会发生变化,但是它对决定点球大战的主罚顺序有非常大的参考价值。

结语

在所有针对定位球的分析中,教练应该牢记一个要点:在场上每个区域的每种定位球战术中，每名球员都必须清楚自己的作用及这个定位球的预期（可能）结果是什么。只有通过不断的训练和教练良好的组织，球员才能形成良好的定位球意识。而要做到这一点，教练必须保证几乎所有的定位球训练都尽可能地接近实战。

第 3 章　分析和训练成功的传中球

　　在许多团队比赛项目中，当球员把球从球场中间区域传到射门区域的时候，防守球员很难阻止对方射门。和足球比赛一样，对曲棍球和冰球比赛中的防守球员来说，传中球也是让他们头疼的事情。为什么呢？答案其实相当简单。在任何防守情况下，为了确保球门万无一失，防守球员会在能看到球的情况下保持背朝球门的方向，让对方进攻球员处于自己的前方。但是，当对方把球传到边路的时候，进攻球员会往边路扯动（详见第 7 章，其运动方向通常与防守球员的视线方向相反）。在这种情况下，防守球员很难在观察球的情况下保持良好的防守位置，除非他跑到球门后面去（当然这是不可能的）。因此，进攻方应该充分利用这种潜在的防守漏洞，而且大多数球队一直在利用这一点。

　　在所有级别的比赛中，超过 30% 的进球来自传到禁区内的传中球。但是，尽管许多球队利用传中球进了很多球，但是我们能说增加传中次数是一种有效的战术吗？只要粗略地分析一下世界杯和欧洲杯的数据，你就会发现传中球并不是一种非常有效的进球方法。例如，如果我们统计一下几届大型赛事的平均进球数据就会发现，尽管有近 30% 的进球来自传中球，但是进球数和总的传中球的比例只有 1∶40。显而易见，传中球不是一种有效的进球途径。因此，问题的关键就变成了"什么因素让某些传中球更有可能导致进球？"以及"这些导致进球的传中球有哪些共有的关键因素？"。

戴维·帕特里奇是 UBC 运动分析中心的一位研究员。他对足球比赛中的传中球做了有史以来最全面的一次分析，详细研究了某届世界杯中出现过的所有传中球。他总共分析了 1 867 个传中球，并对每个传中球记录了超过 40 项信息，举例如下。

- ⚽ 球员踢传中球时起脚的位置；
- ⚽ 球员踢传中球时使用的技术；
- ⚽ 传中球在禁区内的第一落点；
- ⚽ 在传中的瞬间及之后，配合球员和对方球员的位置；
- ⚽ 争抢传中球的结果及很多其他相关信息。

通过这项研究，我们找到了成功传中的几个关键因素，以及强调这些关键因素的合适的训练方法。在第一项研究中，我们在哥伦比亚大学和卡迪夫城市大学根据从多项国际足球赛事中搜集到的信息验证了这些关键因素的有效性。接下来，我们将对通过本次分析得到的成功传中的关键因素加以总结。

关键因素

- ⚽ 在以下两种情况下，带球球员应该抓住机会传中：a. 目标进攻球员能够接到传中球；b. 传中球员有机会把球传到防守球员身后，而且这一位置是守门员无法出击的位置（也就是说，传球线路的选择要让守门员不敢贸然出击）。

许多球员经常犯的一个错误是他们无法识别传中机会。教练应该训练球员识别传中机会；这种意识可以在接近实战的训练环境中形成。

- ⚽ 传中球应该传到防守球员身后，并且越过近门柱；球的飞行速度要快，离地不能太高，以减少飞行时间。

在通过传中踢进的所有球中，超过 60% 来自传球时机较早而且传到防守球员身后的球。

在帕特里奇对世界杯数据的分析中，在 38 个通过传中踢进的球中，有

37 个是传到后卫线和守门员之间的区域的。这些球并不都是在空中传递的，因为高空球传中往往无法创造进球或射门机会。另外，尽早起脚传中往往能让防守球员转身朝他们自己的球门跑动，许多乌龙球就是这样产生的：这些防守球员奋力解围，反而把球踢进了自家球门。一些大型足球比赛中有许多这样的例子。

⊕ 目标进攻球员应该找到争抢第一落点的有利位置：a. 移动到面对球的方向；b. 跑动路线尽可能直接；c. 不要为了抢点而跑到离近门柱太远的地方；d. 无论如何都要积极尝试争抢。

在我们的分析中，如果传中球的第一落点被禁区内的目标进攻球员首先抢到，那么这种传中方式的进球概率就会上升到约 11%，远高于前文提到的 2.5%（1∶40）。单单这些数据就足以激励目标进攻球员在禁区内展现出自己的侵略性和勇气，也就是说，当传中球进入禁区时，目标进攻球员应努力争抢第一落点（根据反应线索）。相比之下，还有另外一些有趣的统计数据：在第一轮比赛中，传中次数最多的是一支后来连小组赛都没出线的球队，但是他们的目标进攻球员争抢传中球的能力是所有球队中最差的。这支球队的大多数传中球要么直接穿过了禁区而没有任何人抢到，要么被防守球员解围，或被守门员没收。

⊕ 支援的进攻球员应该覆盖禁区弧顶和远门柱周围的区域。

换句话说，一旦球进了禁区，就不要让对方把球带出禁区。二次进攻（补射）是进球的绝佳机会。进攻球员应该合理选择站位，使自己既能在拥挤的球门区域抢到传中球，又能利用对方的解围失误展开二次进攻。

⊕ 某些传中技术的成功率在某些区域比在其他区域高一些。

首先，如果球在离对方底线大约 20 米的位置，当出现传中机会时，进攻球员应该通过速度较快的内弧线球使球绕到防守球员身后（见图 3.1）。

其次，如果球在禁区边线附近的位置，最好把球横传到禁区内目标进攻球员的跑动线路上（见图 3.2）。

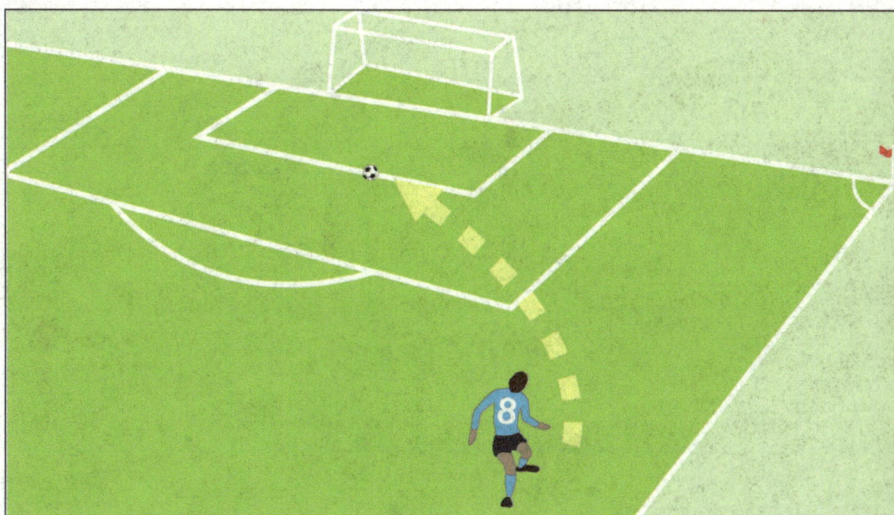

图 3.1

图 3.2

　　最后，如果球在接近底线的位置，那么球员应该尝试过顶传球（教练此时可以喊"把球传起来"），让球越过拼抢激烈的近门柱和球门正前方区域，给正在朝远门柱区域支援的进攻球员创造机会。这种球会越过守门员，导致他不得不重新调整姿势，当远门柱附近的进攻球员起脚射门或者利用头部将球回敲给另外一位队友的时候，守门员的姿势有可能还没有调整到位（见图 3.3）。

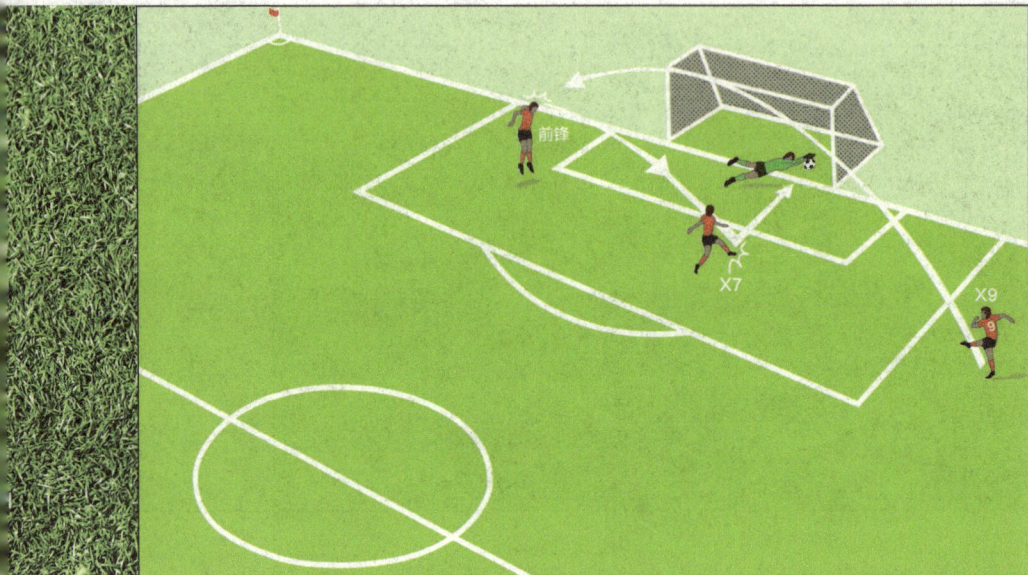

图 3.3

　　这些关键因素是通过过去的国际比赛分析总结出来的，那么，教练可以从这些信息中得到什么启发呢？很明显，训练课的设计应该参考实际比赛，而不是凭空想象。在设计训练内容时，教练应该问自己："这种情况有可能在比赛中发生吗？"如果答案是"很少发生"，那么教练就应该质疑这项训练内容的有效性。此时，即使训练成果无法应用到比赛中，我们也不会感到丝毫意外。我们设计了以下训练方法来指导球员尽可能提高传中球的成功率。

训练

　　图 3.4 所示的是我们根据分析结果设计的训练方法，详细介绍如下。

　　⚽ 训练开始的时候，传中球员（X9）先把球踢给教练。教练可以把球回敲到禁区边线或顶部的各个位置。之所以改变传球的路线，是为了让教练有机会告诉 X9 特定区域的最佳传中方式。

　　⚽ 教练把球回敲后，一名进攻球员(X4)前插，覆盖远门柱周围的区域，

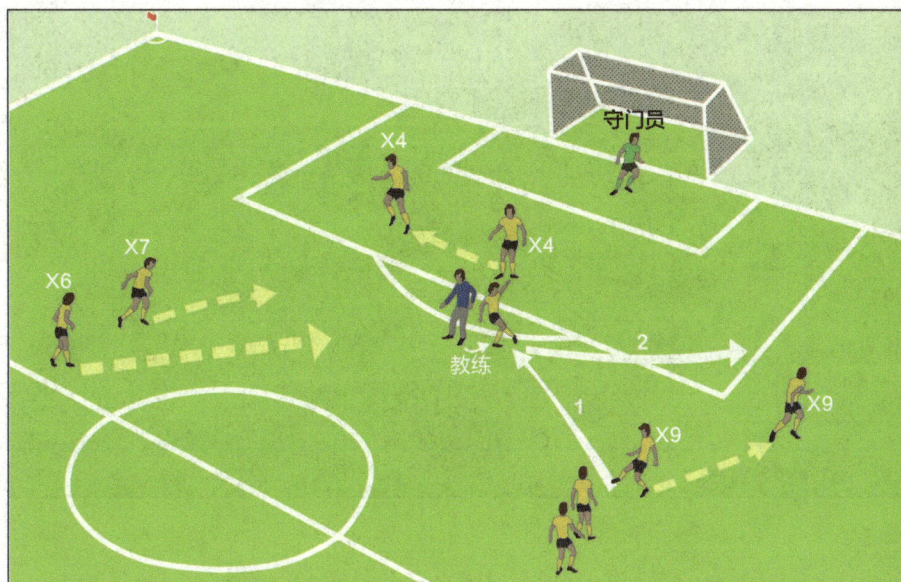

图 3.4

同时 X7 前插到小禁区线附近的目标区域（见图 3.5），X6 前插到禁区弧顶区域。

⚽ 在传中球员和目标进攻球员跑动的过程中，教练可以安排 2 ~ 4 名防守球员参与防守。

目标区域

⚽ 如果是为了过顶传球或者封堵空间，目标区域应该在远门柱周围，如图 3.5 中的 A 所示。

⚽ 传中球的目标区域，如图 3.5 中的 B 所示。

⚽ 如果是为了封堵空间并把球限制在禁区内，那么目标区域应该在禁区弧顶，如图 3.5 中的 C 所示。

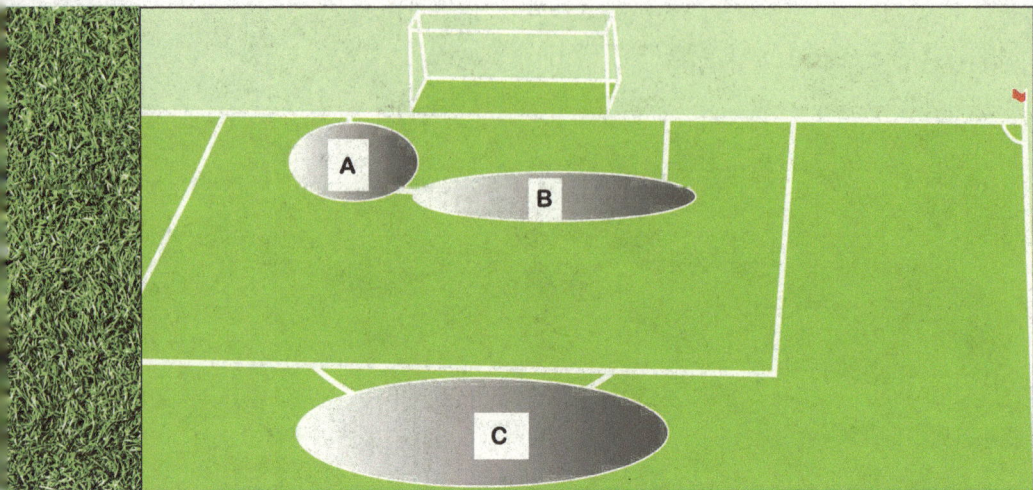

图 3.5

训练要点

⚽ X9 第一次触球后要么应该传中，要么应该带球突破到底线附近。

⚽ X9 应该决定从哪个位置选择哪种传球方式。

⚽ 传中球应该有足够的速度，可让目标进攻球员使球朝球门方向移动。

⚽ X4、X6 和 X7 应该学会根据 X9 的位置预判他将采用的传中方式。因此，他们应该根据预判结果重新调整跑动路线。他们可以稍晚开始跑动，但是速度一定要快（根据反应线索）。每个人都应该尽力甩掉盯防自己的防守球员，防守球员如果在某个区域"守株待兔"，那么将很容易阻止他们抢点。

⚽ X9 应该尽早传中。

⚽ X7 必须努力尝试争抢传中球的第一落点。

尽管大多数教练都知道传中对赢得比赛的重要性，但是他们设计的训练课难以达到最高的转化率，主要原因在于他们的训练方法脱离实际。要让训练课接近实际，教练必须分析球队的比赛表现，然后在分析的基础上设计训练课。教练应回看自己球队的比赛录像，并把训练课也录下来，然后问自己两个问题："球队的比赛表现和训练表现有什么差别？""球员们是否理解通过分析总结出来的关键因素？"

第二部分
决　策

在本书的第二部分，我们会提出一个假设：即使是发生在一瞬间的事情，人们也需要时间来处理信息。最早提供证据支持这个假设的研究人员是弗兰斯·C.东德斯。他于 1868 年发表的一篇经典论文至今仍然被许多研究人员引用。东德斯确信测量人类处理信息的时间是有可能的。他在研究中发现，当人们需要做出多个决策时，他们的反应时间（也就是从观察环境中的某种变化到做出反应的时间）就会变长。他的结论是：在处理多个刺激 – 反应事件时进行了额外的思想活动是反应时间变长的主要原因。因此，如果在看到刺激因素之前就知道该如何做出反应，我们就能提前做好准备动作。这样我们就可以预判即将发生的事情，然后提前做好准备，随时蓄势待发，从而节省处理信息的时间。

朱利叶斯·默克尔于 1885 年开展的研究证实了上述猜想，即当人们面对多种可能的行动选项时，他们处理信息的速度就会变慢。在他之后，雷·海曼和威廉姆斯·希克在 20 世纪 50 年代再次证明了环境中不确定因素的数量和人们的反应速度之间存在很强的相关性。例如，随着刺激 – 反应事件数量的增加，处理信息所需的反应时间会呈现线性增加趋势。重要的是，学习是其中的一个因素。人们可以了解某些环境变化的可预测性，然后学会预判，这样能显著缩短信息处理的滞后时间。

考虑到研究人员在实验室和现实世界中都发现了这一明显的现象，我们认为很有必要把这些发现应用到足球比赛中，从而帮助球员减少他们在比赛中需要面对的选择的数量。这么做还有助于缩短思维处理时间，最终加快做出动作的速度。教练感兴趣的问题是："我们能通过减少球员必须处理的可能的动作数量，从而加快他们对选定事件的信息处理速度吗？"

第4章 足球比赛中的决策模型

球员会经历3个基本的思维过程。他们首先会感知到一个变化的环境，然后根据感知到的信息进行决策，最后选择并做出适当的反应。一名球员做出正确决策的速度对他在比赛中的个人表现有很大的影响。本章旨在为球员提供一个基础的思维框架，以使决策过程变得更加简单。

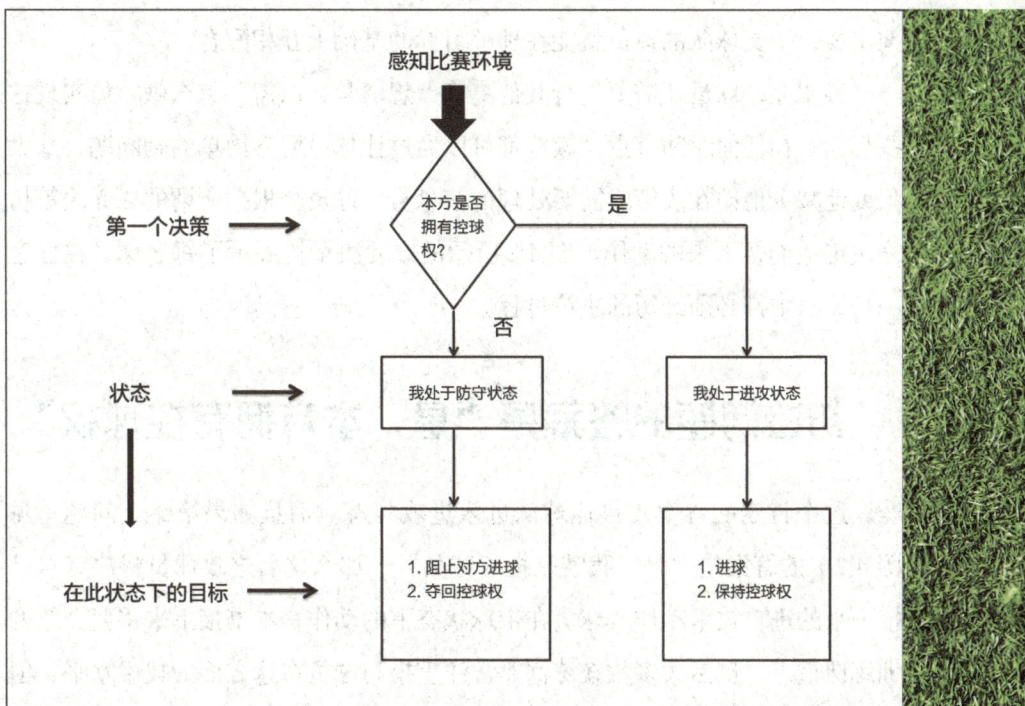

图 4.1

本章的目的是针对足球比赛建立一个符合逻辑的决策模型。

战术意识的增强离不开我们在第 1 章中讨论过的控球权原则，也就是在进球之前，必须把球控制在本方球员的脚下。因此，保持和重新赢得球权的原则应该指导我们在足球比赛中的大多数决策。既然控球权是战术理论的焦点，那么每名球员做的第一个决策应该与谁拥有控球权有关："本方是否拥有控球权？"

问题的答案不同，球员的思考过程也会不同（见图 4.1）。如果答案是"是，本方拥有控球权"，那就是本方控球，而且球员处于进攻状态。在这种进攻状态下，球员有两个关键目标，这些目标与比赛的根本目标相关。首先，比赛的主要目标是进球。如果这个目标难以达成，那么教练就会考虑选用保持控球权的战术目标。如果以上问题的答案是"否，本方没有控球权"，那么此时的首要目标必须是阻止对方进球，其次才是夺回控球权。从这个基础框架出发，一支球队的球员就能在理解目标的基础上互相配合。

很明显，球员还需要进行其他决策，想清楚自己需要怎么做才能实现这些目标。在任何时间节点，教练都可以通过让球员回答简单的判断题，最大限度地减少他们在决策时需要处理的信息量。球员会根据所谓的二元决策树来决定他们接下来的动作。图 4.2 所示的二元决策树展示了每名球员在任意一场比赛中都必须经历的决策过程。

初始问题的答案是"是，本方拥有控球权"

这个肯定的答案直接让球队进入进攻状态。而且如果第 2 个问题（见图 4.2）的答案是"是，我就是控球球员"，那么这名进攻球员将决定自己接下来的进攻技术动作。球员在带球状态下的动作是本书接下来将要介绍的训练课重点。虽然大多数教练都非常注重提高球员在这方面的技术水平，但有时候他们会忽视对决策技巧的培养，而正确的决策是选择合适的技术动作的关键。此外，在任何一场比赛中，实际上花在这些技术动作上的时间只占

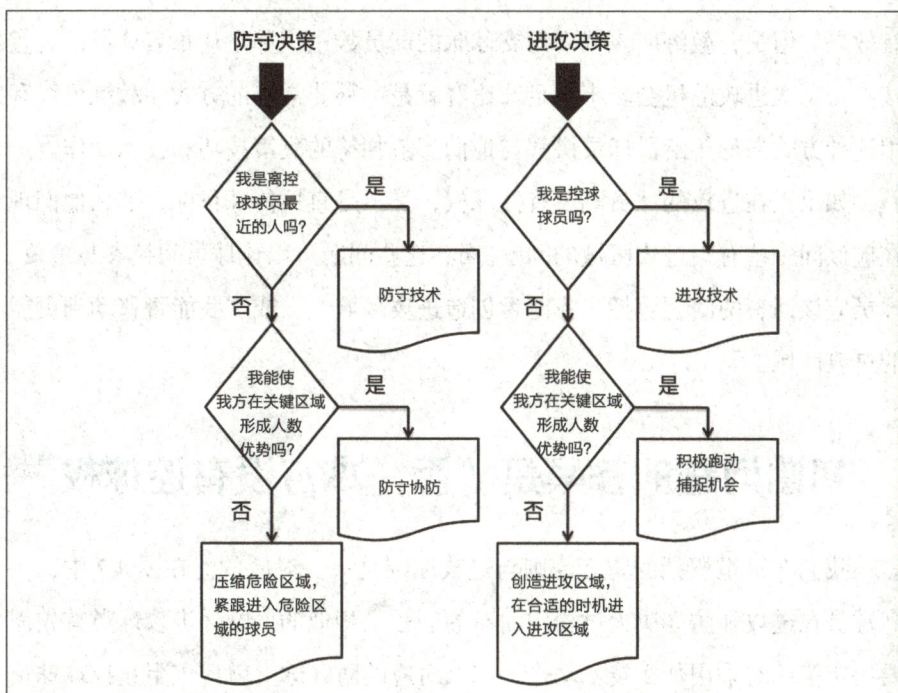

图 4.2

非常小的一部分。来自数场大型足球联赛的数据统计报告显示，在一场 90
分钟的比赛中，平均每名球员与球接触的时间只有大约 90 秒。因此，一支
球队中的所有球员都必须了解他们在无球状态下（也就是当图 4.2 中的第 2
个问题的答案是"否"的时候）有哪些进攻技术可以选择。

　　如果一名球员没有控球权，但是他的队友正在带球进攻，那么这名球员
需要做的下一个决策就是他能否直接参与进攻，也就是这名球员能否成为进
攻区域内的下一个传球目标。有趣的是，低年龄段（8 岁及以下）球员的决
策很少能深入这一层次。低年龄段球员之所以总是一窝蜂地挤在进攻区域附
近，原因是他们无法看到除了直接参与进攻（要么自己控球，要么是下一个
传球目标）之外还有其他选择。这在很大程度上是所有低年龄段球员在成长
阶段都会遇到的问题，随着他们意识到间接参与团队战术的重要性，这种问
题自然就会消失。向低年龄段球员解释这个问题不仅没有必要，而且通常没

有效果。但是，教练应该减少每支球队的球员数量，尽量让每名球员都有直接参与每次进攻的机会。小场足球比赛就是一种非常好的方式，教练可以利用这种方式向低年龄段球员讲解与他们年龄相符的决策技巧和技术动作。

　　如果正在进攻的球员既没有控球权，又不是直接传球目标，那么他们现在应该问一些有关进攻区域的问题。回答这些问题可以让球员间接参与进攻。球员应该回答的问题包括"我能否创造进攻区域？"或"我能否移动到可能的进攻区域？"

初始问题的答案是"否，本方没有控球权"

　　我们在这里概括的防守原则与进攻原则是一一对应的。在图 4.2 中，一名球员在进攻和防守决策过程中面对的问题是相似的。既然进攻球员首先需要决定控球时采用什么技术动作，那么对应的防守球员就应该阻止控球球员有效完成这个技术动作。影响一个技术动作是否有效的重要因素有两个：时间和空间。

　　进攻球员需要缩短做动作的时间，并减少需要的战术空间，这就给他提出了更高的要求，而且可能导致做出的技术动作的效果大打折扣。因此负责防守逼抢的球员应该努力压缩进攻球员做技术动作所需的时间和空间。二元决策树显示，在这种状态下的防守球员会用到一些个人防守技术，例如逼抢和拦截。

　　不直接参与逼抢球权的防守球员必须考虑下一个问题，那就是自己能否和直接参与逼抢球权的防守球员一起形成人数优势。进攻球员通过积极跑动使自己成为传球目标之一，并试图在控球球员附近形成人数优势。因此防守方必须通过增加额外的防守球员，来抵消进攻球员人数增加所形成的优势。这些防守球员虽然不参加对球的逼抢，但应让自己处于良好的协防位置（见图 4.2）。之后防守方需要决定如何压缩进攻方的空间，并决定采取区域防守战术还是盯人防守战术。后一个问题是许多区域防守战术或人盯人防守战术的基础。同样，虽然这些战术上的考量是大多数防守训练的核心，但作为全队防守战术基础的个人防守决策还是经常被忽略。

影响决策过程的因素

（1）**学习**：在这个决策模型中，考量学习因素是可能的。球员经历导致他横贯二元决策树的某些环境变化的次数越多，就越有可能预测某些结果。当然，前提是这名球员需要在教练的指导和训练下完成决策过程。在很多情况下，球员只能靠自己进行决策。因此，只有在控球的时候或离控球球员较近的时候，球员才会进行决策。那些不直接参与执行战术的球员通常不会把自己视为团队战术的一部分。

指导球员走完二元决策树流程是一个重要的学习过程，它可以帮助球员预测比赛中发生的与这个问题框架相关的事件。

因此，增强球员的预判能力对提升球队实力至关重要。例如，在比赛过程中，一名有经验的球员可以熟练地通过二元决策树决定是否间接参与进攻，当本方失去球权的时候，他能预判是否有危险。这种预判可以帮助这名球员选择最佳的防守动作，同时最大限度地缩短攻防转换时间。

（2）**战术区域**：足球与球门之间的距离会影响球员的选择。在与球门距离较近的时候，正在带球进攻的球员的得分（也就是射门）欲望会比传球欲望更加强烈。而正在逼抢的球员会优先选择最有可能阻止对方得分的防守技术（例如拦截、封堵射门）。因此，球员不仅应该理解进攻和防守战术的基本原则，还需要根据足球与球门之间的距离决定使用这些原则的最佳时机。

（3）**战术体系**：我们在二元决策树中列出的团队配合基本原则适用于每名球员。为了实现共同目标（也就是进攻、进球和夺回控球权），所有球员都应该问自己类似的问题，但是每名球员在决策时还应该考虑整体战术方面的问题。从本质上讲，战术体系和阵型限制了球员的决策空间。在任何一场比赛中，教练都需要通过战术体系和阵型组织和协调球员履行某些场上职责。对任何球队来说，战术体系的限制性越强，球员做出个人决策的空间就越有限。根据每名球员受限制的程度不同，二元决策树可以在任意决策的分支中止。因此，在回答了有关控球权的初始问题后，得出的最终决策结果可能是在有限的战术区域内安排数量有限的球员。

对教练的影响

本章介绍决策模型的目的是帮助每名球员全身心地参与执行团队战术。在正式比赛中，球员需要不断思考和决策。这个决策模型对团队比赛的基本目标和目的做出了假设。不同的比赛可能有不同的目标，但是在一场比赛中，球队的所有球员都必须努力实现共同目标，因此，我们针对一个团队运动项目中的个人决策做出了一些假设。那么，教练面临的问题有哪些呢？首先，教练需要意识到球员在一场比赛中会经历 3 个阶段：感知环境变化、针对所有战术问题进行决策以及选择并采取正确的行动。其次，教练必须明白只有当训练转化率达到最高的时候，训练才是最有效的。也就是说，球员在情境 A（训练课）中的表现和他在情境 B（比赛）中的表现直接相关。因此，教练必须营造一个接近实战的训练环境，让球员在该环境下感知、决策和行动。在与许多团队运动项目有关的大多数非对抗性训练方法中，决策阶段往往被忽视，选择阶段总是由教练代劳，因为教练经常要求球员在某次具体的训练中使用某个特定的技术动作。

下面是一个尝试让球员进行个人决策的情境范例。只有在正确的实战情境下，球员才会进行这些决策，因此教练必须规划并设置正确的训练情境（见图 4.3）。

在如图 4.3 所示的训练情境中，我们的目的是向 X10 强调几个训练要点。这名球员正准备接球，而且背对球门。那么，X10 必须做哪些决策呢？为了帮他减轻决策负担，教练又应该怎么做呢？

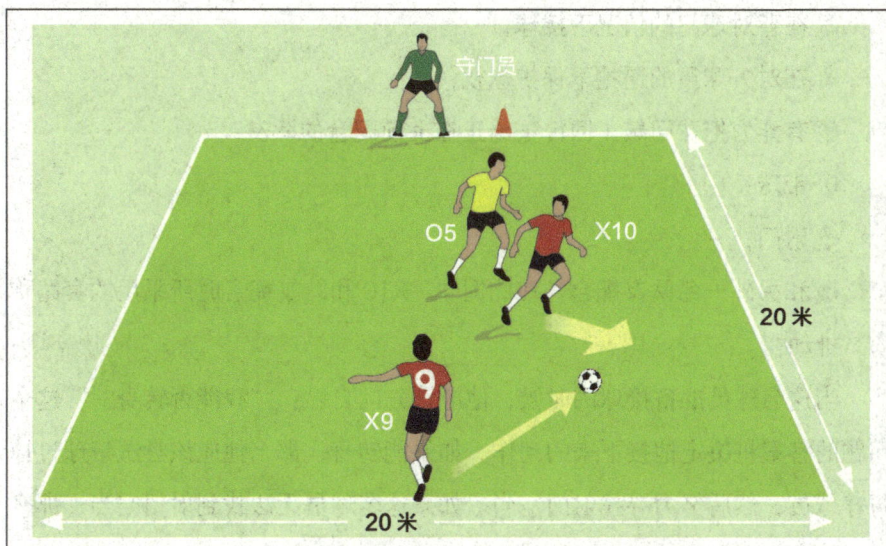

图 4.3

　　在图 4.4 中，我们为 X10 画出了一个可能的决策和行动流程图。在这个特定的情境下，有几项对进攻球员来说非常重要的技术，具体如下：

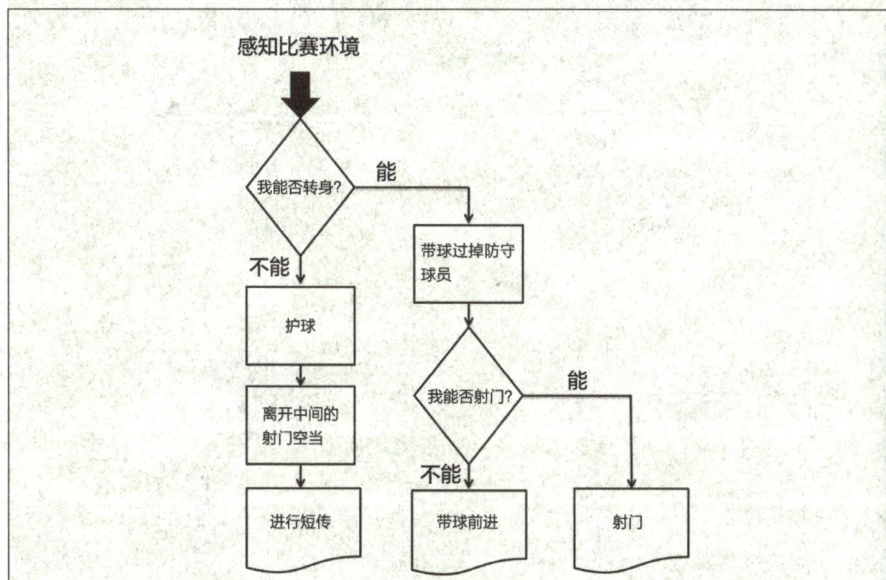

图 4.4

⚽ 在背对球门的情况下接球；

⚽ 在对方球员的逼抢下保护球权；

⚽ 有能力把球回敲（回传）给正在上前配合的队友；

⚽ 带球；

⚽ 射门；

⚽ 和另外一名队友配合，在此例中，X10 和队友配合时所采用的套路称为"扯动"。

当这名球员准备接球的时候，他应该先问自己："我能否转身？"这个问题的答案将决定他接下来的动作。如果能转身，那么他应该尝试带球过掉防守球员，然后努力寻找射门空当。如果这名球员无法找到射门空当，那么他可以和另一名队友配合以扯开空当，从而创造射门机会。

图 4.5A 展示了一种名为"扯动"的配合套路。采用这种配合套路可以为 X9 扯开射门空当。而在图 4.5B 中，X10 通过假动作为自己创造射门空当。

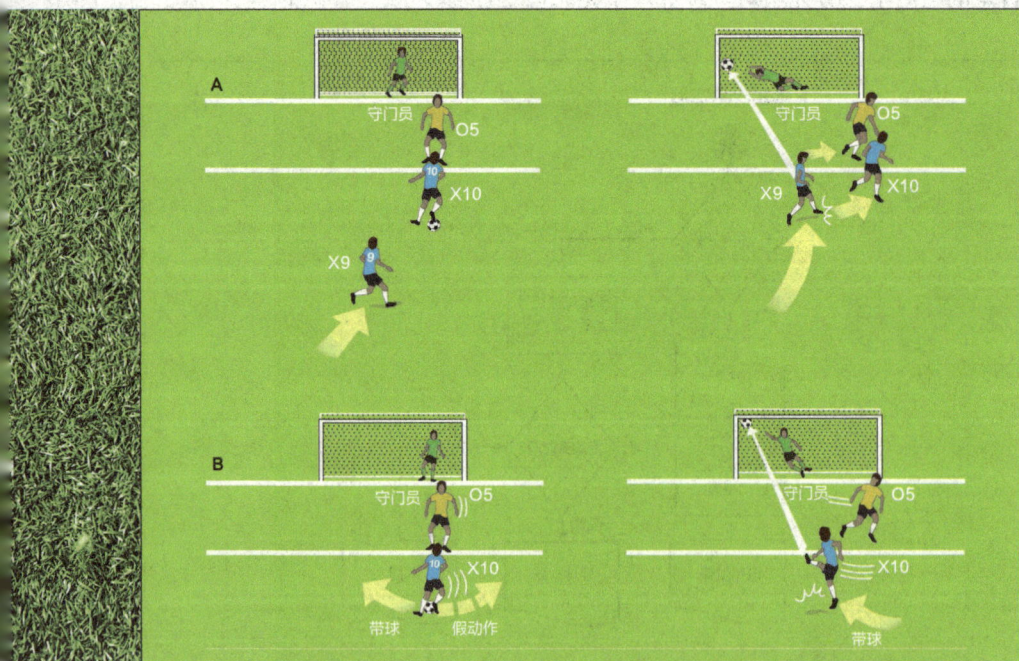

图 4.5

回到图 4.5A。在 X10 因受到 O5 的严密盯防而无法转身的时候，其他机会也随之出现。首先，X10 必须保护好球权；其次，X10 应该为其他球员创造空间或射门空当——在本例中，他需要为 X9 拉开空间并创造射门空当。通过保护球权并带球离开中路区域，X10 可以同时完成这两项任务。现在，X10 面对的问题是何时回传及在哪里回传（详细讲解参见第 7 章），从而为 X9 创造绝佳的射门机会。

图 4.6 展示了 X10 如何离开中路区域接球，然后立刻把球回传给有射门机会的 X9。

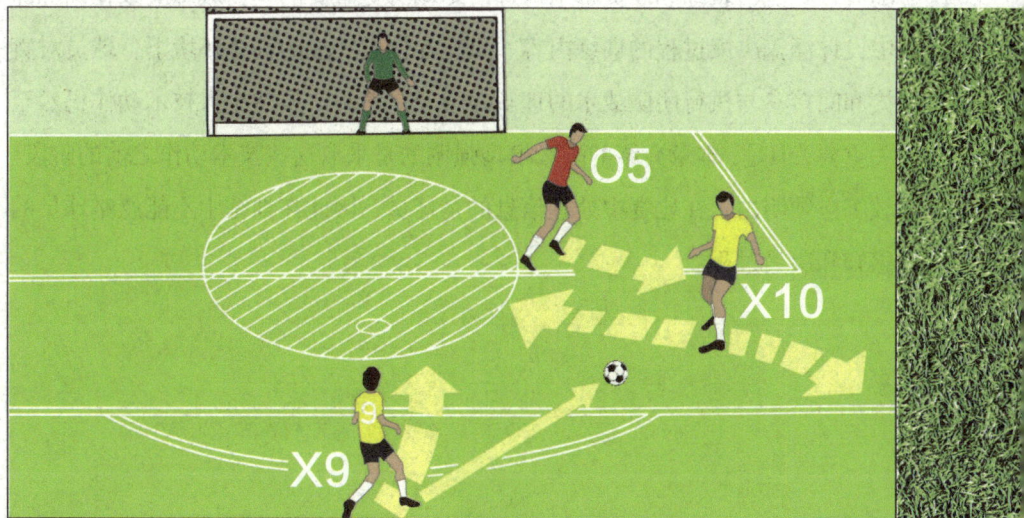

图 4.6

结语

在一场比赛中，一支球队的每名球员都需要不断地进行决策。教练可以对决策过程进行架构，让所有球员形成相同的比赛目标。如果一支球队的所有球员都通过各自的行动努力实现相同的比赛目标，那么球队的成绩就会提高。此外，如果所有球员都理解彼此决策背后的深意，那么团队的凝聚力就会增强。教练可以使用二元决策树指导球员在团队比赛中的思维过程，这种决策方式能给教练和球员带来深远的影响。更重要的是，教练应该在训练课中设计涵盖决策过程的训练内容。只有在接近实战的训练环境下，球员对直接和间接参与执行团队战术的理解才会经受考验。虽然个人技术动作仍然至关重要，但是，本章介绍的决策模型强调的是采取这些技术动作之前的阶段。教练必须明白，在比赛中处理信息的是球员，因此在训练中不能忽略球员的感知和决策过程。

第5章　决策和防守

　　教练经常忽视防守技术方面的问题，却把大多数时间花在更具创造性的进攻技术上，这也许是因为比起防守和尝试夺回球权，球员更愿意带球进攻。在一场比赛中，一支球队平均有一半的时间没有控球权（尽管这在一定程度上视教练采取的战术而定），因此所有球员在比赛中的任何时候都应该清楚自己的防守职责。

　　通过分析，我们发现进攻方失去控球权的常见原因有以下两个。

　　⚽ 防守压力较小，但由于能力不足，进攻球员无法保证传球或射门的准确性，从而导致进攻方失去球权。

　　⚽ 由于对方给的防守压力太大，进攻方无法保证传球或射门的准确性，被迫失去球权。

　　第一种情况在所有级别的比赛中都比较常见，在较低级别的业余联赛中最为常见。在这种情况下，防守方不需要考虑任何防守因素。教练只需要让球员保持警觉，时刻做好准备，利用进攻球员的这些失误（也就是说，当对方失去控球权之后，本方要尽快拿到球权）。

　　教练需要重视的是第二种情况。那么，教练应该怎么做才能迫使进攻球员放弃控球权呢？这个宽泛的问题可以引申出几个具体的问题：优先考虑的因素有哪些？教练如何充分利用训练时间？一名球员在防守的时候需要注意什么？

　　在防守方面，教练面临的主要问题是如何设计合理的防守战术，并让球员理解战术意图。球员在防守的时候应该只需要进行一些非常简单的决策。

决策越简单，球员处理信息的速度就越快。瞬息万变的场上形势要求防守球员做出相应的改变。因此，对所有级别的教练来说，让球员理解自己的具体防守职责是一项比较实际的目标。

但是，教练往往过于重视抢断技术，这其实没有必要。在任何比赛中，最重要的是传球、头球和射门技术，球员出现失误往往是因为他们在做这些动作时受到干扰。此外，各类教科书一般不会把正面拦截或滑铲技术作为重点（而且在近几年的比赛中，大多数滑铲动作会招致裁判的判罚）。造成这一现象的原因是：在快节奏的比赛中，完成拦截动作需要花费的时间太长，而且在某些情况下球员已根本不可能做出有效的拦截动作。

在训练拦截技术之前，球员首先应该清楚拦截的正确时机和地点。只有当球员能理解这些重要的先决条件时，他们的拦截效率才会显著提高。正确的跑位是有效拦截的先决条件，因此教练不应该把大部分训练时间花在训练拦截技术上。对许多青少年球队来说，防守球员只需要站在球和本方球门之间就足以迫使进攻球员放弃球权。

教练有必要重新评估目前有关防守的训练方法。我们在下方列出了一个优先训练目标清单。不过，需要提醒教练的是，这些训练目标适用于特定的场上区域，不一定适用于全场。例如，我们不能要求前锋回到本方禁区负责解围。

目标

球员应该知道：

⚽ 如何根据球和本方球门以及自己之间的相对位置确定潜在的危险区域；

⚽ 如何在进攻球员和本方球门之间找到合适的站位；

⚽ 如何给对方施压并展开逼抢；

⚽ 如何给正在逼抢的队友提供协防；

⚽拦截的正确时机；

⚽如何拦截；

⚽如何跟防对方球员；

⚽如何封堵危险区域。

教练可以通过小场比赛（4 对 4 或 5 对 5）达成前两个目标。教练可以选择适当的时机暂停训练，对这些目标进行讲解。以下是几个例子。

"哪里是危险区域？"

首先，球员必须意识到危险区域是不断变化的。

⚽在图 5.1 中，X9 是正在控球的进攻球员。在这个例子中，危险区域是近门柱和进攻球员之间的区域，如图 5.1 中的阴影部分所示。防守球员应该竭尽全力阻止 X9 带球进入这个区域。

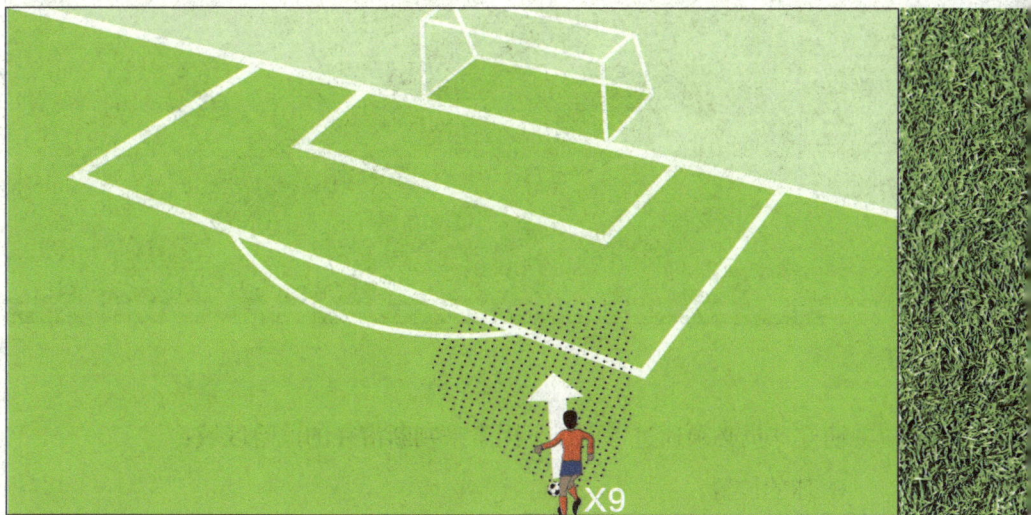

图 5.1

⚽在图 5.2 和图 5.3 中，由于 X9 和近门柱的相对位置不同，危险区域（阴影部分）也发生了变化。

图 5.2

图 5.3

防守球员必须通过考虑以下因素来判断潜在的危险区域：

⚽ 球的位置；

⚽ 本方球门的位置；

⚽ 自己在场上与对方球员和配合球员之间的相对位置。

教练可以通过一系列问题指导小场训练赛。例如，教练可以暂停训练，然后询问防守方他们的危险区域在哪里。每名刚失去控球权的球员都应该问自己类似的问题。

"我是否占据了有利的防守位置？"

如果答案是"否"，那么这名球员应该尽快朝危险区域的后方移动。防守球员一旦超过球的飞行轨迹线，就应该一边跑动，一边观察形势并重新评估自己的站位。

这时，球员应该对前两个目标有所了解。他们现在要么已经占据了有利的防守位置，要么正在朝有利的防守位置移动。

流程图 A–D

如果流程图（见图 5.4）中 C 框中的问题的答案是"是，我已经站在了本方半场"，那么球员接下来就需要回答 D 框内的问题"我是距离控球球员最近的防守球员吗？"，如果答案是"是"，那么这名球员就要负责逼抢和施压。因此，教练的目标就是训练处于这种状态下的球员如何盯防并拼抢球权。

"我怎么做才能盯防并拼抢球权呢？"

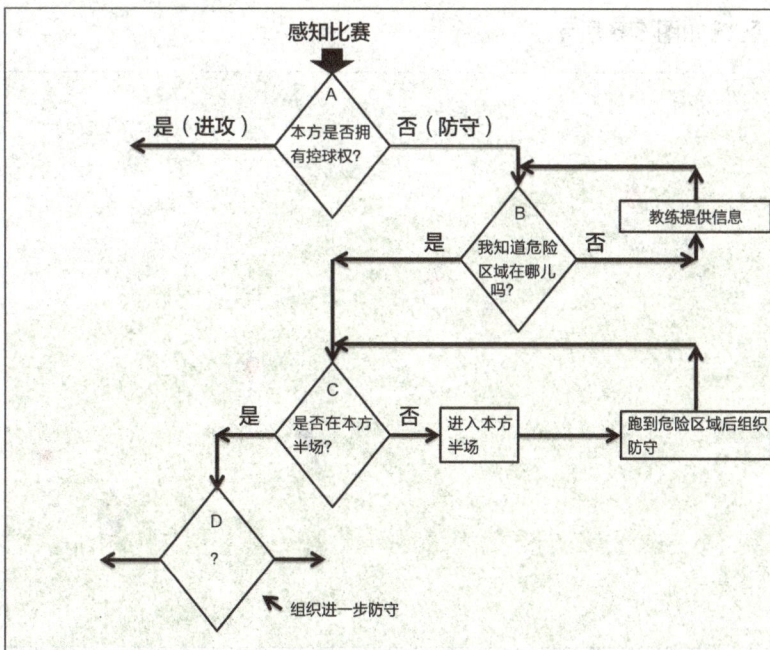

图 5.4

技术要领

负责盯防的防守球员在保持姿势和移动的时候应该注意：

⚽ 保持身体前倾，放低重心；

⚽ 一只脚在前，另一只脚在后，膝关节屈曲，用跖骨支撑体重，而不是用脚跟；

⚽ 时刻准备快速向前移动，并在保持平衡的前提下做好转身和冲刺的准备；

⚽ 防守球员应该防球，而不是防人；

⚽ 自己此时的姿势和拳击运动员的姿势很相似。

球员必须熟练掌握这个防守动作。考虑到掌握带球技术是为了对抗以上动作，因此防守球员还应该具备快速后撤并转身冲刺的能力。

训练 A

⚽ 把球放在两名球员中间。

⚽ 训练区域如图 5.5 所示。

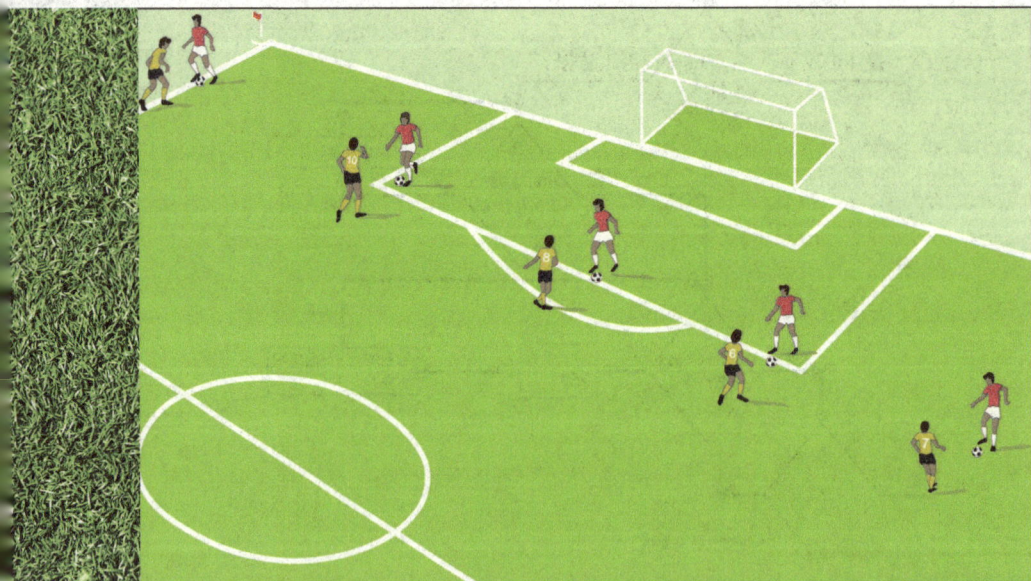

图 5.5

⚽ X 队负责进攻，尝试把球安全带到目标线。

⚽ O 队负责防守，必须时刻努力让自己和球之间保持 1 ~ 2 米的距离。

⚽ O 队球员必须在 X 队球员射门之前抵达目标线。

⚽ 任意一方进 5 个球之后，双方互换，即 O 队成为进攻方，X 队成为防守方。

⚽ 鼓励进攻球员频繁变换节奏和方向。

⚽ O 队不得使用拦截动作。

训练 B

⚽ 每两名球员使用一个足球。

⚽ 训练区域如图 5.6（10 米 x10 米的网格）所示。

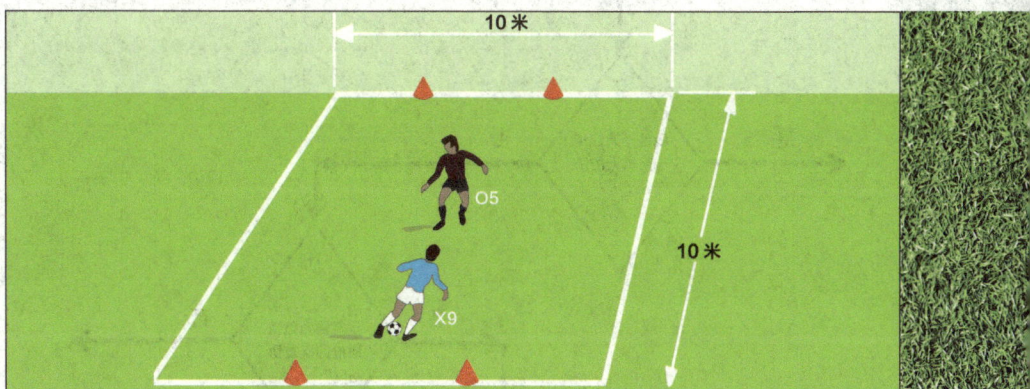

图 5.6

⚽ 训练开始时，由防守球员 O5 发球给 X9。

⚽ X9 必须在 20 秒内射门（以两个训练锥代表球门）。

⚽ 在 20 秒内，O5 应该对 X9 进行盯防和控制，同时保持有利的防守位置。

⚽ 如果球被 O5 抢走，那么由 O5 展开进攻，尝试射门。

⚽ O5 不得上前拦截，但是可以通过假装拦截逼迫 X9 放弃球权（如迫使 X9 草率射门）。

训练要点

⚽ 在盯防 X9 的过程中，O5 做动作的速度要快，同时要将自己与球之间的距离控制在 2 米左右。对 X9 来说，在 O5 靠近的时候马上减速是一项必须熟练掌握的进攻技术。

⚽ 防守球员的跑动角度要视辅助防守球员的位置和防守球员与边线的距离而定。

在开始训练拦截技术之前，教练首先应该解决如何协防防守球员的问题。因此，我们有必要继续讲解上文还没讲完的流程图。

流程图 D-H

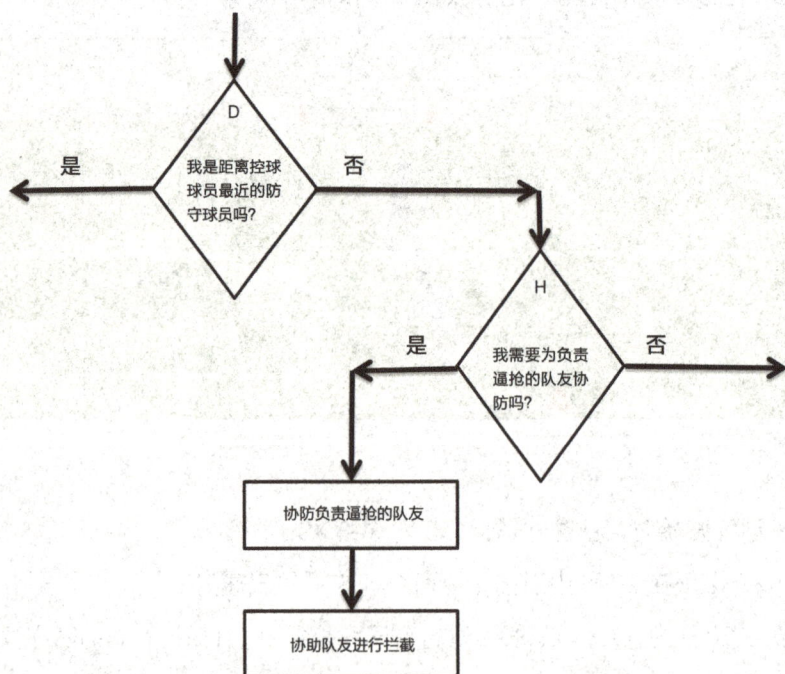

D

是   否

我是距离控球球员最近的防守球员吗？

H

是   否

我需要为负责逼抢的队友协防吗？

协防负责逼抢的队友

协助队友进行拦截

图 5.7

如果 D 框内的问题（见图 5.7）的答案是"否"，那么下一个问题就是如何协防负责逼抢的队友。

"我应该如何协防负责逼抢的队友？"

负责协防的球员目的是帮助本方在球所在的区域形成人数优势。在图 5.8 中，X6 是负责协防的防守球员。X6 的站位非常重要。

技术要领

⚽ 负责协防的球员 X6 的站位如图 5.8 所示。

⚽ 当对方被迫沿边线带球时，X6 应该站在队友身后，使自己的移动方向与边线垂直，如图 5.8A 所示。

⚽ 当对方被迫横向带球往协防球员方向移动时，X6 应该站在队友身旁，其移动方向与边线平行，如图 5.8B 所示。

⚽ 如果不清楚对手的意图（可能由于 X5 施加的盯防压力不够），那么 X6 应该位于一个大约 45 度角的位置，如图 5.8C 所示。

⚽ X6 应该选择合理的站位，如果 O4 带球过掉了 X5，X6 应该能够立刻补位，或者立刻盯防 O4，阻止他向前带球进入危险区域。

⚽ X6 和 X5 之间的距离应该足够近，以迫使 O4 面临 1 对 2 的局面。如果距离太远，那么 O4 其实只需要 1 对 1，2 名防守球员很有可能都被他过掉。

⚽ X6 必须时刻保持警惕，不断重新调整协防位置。

⚽ 2 名防守球员之间应该保持沟通。

⚽ 负责协防的球员必须让队友知道他在调整位置。

⚽ 负责协防的球员必须让负责逼抢的球员

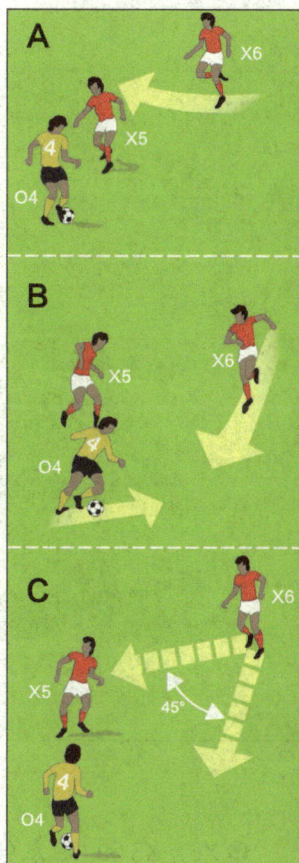

图 5.8

知道自己已经到位，并鼓励他积极拼抢［比如说"把对方进攻球员逼到里面（外面）！"］。

⚽ 虽然负责协防的球员无法指挥负责逼抢的球员展开拦截，但是他必须在确保安全的前提下鼓励后者积极逼抢。

训练 C

⚽ 每 3 名球员使用 1 个足球。

⚽ 2 名防守球员对阵 1 名进攻球员。

⚽ 在 20 米 × 10 米的网格区域内进行训练，如图 5.9 所示。

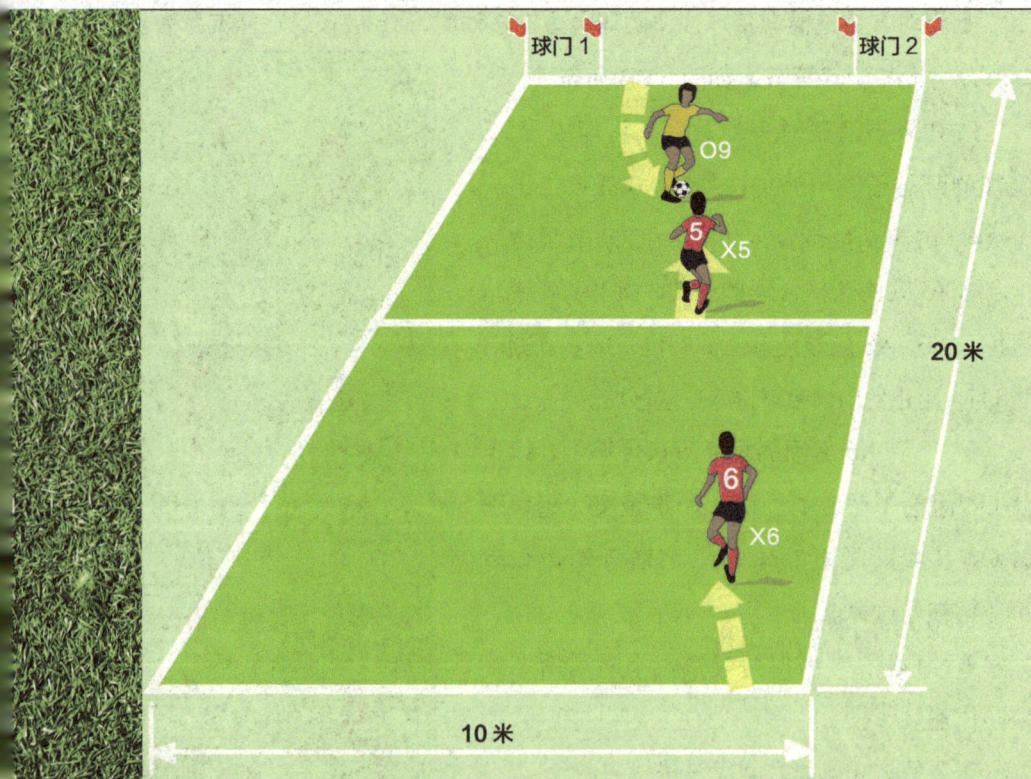

图 5.9

⚽ X6、X5 和 O9 从各自的线路开始训练。

⚽ O9 必须把球带到 X6 空出来的边线上。

⊕ X5 和 X6 尝试获得球权，然后通过球门 1 或球门 2 得分。

⊕ 在协防到位的情况下，X5 应该积极拦截。

⊕ 训练开始的时候，由 X5 发球给 O9，然后双方开始拼抢。

负责盯防和协防的球员可选的其他训练方法

通过这一系列训练方法，前锋和中场球员可以增强在前场密集区域尽早展开逼抢并夺回球权的能力。

训练要点

⊕ 在 10 米 × 10 米的网格内进行 2 对 1 训练，如图 5.10 所示。

⊕ X9 和 X10 尝试通过连续完成 5 脚传球得分。

⊕ O4 只要碰到足球就得 1 分。

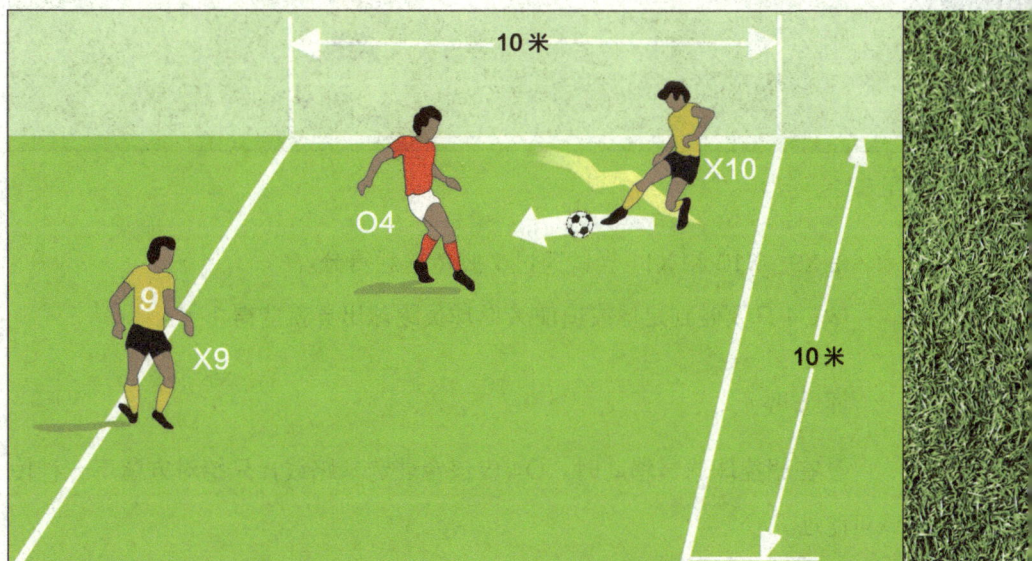

图 5.10

训练要点

⚽ O4 应该通过切断传球线路将控球球员与他的搭档分隔开。

⚽ O4 应该把进攻球员逼到角落以充分利用边线。

⚽ 当 X10 非常有可能传球并低头看球的时候，O4 必须做好逼抢的准备。

⚽ 在 10 米 ×10 米的网格内进行 3 对 1 训练，如图 5.11 所示。

图 5.11

⚽ X9、X10 和 X11 尝试通过 7 脚传球后得分。

⚽ O4 只要碰到足球或迫使 X 队球员踢球出界就能得 1 分。

训练要点

⚽ 在朝控球球员移动时，O4 应该合理选择路线，只给对方留下一种传球可能性。

⚽ 当可能的传球方向改变时，O4 应该尽快封堵接球球员的路线，并且在对方接到球后对其展开拦截，或者破坏进攻方的回传球。

⚽ 最重要的是运动速度和预判准确性。

⚽ 在 15 米 ×15 米的网格内进行 4 对 2 训练，如图 5.12 所示。

⚽ X7、X8、X9 和 X10 尝试通过完成 5 脚传球后得分。

⚽ O4 和 O6 只要碰到足球或迫使 X 队球员踢球出界就能得 1 分。

图 5.12

训练要点

⚽ 在需要协防的时候，O6 应该尽早显现出朝控球球员移动的迹象，以加强对方行动的可预见性（迫使其给出反应线索）。

⚽ 作为负责协防的球员，O4 必须从 O6 的逼抢动作中预判最有可能的传球线路。

⚽ O6 的动作必须要快，O6 应尽早向接球球员施压或进行拦截。

现在，负责逼抢的球员应该回答一个问题，如图 5.13 所示。

"何时才是拦截的最佳时机？"

流程图 D-G

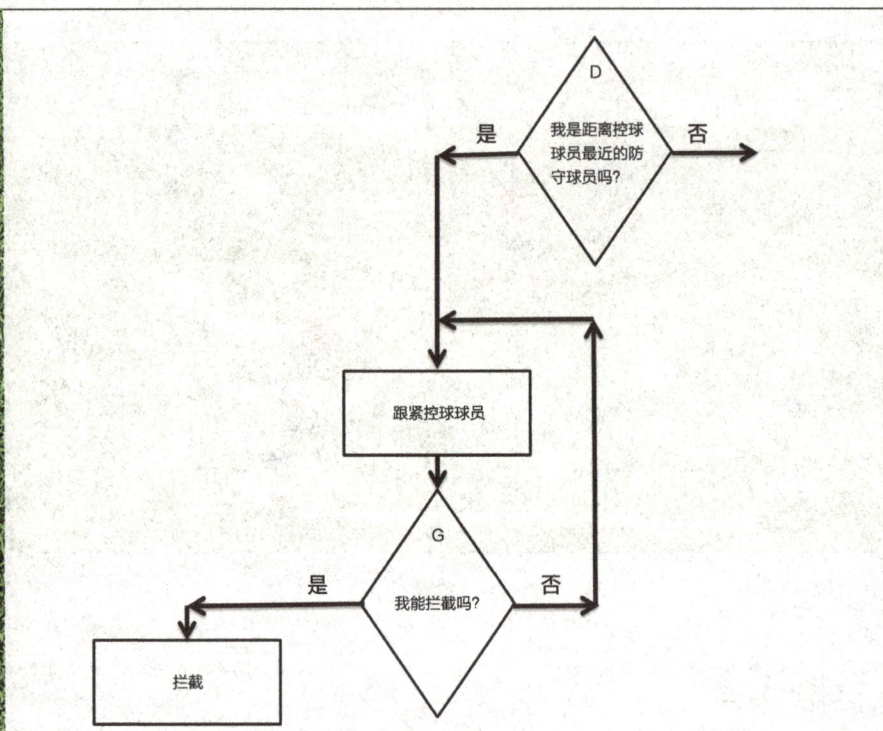

图 5.13

技术要领

⊕ 负责逼抢的球员应该得到队友的鼓励和声音提示。

⊕ 负责逼抢的球员应该缩短自己与球之间的距离。他只需要放慢向后退守的速度就可以做到这一点。

⊕ 负责逼抢的球员必须对控球球员最有可能采取的进攻动作保持警惕。

⊕ 当控球的进攻球员暂时失去对球的控制时，负责逼抢的球员就可以开始拦截。那么，控球的进攻球员会在什么时候暂时失去对球的控制呢？就是他刚完成触球的一瞬间。在那一瞬间，进攻球员和足球之间的距离是不断增大的，而且他需要往前迈一步才能再次触球。

　　⚽ 当足球与自己的距离在一步之内时，负责逼抢的球员就可以开始拦截了。但是，如果上前一步仍然碰不到球，那他就不应该贸然拦截。

　　"我该如何进行拦截？"

技术要领

　　⚽ 负责拦截的球员应该保持身体平衡。

　　⚽ 无论是在做拦截动作时，还是在做完动作之后，负责拦截的球员都不应该双脚同时离地。

　　⚽ 拦截动作应该坚决迅速。

　　⚽ 负责拦截的球员应该对拦截有信心。

　　⚽ 负责拦截的球员应该上前移动，然后顺势铲球。

　　⚽ 负责拦截的球员应该紧盯球的动向。

　　⚽ 很少有人能在第一次逼抢中就把球干净利落地抢过来。因此，不论第一次拦截的结果如何，负责拦截的球员都应该做好再次拦截的准备。

训练 D

　　⚽ 此训练方法旨在增加拦截次数。

　　⚽ 教练应该严格控制训练的强度，禁止不考虑后果的铲球。

　　⚽ 训练场地为 10 米 × 10 米的网格，如图 5.14 所示。

　　⚽ 在对角线的两端用训练锥代表球门。

　　⚽ 这是一场 4 对 4 的训练赛。

图 5.14

训练要点

⚽ 球员不应该在身体失去平衡及距离球较远的情况下进行拦截，如图 5.14 所示。

⚽ 球员应该集中注意力，双眼要盯着球。

⚽ 球员不应该双脚同时离地。

⚽ 如果有机会用前脚抢断，球员就应该这样做；抢到球后，则应该快速朝球移动。

⚽ 如果用后脚铲球，球员应该利用身体的所有重量顺势倒地铲球。

现在让我们回到流程图，如图 5.15 所示。如果"我需要为负责逼抢的队友协防吗？"这一问题的答案是"不需要"，那么防守球员的下一个动作也许是跟防进攻球员。

流程图 H-I

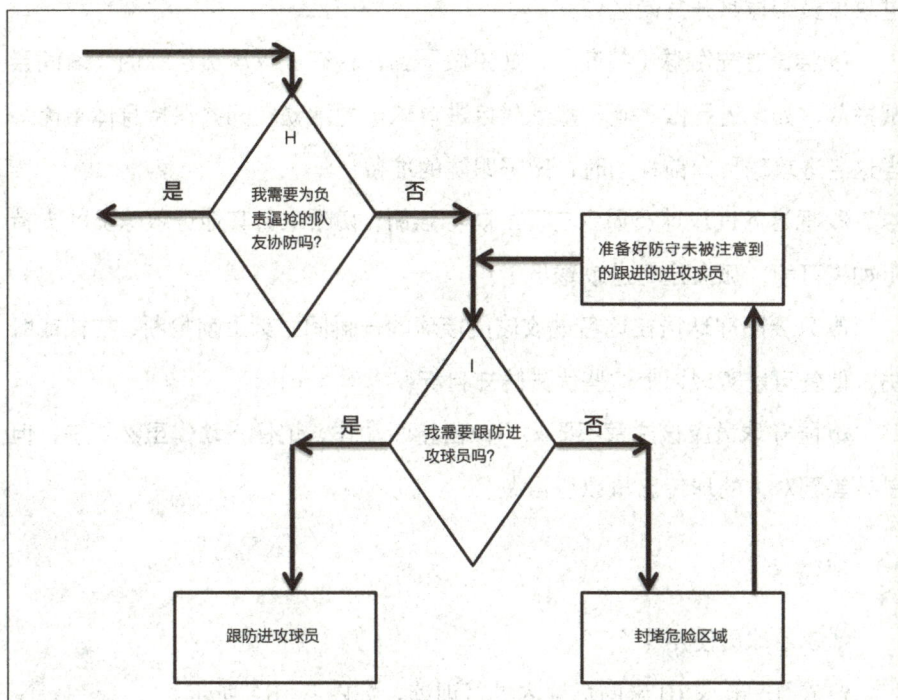

图 5.15

"我怎么做才能跟防进攻球员呢？"

技术要领

⚽ 防守球员应该对周围形势保持警惕。

⚽ 防守球员应该避免视野或控制范围变得狭窄，也就是说，不要只盯着球，也不要只盯着人（要注意反应线索）。

⚽ 防守球员应该清楚对方球员、球、协防球员、盯防球员、本方球门以及场地区域之间不断变化的相对位置。

假设防守球员正在盯防对方的一名进攻球员，而且这名进攻球员已经接到传球，这时防守球员应该：

⚽ 在盯防（从内到外）进攻球员时，防守球员应该背对本方球门，逼迫进攻球员带球离开危险区域；

⚽ 尝试首先触球（抢断），如果做不到，就在进攻球员接球的一瞬间尝试拦截，如果还是做不到，那就封堵进攻球员的活动空间并保持身体平衡，当这名进攻球员向前移动时，做好跟防的准备；

⚽ 把这名进攻球员逼到自己的防守强侧，切断来自其他进攻球员的支持（如果可能，孤立这名进攻球员）；

⚽ 只要防守球员在这名进攻球员接球的一瞬间立刻上前抢断、拦截或盯防，他就可能实现以上这些优先防守目标；

⚽ 防守球员应该注意不要太早做出抢断动作，记住，动作虽然要快，但是要等到对方的球传出来以后再做。

训练 E

⚽ 3 名球员使用 1 个球。

⚽ 在 15 米 ×10 米的场地内进行训练，如图 5.16A 所示。

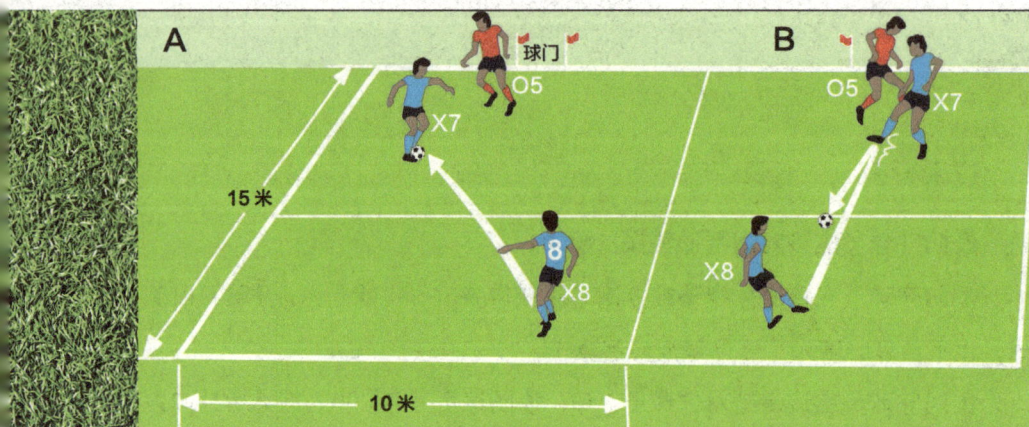

图 5.16

⚽ X8 负责发球，在网格内不得移动，但是可以接球。

⚽ X7 必须尝试射门，但也可以将球回传给 X8，如图 5.16B 所示，然后尝试绕到 O5 身后接回传球。

⊕ O5 必须站在 X7 与球门之间，阻止 X7 射门。

训练要点

⊕ O5 在移动时应该降低重心。

⊕ 如果可能，O5 应该尝试抢断传球。

⊕ 如果无法抢断，O5 应该在 X7 接球的一瞬间对其展开拦截。

⊕ 如果无法拦截，那么 O5 应该阻止 X7 转身。在重心降低的情况下，O5 应该既能看见足球，又不至于因为距离太近让 X7 转身过掉自己。

⊕ O5 应该保持耐心，不要在 X7 背后铲球。

⊕ 现在，O5 的任务是迫使 X7 远离本方球门（最好让 X7 把球回传到对方半场），同时保持面对 X7 和球。

⊕ 不要倒地铲球，也不要对 X7 犯规。

训练 F

⊕ 6 名球员使用 1 个球（分成 2 队，每队 3 人）。

⊕ 在 20 米 × 10 米的场地内进行训练，如图 5.17 所示。

⊕ 用角旗设置两个临时球门，球门宽度都为 2 米。

⊕ 目标是破门得分。

⊕ 用 4 个足球分别摆出两条限制线，如图 5.17 所示。

⊕ 传球球员、守门员（X10 或 O6）可以跟着足球横向移动。

⊕ 2 名防守球员的职责是各自盯防一名进攻球员（O4 盯防 X7，O3 盯防 X9）。

⊕ 传球球员需要改变给进攻球员传球的方式（长传、短传、有力的传球、高空球等）。由于现在增加了控球球员的接球难度，防守球员应该有机会断球，或针对自己盯防的进攻球员展开拦截或跟防。

⊕ 当 X 队进攻时，O6 担任守门员。

现在让我们回到流程图中的最后一个问题（见图 5.15）。

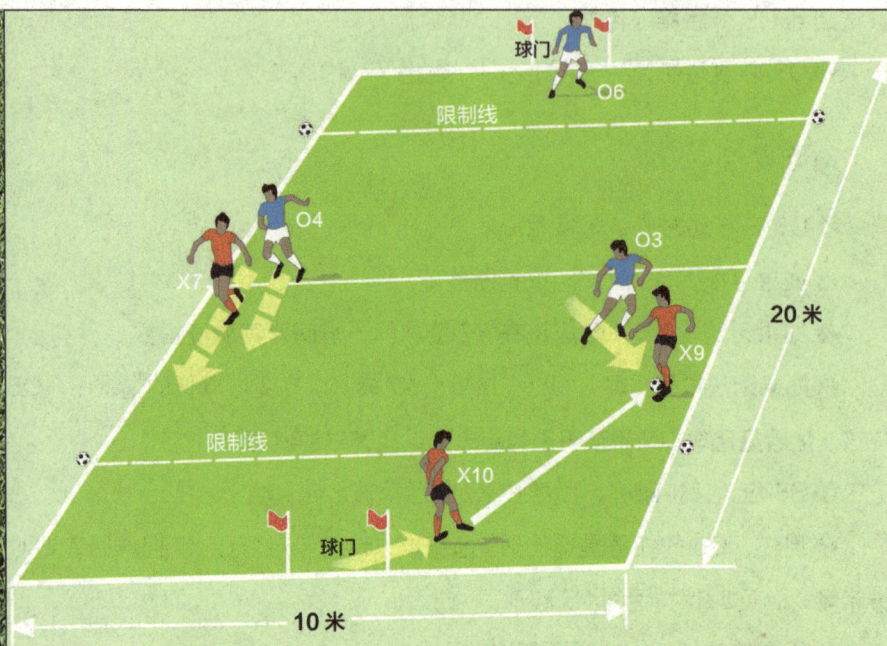

图 5.17

"我应该如何封堵危险区域？"

以下是理解危险区域的要领。

技术要领

⚽ 球员应该做好主动为队友协防的准备。

⚽ 当传球进入并穿过危险区域时，球员应该做好断球的准备。

⚽ 球员应该根据危险区域的变化不断调整自己的位置。

⚽ 球员应该从周围环境中采集并处理大量信息（例如，在对进入某个区域的进攻球员进行封堵的同时，还要提防其他进攻球员绕到防守球员身后）。

⚽ 球员应该让与之配合的队友知道自己的位置已经发生了变化。

训练 G

这项训练强调的是何时对进攻球员进行紧密盯防（当他们进入危险区域

后）以及何时封堵危险区域，或者何时在盯防进攻球员和封堵危险区域之间进行人员分配。人盯人防守需要遵守一种特殊的战术纪律，知道如何盯人的防守球员能更容易地适应区域防守职责。

- ⚽ 在 40 米 ×30 米的场地内进行训练，如图 5.18 所示。
- ⚽ 设置 1 名守门员、1 名传球球员和 3 个球门，如图 5.18 所示。
- ⚽ 这是一场 3 对 3 的训练赛，每位防守球员负责盯防指定的进攻球员。
- ⚽ 为进攻球员分配 1 名传球球员（X10）。
- ⚽ 防守球员应该严格履行人盯人防守职责。
- ⚽ X10 不得进入训练场地，但可以接来自进攻球员的回传球。
- ⚽ 由教练判罚越位。
- ⚽ X 队应该努力带球越过 O 队的防守球员，然后起脚射门。
- ⚽ 如果 O 队赢得球权，他们应该朝 X10 两侧的小球门进攻。

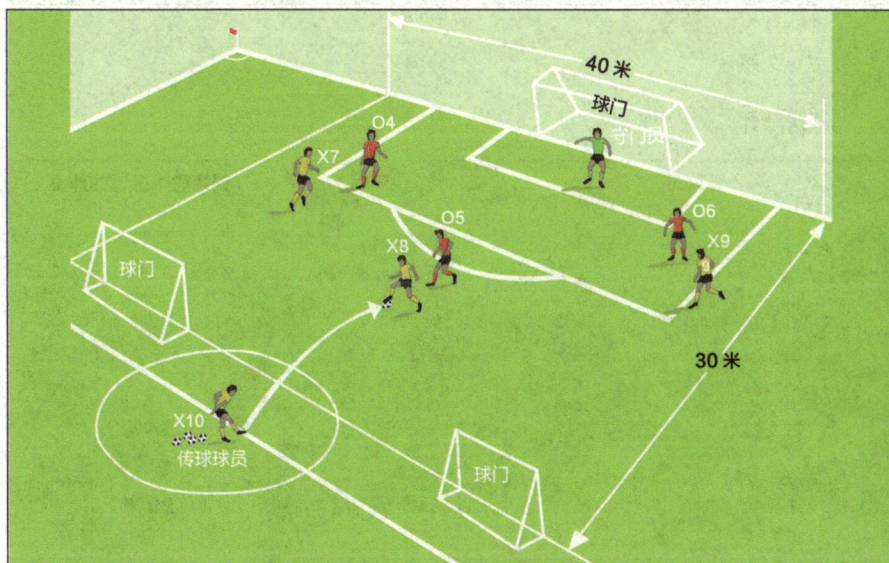

图 5.18

训练要点

- ⚽ 在图 5.18 中，如果 X9 没有直接威胁危险区域，那么 O6 可以稍微退后，对这个区域进行封堵。也就是说，这名防守球员现在正在封堵危险区域（见图 5.19 中的阴影区域）。

⚽ O5 应该合理分配防守职责，他可以给 O4 提供协防，也可以做好断球的准备；如果无法断球，他还可以对接球的 X8 展开盯防或逼抢。

图 5.19

训练 H

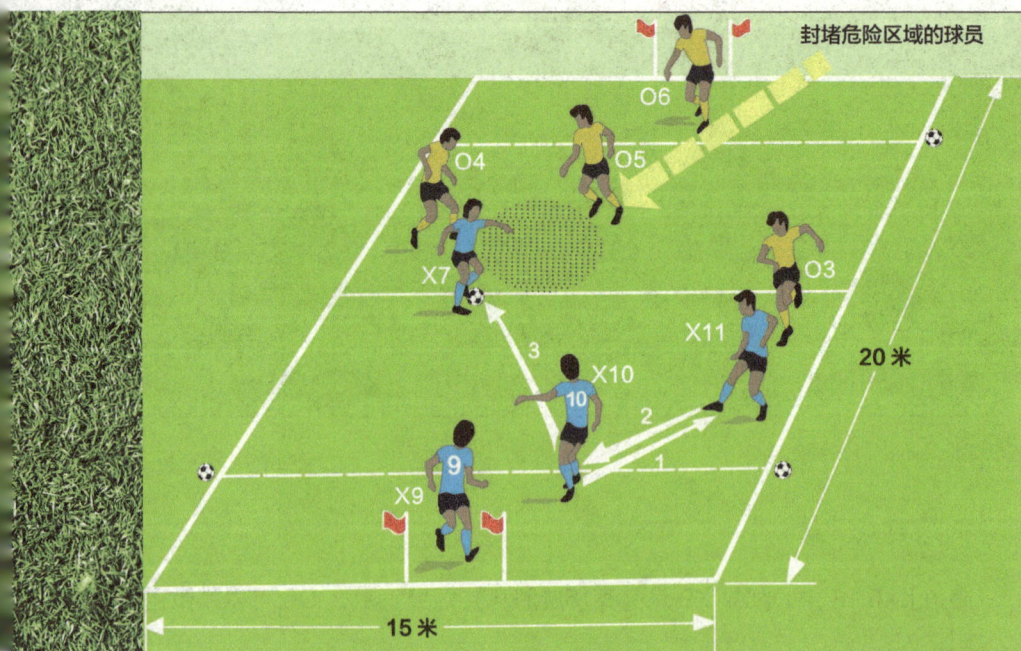

图 5.20

⚽ 这项训练是训练 F 的升级版，双方各增加了 2 名球员。

⚽ 在 15 米 ×20 米的场地内进行训练，如图 5.20 所示。

⚽ O5 是教练重点关注的防守球员。

⚽ X11 和 X10 既可以直接展开进攻，也可以相互传球，让对方的防守体系失去平衡。

⚽ 当 O 队得到球权的时候，X10 成为教练重点关注的防守球员。

训练 I

⚽ 在训练中增加一名清道夫（O3）有助于缓解防守方的防守压力，而且 O3 现在可以给负责逼抢的球员提供协防，如图 5.21 所示。

⚽ 进攻球员应该尽可能积极跑动，以考验防守球员。

图 5.21

训练要点

⊕ O3 应该给负责逼抢的球员提供协防。

⊕ 如果负责盯防的防守球员被对方过掉，那么 O3 要么上前拦截以赢得球权，要么拖慢进攻球员的进攻节奏，直到被过掉的这名防守球员（也就是图 5.21 中的 O4）承担起清道夫的职责。

⊕ 在被盯防的进攻球员接到传球后，清道夫不应该参与对球的逼抢。

⊕ 清道夫的首要职责是封堵危险区域，而不是盯防进攻球员。

⊕ 应该由清道夫发出防守指令，指挥防守球员的行动。

结语

在本方没有控球权的时候，防守球员需要就多个问题进行决策，决定各自的防守职责。我们在本章通过决策流程图列出了这些问题，旨在帮助教练向球员讲解防守原则，如图 5.22 所示。我们关心的主要问题不是一支球队应该采用什么防守战术（例如人盯人防守或区域防守），而是球员如何按照原则有序地进行防守。

下面我们将再次强调本章概括的这些防守原则。

⊕ 防守方是指没有控球权的一方，这意味着这一方的全体球员都要参与防守。

⊕ 防守球员应该知道哪个位置是有利的防守位置，还需要知道如何争取有利的防守位置。

⊕ 距离控球球员最近的防守球员必须对控球球员施压，从而增强进攻方行动的可预见性。

⊕ 负责协防的球员应该移动到负责逼抢的防守球员身后，选择正确的协防方向，并和对方球员保持适当的距离。

⊕ 防守球员必须封堵危险区域。

⊕ 防守球员必须对进入危险区域的进攻球员实施严密的跟防。

⊕ 防守球员应该选择正确的拦截时机和方式。

完整的决策流程图

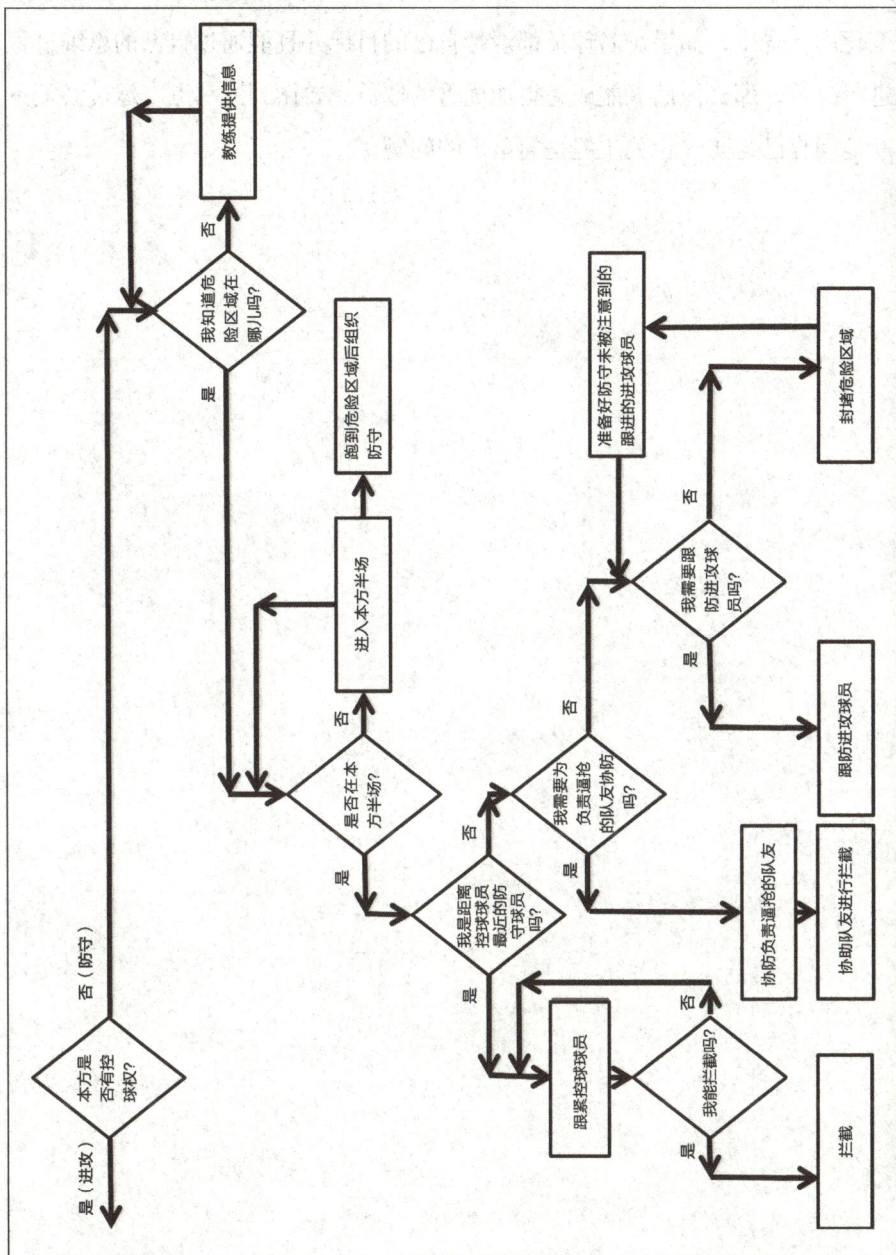

图 5.22

　　我们给以上流程图中的决策设置的重要限制因素都是和对抗所在区域相关的。本章的重点是帮助球员理解如何在防守中应用这些决策。在形势不断变化的比赛中，如果每名球员都清楚自己的目标并且能通过自己的思维过程进行决策，那么他们就能成为更加优秀的球员。要做到这一点，球员必须不断地问自己与防守相关（但是简单）的问题。

第三部分
团队配合

接下来的章节将强调在训练中重现实战环境的重要性，不过我们也会按照球队的需求对这些训练环境进行一些调整。在此之前，教练应该对比赛进行分析，然后在此基础上找到需要纠正和改善的训练方法。教练的目标是让训练的转化率最大化。1906 年，心理学家爱德华·桑代克首先提出了所谓的学习特异性假说；20 世纪 50 年代，富兰克林·亨利把这一假说应用到运动技能习得领域；20 世纪 60 年代，丹尼斯·霍尔丁在他的研究中证实了这个假说。它在足球中的应用最能说明问题的是"在环境 A（训练）中习得的技能可以在多大程度上应用到环境 B（比赛）？"使技能习得过程更加有效的一个途径是让训练环境尽可能接近比赛环境。既然如此，我们为什么不能用整节训练课的时间进行一场 11 对 11 的训练赛呢？原因有很多：

⚽ 全场的 11 对 11 的训练赛太复杂，球员很难对单独的技术动作进行有针对性的训练和改善；

⚽ 信息过载，球员需要处理大量与比赛有关的信息；

⚽ 教练无法掌控训练课的效果，也就无法保证每名球员都能熟练掌握某项技术；

⚽ 每名球员的参与度较低；

⚽ 球员触球的时间明显减少。

那么，在避免以上这些问题的同时，我们怎么做才能既达到较高的训练转化率，又培养出技术全面的球员呢？为了达到这个目的，训练课必须具备几个关键特征。

为了在训练环境中应用学习特异性假说，教练可以参考比赛分析资料（也许是某场比赛的一段录像），然后努力确保球员所处的训练环境和实际比赛有一定程度的相关性。因此，训练课的设计就显得至关重要。本章介绍的功能性训练和进攻配合训练是训练实用技术的绝佳方法。随着球员技术水平的提高，教练可以把功能性训练重新升级成全场训练赛。在这种训练方式下，和实战相关的指导对球员来说更有意义，而且能保证训练转化率的最大化。

第6章 功能性训练

在进行任何功能性训练前，教练应该首先在已有的分析结果的基础上识别出球员个人技术或球队战术的薄弱点，然后按照轻重缓急对这些薄弱点或需要改善的点进行排序：第一步，由教练进行评估；第二步，由教练和球员共同进行评估。教练应该努力在球队内部营造一种善于进行自我批判性分析的氛围，使球员乐于接受批评，并指导他们以建设性的方式批评他人。在这样一种融洽的关系中，球员和教练都能达到各自的目标（也就是取得出色的比赛成绩）。

在功能性训练中，教练需要关注某名球员或某部分球员的表现，通过考核球员的技术动作来分析他们的表现——这些都是比赛中需要用到的技术动作。此外，教练还会评估是否需要向球员们讲解在接近实战的环境下进行训练的重要性。教练会和部分球员一起讨论如何帮助球队里的个别球员提高技术水平。

我们的重点是培养球员在实际比赛中进行决策的能力。球员需要根据对方球员和配合队友的位置选择正确的个人技术动作，因此，我们应该重点要求球员在不断变化的形势中感知赛场上的信息并做出正确的决策。因此，教练必须对训练进行设计，使训练环境尽可能接近球员将要面对的实际比赛环境，这样才能给他们提供和实战相关的指导。训练应该从最简单的情况开始，此时，球员只需进行较少的决策。在这种训练环境下，教练可以向球员讲解个别技术动作的要领。尽管只关注某些具体的方面，但是这种训练能帮助球员为复杂的实战打下坚实的基础。

训练环境应该允许教练针对技战术存在的问题进行分析。教练的首要任务是营造这种训练环境，然后指导球员进行技战术训练。

⚽ 教练应该首先按照在比赛中运用技战术的区域划出训练场地，然后决定参与运用技战术的球员。教练可以把这种训练比喻成一台录像机，他应该想象给镜头加上一个放大镜，以详细分析技战术存在的问题，并回答以下问题。

- 在哪里运用技战术？
- 什么时候运用技战术？
- 谁参与运用了技战术？

⚽ 教练可以在比赛分析的基础上确定具体的训练环境。他可以用录像机把比赛中的问题及问题出现的区域记录下来。

⚽ 在训练中，教练必须给进攻和防守球员分别制订清晰的目标。例如：

- 进攻球员必须尝试得分；
- 防守球员必须夺回控球权，然后找到传球目标或射门；
- 必须按照技战术所需的空间大小和球员数量划定场地边界。

⚽ 技战术训练的目的不是提高球员的身体素质，而是增强球员的决策能力，并且让参与训练的球员感受到一定压力。疲劳会干扰球员的决策过程，因此教练应该在训练中提高球员的身体对抗强度。

⚽ 技战术训练就像一块拼图。参与训练的球员需要了解总体训练目标，并且不断朝这个目标看齐。在整块拼图拼完之前，球员需要完成各种类型的技战术训练。

⚽ 我们不建议为了训练某些重点球员而让他们在训练中拥有人数优势，例如让 5 名进攻球员（重点球员）对阵 3 名防守球员。人数相等的对抗更接近实际情况，需要球员进行与实战类似的决策。只有达成当前的训练目标后，教练才可以增加训练难度，也就是说，不要试图一口吃成个胖子。对教练来说，在训练进度和难度之间保持平衡不是一件容易的事情。

⚽ 在训练中，球员的反馈也很重要。为了了解球员对某些训练环境的看法，教练必须多与他们沟通。在帮助球员提高技术水平的同时，教练还要让他们理解训练目标。

⚽ 最后，教练应该让球员在全场比赛中应用他们学到的技术动作。为了有目的性地加强特定技术的训练，教练可以对限制条件或训练赛规则稍作修改，把重点放在具体的训练环境上。

为了确保球员充分领会相关训练要点，训练课的组织至关重要。因此，教练必须合理规划技战术训练。正确的训练环境有助于球员领会来自教练的正面指导。要做到这一点，教练应该对比赛的所有阶段有充分的了解，尤其是如何进行技战术分析，以及如何把分析结果应用到特定的比赛环境中。

技战术训练课开始

这种训练课最重要的是实用性，教练可以通过组织 11 对 11 的全场训练赛达到训练目的。

⚽ 把球员分成 2 队，让他们分别穿上不同颜色的训练服。双方应该按照实际比赛中的阵型选择站位。

⚽ 比赛时长大约 10 分钟，由教练担任裁判。

⚽ 在比赛进行 10 分钟之后，教练应该看准时机暂停比赛，所有 22 名球员停在原地不动。教练可以用哨音让所有球员停止活动。

⚽ 教练暂停比赛的时机应该和想要讲解的技战术有关（教练已经通过比赛分析总结出这些技战术要点）。例如，如果教练想要讲解 2 名前锋的技战术配合应该从哪个位置开始，那么他可以在中场球员带球进入对方半场寻找传球目标（前锋）的时候暂停比赛。教练可以要求不直接参与这次技战术配合的其他球员在一旁坐下，仔细倾听他向这 2 名前锋讲解的训练要点。教练可以把某些区域的特定球员叫来一起参与训练，向他们讲解这种技战术训练的变化和拓展内容。教练可以不断增加参与训练的球员数量，直到所有球员都参与进来。

下面介绍几种不同的技战术训练方法。

后卫在本方后场的技战术训练

训练 A

⊕ 用训练锥划出训练区域，如图 6.1 所示。

⊕ 重点训练球员是 O3。

⊕ 进攻球员的目标是进球。

⊕ 防守球员的目标是把球准确地传给目标球员（OT），在紧急情况下，他们也可以把球解围出训练区域。

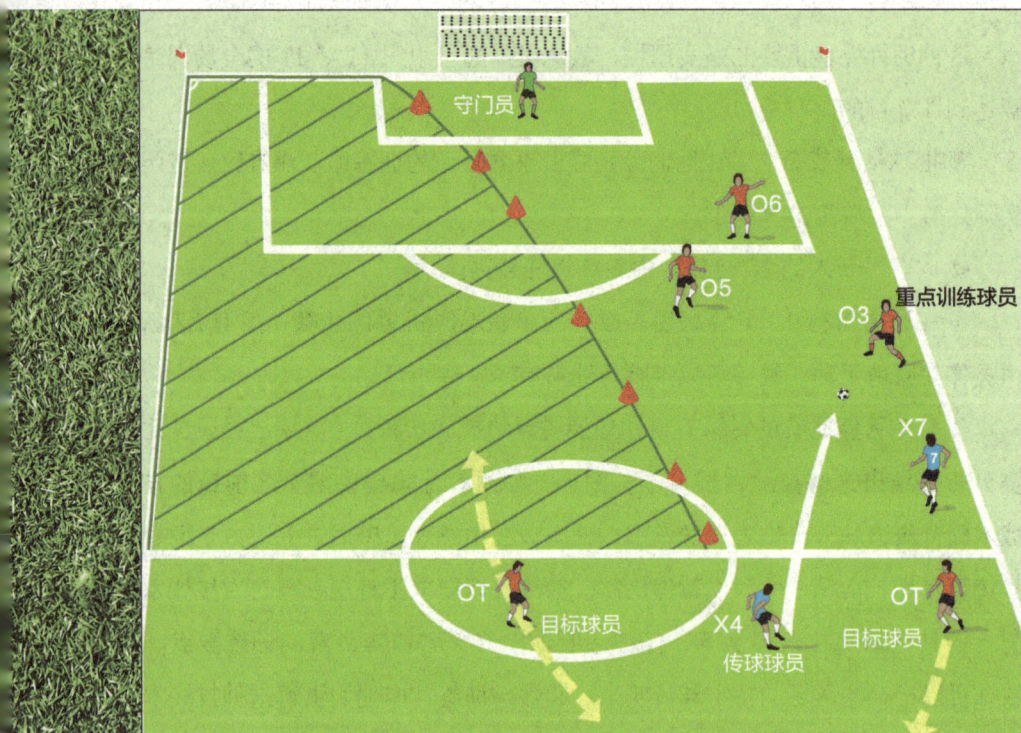

图 6.1

⚽ 在传球球员（X4）把球传到 O3 和 X7 所在的区域之前，O3 应该站在 X7 内侧，并且背对球门。

⚽ O3 应该和 X7 保持合适的距离，在其他球员传球给 X7 时，O3 应该能立刻上前防守。

⚽ X4 可能会直接朝 O3 所在的位置发球，在这种情况下，O3 不应该给进攻球员任何拿球机会，他的首要目标是选择正确的技术动作，尽可能地阻止进攻方获得优势。

训练要点

⚽ 如果 O3 无法确定最佳的防守动作，他就应该尽早采用各种方式（例如头球、凌空球或低平球）把进入中路区域的足球解围出边线。

⚽ 如果 O3 有充足的时间把球拿到（因为 X7 距离较远），那么他必须选择合理的控球技术，把球朝与进攻方向相反的方向解围。O3 甚至可以偶尔让球继续滚动一段距离，让自己有充足的时间观察形势并选择往前场传球的线路。

⚽ 往前场传球的角度非常重要，因为这种从后场传到中场的球一旦被断，基本就意味着这名后卫失去了最佳的防守位置。

⚽ 给目标球员的传球质量应该得到充分的重视，因为这可以给本方创造一次新的进攻机会。

⚽ 失去球权后，O3 需要做的是保持镇定并选择正确的控球技术。快速运用控球技术可以让 O3 有时间往前场送出高质量的传球。

⚽ 对 O3 来说，防守球员之间的配合和沟通非常重要，因为守门员、O5 和 O6 都可以帮助 O3 做出正确的决策。

⚽ 在这种情况下，O3 切忌犹豫不决。O3 在传球之前的带球时间过长只会给进攻球员充足的时间预判他的传球线路并进行拦截。

进阶训练 1

现在，X4 可以直接把球发给 X7。在这种情况下，教练可以向 O3 讲解其他需要优先考虑的事项。

训练要点

⚽ 现在，O3 应该在 X4 发球给 X7 之前就移动到适当的防守位置，一旦发球质量不高，他就可以进行抢断。

⚽ 如果没有机会抢断，在 X7 接到球之前，O3 就应该朝 X7 快速移动，靠近 X7 并阻止其转身朝球门进攻。现在 O3 必须对 X7 实施盯防，直到 X7 把球传出。如果 O3 和 X7 的距离较远并允许 X7 完成了转身，那么 O3 将很难预判对方的进攻线路。需要强调的是，负责盯防的防守球员的职责是帮助所有辅助的防守球员预判对方的进攻线路。

⚽ 如果 X7 完成了转身，那么 O3 在移动时应该更加谨慎，不要贸然向前移动从而导致自己被 X7 过掉。

⚽ 接下来，O3 应该努力限制 X7 的活动范围，这需要 O3 集中注意力。此外，来自 O5 和 O6 的防守支持将决定 X7 往内场移动还是往前朝端线移动。不论哪种情况，X7 都处于被动地位，O3 应该在距离 X7 2 ～ 3 米的位置对 X7 展开紧密逼抢，防止他轻易地带球向前。

我们必须强调的是，教练没有必要也几乎不可能在一次技战术训练中讲解以上所有训练要点。和往常一样，教练的职责是辨别球员的需求，然后设计适当的训练课以满足这些需求，技战术方面的问题最后再有针对性地在训练课中解决。永远不要忘记，技战术只有在正确的环境（也就是比赛环境）中使用才能发挥其作用。

进阶训练 2

我们可以进一步提高以上技战术训练的难度。

⚽ X4 改变发球方式（例如可以把球直接传给 X7，或者直接传到 O3 身后）。

⚽ 一旦把球发出，X4 就立刻参与进攻。

⚽ 增加场地内的球员数量。

⚽ 移除一些场地标记物（训练锥），增加可用的场地面积。

针对两名中后卫的技战术训练

训练 B

⚽ 用训练锥划出训练区域，如图 6.2 所示。

⚽ 重点训练球员是 O5 和 O6。

⚽ 进攻球员的目标是进球。

⚽ 防守球员的目标是把球准确地传给目标球员（OT），在紧急情况下，他们也可以把球解围出训练区域。

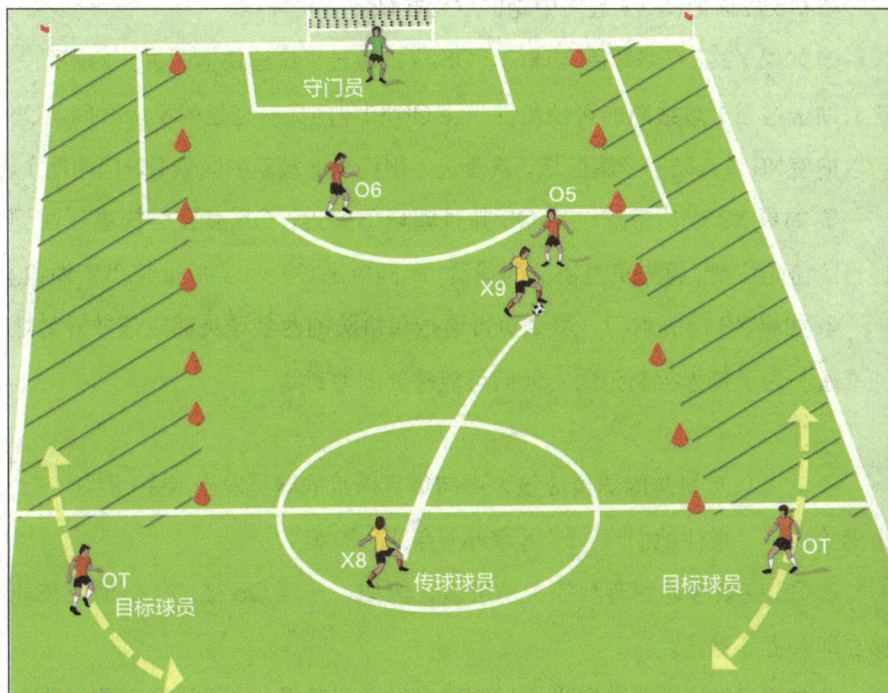

图 6.2

训练要点

针对负责逼抢的防守球员 O5

⚽ 传球球员（X8）把球发给 X9 之后，距离 X9 最近的球员（也就是图6.2中的 O5）负责逼抢，然后由 O6 负责协防。

⚽ 如果 X9 接球时背对球门，那么 O5 应该逼近 X9，并把重心降低到能透过对方的双腿间隙看到球。在阻止 X9 转身时，X5 应尝试迫使他远离本方球门，但是站得太直和太靠近 X9 要么会让对方有机会背身靠着自己的身体然后完成转身，要么会导致 X9 摔倒，从而使自己被判犯规。

⚽ 尤其是在场上的这个位置，O5 绝对不能因为对 X9 犯规而送给对方一个任意球。

⚽ 如果 X9 完成了转身，那么 O5 就必须紧密盯防，确保他只能全神贯注地关注球，而无暇抬头观察形势。

⚽ O5 应该迫使 X9 远离中路的危险区域。

⚽ 如果 X9 正在带球跑向球门，O5 应该通过卡位迫使他朝另一侧跑动，这有助于增强进攻线路的可预测性，让 O6 和守门员有充足的反应时间。O5 可以迫使 X9 进入防守密集区域，或者进入射门角度较差的区域（球门两侧）。

⚽ 如果 X9 成功带球过了 O5 并且朝球门前进，O5 应该尽快重新回到适当的协防位置，原先负责协防的球员（本例中是 O6）立刻补上来负责逼抢。

⚽ 如果 X9 起脚射门，那么负责逼抢和协防的两名球员都应该做好封堵的准备。为了扩大控制范围，他们可能需要倒地封堵。

针对负责协防的球员 O6

⚽ 这名负责协防的球员应该大声向负责逼抢的球员发出指令（例如，"上去逼抢！""拖住他们！""再靠近一点儿！"等）。

⚽ O6 应该移动到有利的补防位置，例如，一旦 O5 被过了，他应该能够立即补上去逼抢。

⚽ 如果增加另一名进攻球员（X10）作为第二前锋，训练就变成了 2 对 2，如果这名第二前锋接到球，那么 O6 还需要对他进行逼抢，在这种情况下，O6 必须选择正确的补防线路并尽快靠近这名第二前锋。

进阶训练

为了提高训练的难度，教练可以再增加一名前锋 X10、一名辅助中场球员 X8 以及一名负责中场防守的球员 O4。

针对 2 名进攻球员的技战术训练

训练 C

⚽ 用训练锥划出训练区域，如图 6.3 所示。

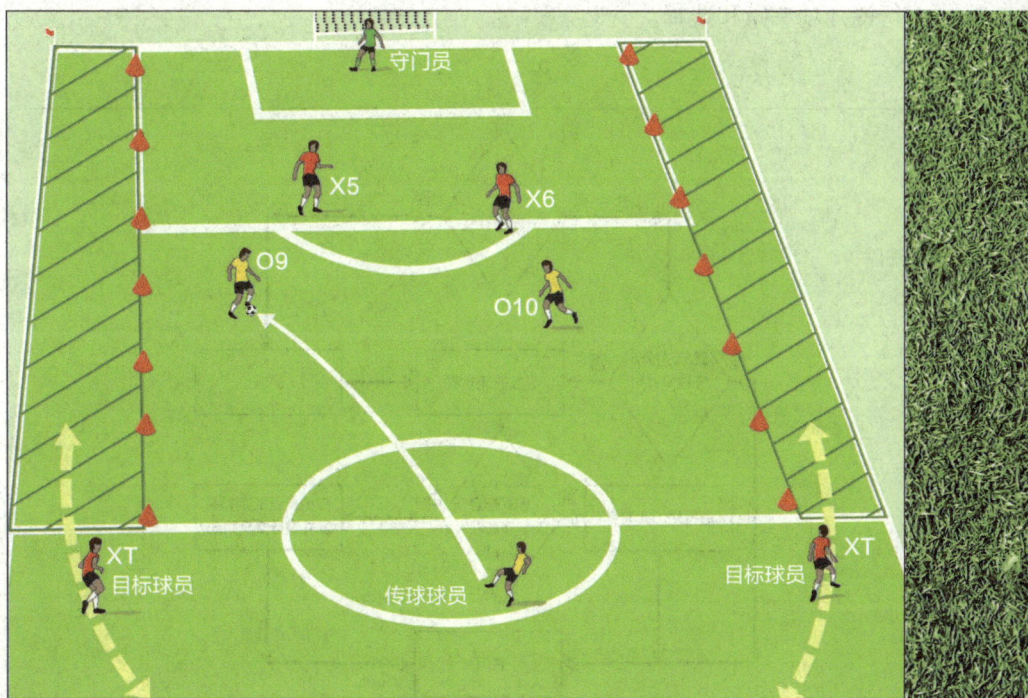

守门员

X5   X6

O9   O10

XT
目标球员   传球球员   目标球员   XT

图 6.3

⚽ 重点训练球员是 O9 和 O10。

⚽ 进攻球员的目标是进球。

⚽ 防守球员的目标是把球准确地传给目标球员（XT），在紧急情况下，他们也可以把球解围出训练区域。

训练要点

⚽ 在发球之前，O9 和 O10 必须意识到他们的跑动配合既可能拉开防守球员之间的空间，也可以压缩这个空间。他们既可以选择水平站位，也可以选择垂直站位。

⚽ 发球后，接球的进攻球员和不控球的进攻球员需要注意不同的训练要点。教练可以通过简单的二元决策树流程图（见图 6.4）（和我们在第 4 章中介绍的流程图相似）讲解这些训练要点，其中包含接球的进攻球员必须进行的几项决策和选择。

针对接球的进攻球员（使用二元决策树）

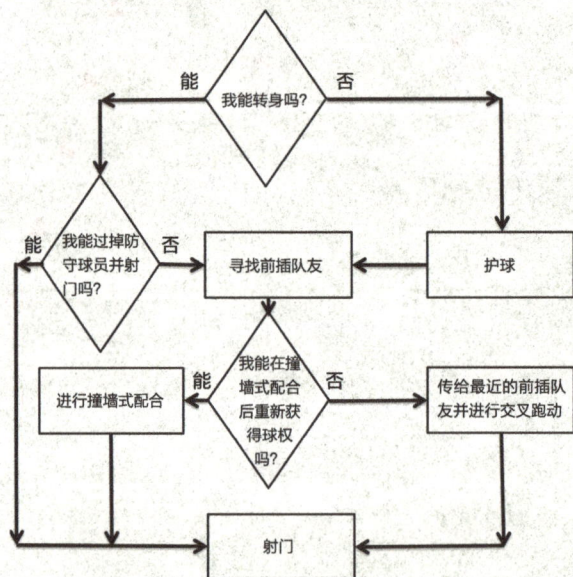

图 6.4

针对不控球的进攻球员

⚽ "把球传给我"（反应线索）表示本方的辅助进攻球员已经做好了传接球的准备。

⚽ 通过跑动撕开防线，给控球球员创造空间，帮助他突破防守创造射门机会。

针对边锋的技战术训练

训练 D

⚽ 用训练锥划出训练区域，如图 6.5 所示。

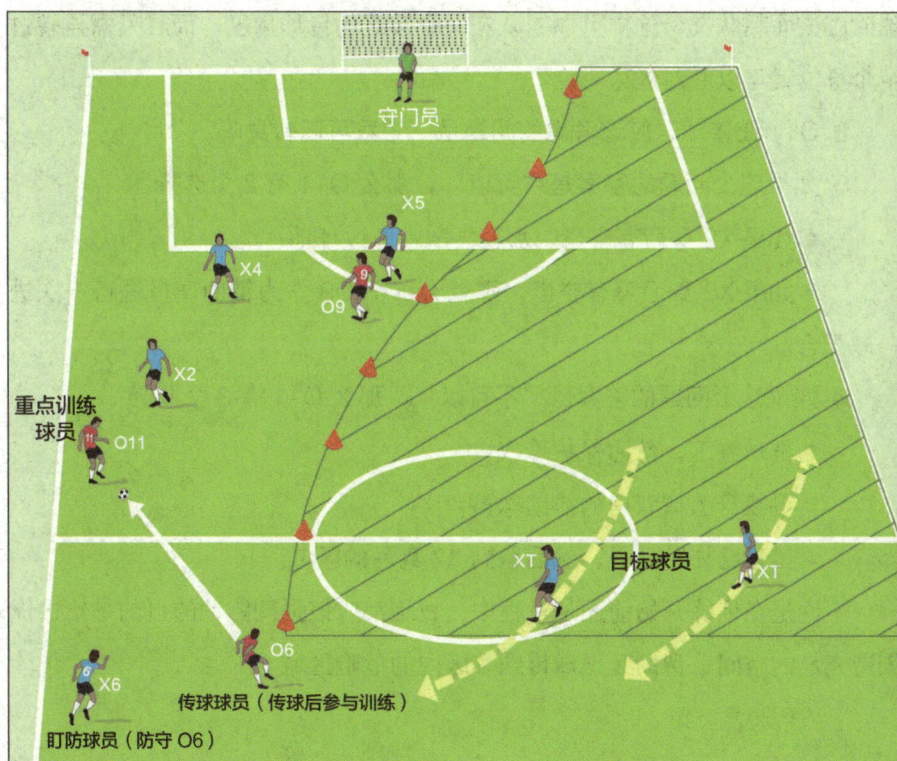

守门员

X5

X4

O9

X2

重点训练
球员

O11

XT　目标球员　XT

O6

X6

传球球员（传球后参与训练）

盯防球员（防守 O6）

图 6.5

⊕ 重点训练球员是 O11。

⊕ 进攻球员的目标是进球。

⊕ 防守球员的目标是把球准确地传给目标球员（XT），在紧急情况下，他们也可以把球解围出训练区域。

训练要点

⊕ 在传球前，O11 必须尝试创造接球空间。为了做到这一点，他可以尝试跑到负责逼抢的后卫（图 6.5 中的 X2）身后。

⊕ 如果 X2 没有跟防 O11，那传球球员（图 6.5 中的 O6）就应该把球传到 X2 身后的区域，由 O11 跑上前接球，然后传中给 O9，由后者射门。

⊕ 如果 X2 朝其本方球门回防，那 O11 就有了接球的空间。他在转身接球时应该面朝队友，这样可以给队友一个较好的传球角度，而且只需再转过半个身位就可以面对 X2。

⊕ O11 在接球时应该考虑的问题是："我可以转身吗？"

⊕ 如果这个问题的答案是"可以"，那么 O11 有 2 个选择：

● 如果 X2 身后有空当，那就尝试带球过掉他；

● 如果 X2 身后没有空当，那就尝试把 O9 作为辅助球员进行一次进攻配合。

⊕ 如果这个问题的答案是"不可以"，那么 O11 有 3 个选择：

● 把球停下，然后保护球权；

● 寻找身旁或背后的协助球员；

● 传球给协助球员，然后跑到 X2 身后的区域。

不论是在训练开始前还是过程中，教练都应该强调跑动的目的是给边锋创造充足的空间，帮助其把球传到禁区内的危险区域。

针对进攻方界外球的技战术训练

训练 E

这个例子讲解的是如何在技战术训练框架内组织并训练界外球。

⚽ 用训练锥划出训练区域，如图 6.6 所示。

⚽ 重点训练球员是 X6 和 X7。

⚽ 进攻球员的目标是进球。

⚽ 防守球员的目标是把球准确地传给目标球员（OT），在紧急情况下，他们也可以把球解围出训练区域。

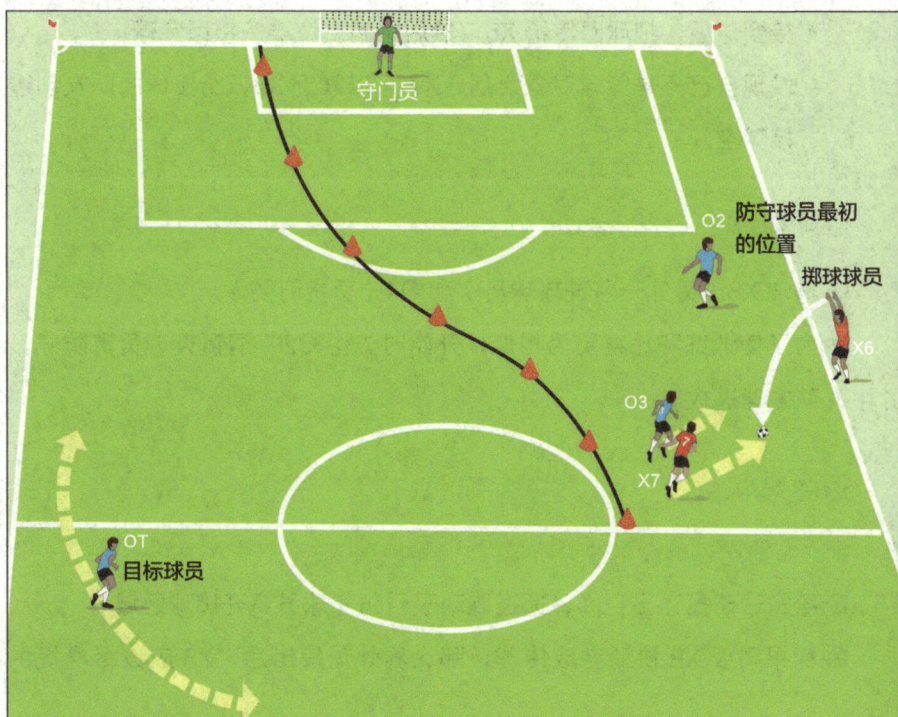

图 6.6

训练要点

⊕ 进攻球员（X7）和掷球球员（X6）之间的距离至关重要。（X7）应该留出足够的空间，让 X6 掷出界外球之后能安全地接到可能的回传球，这样可以让 X6 立即重新参与进攻。

⊕ X6 必须瞄准一个目标：要么瞄准 X7，要么瞄准 X7 可以到达的区域。

⊕ 能够创造传球角度的跑动（例如急加速、假动作等）是一个关键训练要点。

⊕ 判断界外球质量的标准是它是否给队友接球造成了麻烦。

⊕ X7 可以有以下选择：

- 接到球后，把球控好，可能的话，朝球门方向突破；
- 接到球后，把球回传给 X6，然后跑到空位准备接回传球；
- 发现自己不是传球对象之后，X7 可以靠近 X6，给接球的队友创造接球空间。

进阶训练 1

⊕ 增加 X8（另外一名进攻球员）和 O4（负责盯防）。

⊕ 为了使训练和比赛更为相似，开始时先由 O2（清道夫）负责防守，并由 X 队拿球进攻。

训练要点

针对协助进攻球员 X8

⊕ 给拿球球员让出空间，通过跑动吸引防守球员离开掷球区域。

⊕ 如果需要 X8 协助完成传球，那么界外球掷出后，X8 应该尽早提供协助。

⊕ 如果界外球掷出后不需要协助，那么 X8 应该给接球球员（X7）拉开朝球门方向突破的空间。

进阶训练 2

在训练的后半段,允许 X6 自由选择传球对象（X8 或 X7）,并且允许 O2 改变防守对象:有时盯防 X6,有时为其他防守球员提供协防。

训练要点

⚽ 在没有受到盯防的时候,X6 在掷出界外球后必须考虑离开防守密集区域,然后成为进攻时的一个传球对象。

⚽ X7 和 X8 应该在无球时进行跑动配合（例如交叉跑动）,以创造进攻区域。这些球员应该寻找已经被扯开的空间。

在训练课内组织技战术训练

示例 1:全队球员参加不同的技战术训练

示例 1（见图 6.7）讲解了如何让全队 22 名球员（20 名外场球员加 2 名守门员）在全场范围内进行 3 项技战术训练。

A 区域

在这项技战术训练中,O2 需要限制对方边锋 X11 的进攻路线,直到 O8 给他补防。训练由 X4 发球开始,如果有需要,X4 也可以参与进攻。

B 区域

这项技战术训练的重点是 O5 和 O6（2 名中后卫）对防守的理解。X8 负责发球,而且可以参与进攻。当 X8 参与进攻时,O4 可以作为负责盯防 X8 的中场防守球员,或者给中后卫补防。

C 区域

这项技战术训练的重点是中场球员（O7）接传球、转向球门,以及和

O9、O10 或 O11 配合发起进攻的技战术能力。O3 负责发球，如果需要，他也可以参与进攻。X7 负责盯防 O3。

图 6.7

示例 2：用网格和训练锥划分场上区域（见图 6.8），部分球员参加技战术训练，其他球员参加技术训练；此外，守门员参加技术训练

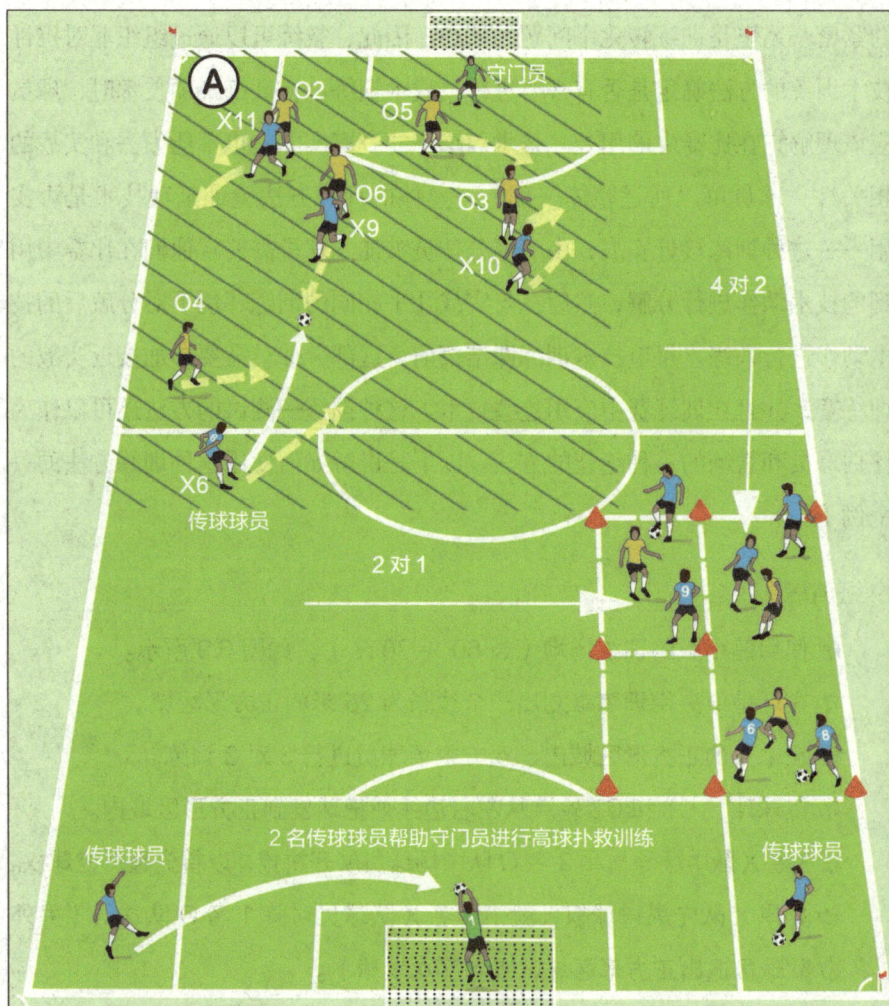

图 6.8

A 区域

这项技战术训练的重点是 3 名前锋（X9、X10 和 X11）在执行进攻战术时的跑位，尤其强调 X9 在进攻阵型中的作用。

示例3：从非对抗性技术训练进阶到技战术训练

所有技战术训练都要求参与的球员具备一定的技术水平，球员的技术水平决定了他们能否在比赛中应用这些技术及发挥自己的作用。这两方面之间的紧密联系也是训练转化率问题的核心。因此，教练可以通过组织非对抗性技术训练的方法确定是否有必要进行技战术训练。在训练某项技术时，球员应该理解它在比赛中的用处。技术训练不能脱离实际，也不能失去和实战的相关性。球员可以通过整体—部分—整体的训练方法验证某项技术是否实用——这种训练接近实战，由一部分球员参加。球员需要将他们在比赛中用到的技术动作进行分解，然后在与实战几乎相同的训练环境下对分解后的技术动作进行训练。每节技术训练课结束前，这部分球员需要参加接近实战的训练赛，并且在训练赛中应用这些技术。这种训练—测试的方法还可以作为评估球员和教练的一种绝佳的方法。以下是讲解如何使用这种训练方法的一个例子。

小组训练

- ⚽ 使用缩小版的训练场地（长60 ~ 70米），如图6.9所示。
- ⚽ 在场地中央用训练锥划出一个边长为25米的正方形区域。
- ⚽ 在中央的正方形区域内，双方中场球员进行3对3训练。
- ⚽ 传球球员C1和C2轮流从左右边线处把球发到正方形区域内。
- ⚽ 3名X队中场球员和3名O队中场球员展开拼抢，以首先赢得控球权。
- ⚽ 如果X队先赢得球权，就由3名X队球员对阵1名O队球员（另外2名O队球员退出正方形区域，直到下次发球）。
- ⚽ 任何一名X队球员都可以把球大力传给任意一名边锋（X7或X11）。
- ⚽ X7或X11必须在3脚触球内传中，他们既可以将球传到近门柱区域，也可以将球传到远门柱区域，由X9和X10前插抢点射门。
- ⚽ X9和X10分别由O5和O6以及O队守门员防守。
- ⚽ O队球员必须努力把传中球解围出危险区域或踢出界，或者夺回球权然后传给传球球员 C1 和 C2。每完成一次射门或解围之后，由传球球员 C1 和 C2 重新将球发到正方形区域内。

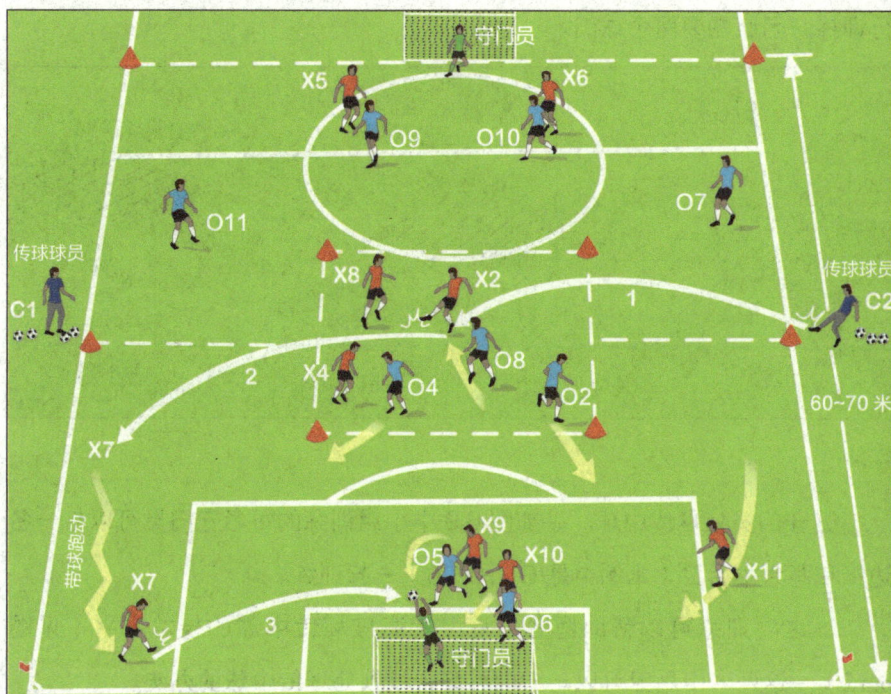

图 6.9

单项技术训练

⚽ 中场球员从中场把球大力传到边路。参加图 6.9 中小组训练的 6 名中场球员配对并练习 20 ～ 30 米远的准确传球技术（两脚出球，见图 6.10）。

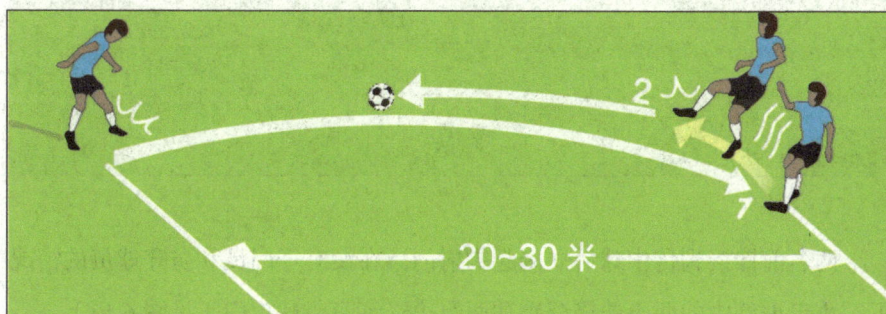

图 6.10

⊕ 边锋分别将球传中到近门柱区域和远门柱区域（见图 6.11）。参加图 6.9 中小组训练的两组边锋 X7 和 X11、O7 和 O11 分别用各自的球门进行训练，因此需要两个球门。

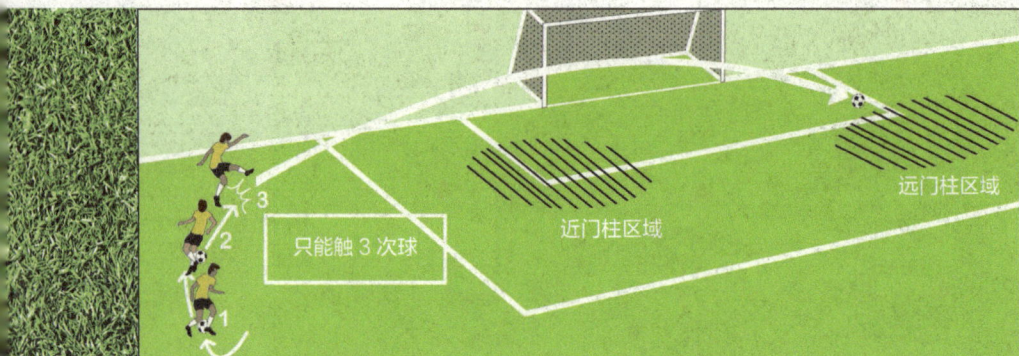

图 6.11

⊕ 守门员处理传中球。参加图 6.9 中小组训练的每名守门员可以与一名边锋和两名中后卫（本例中是 O5 和 O6）一起训练。

⊕ 这项训练可以帮助两名中后卫提高破坏传中球的技术水平（见图 6.12）。这两名中后卫可以与守门员配合找到处理传中球的办法。

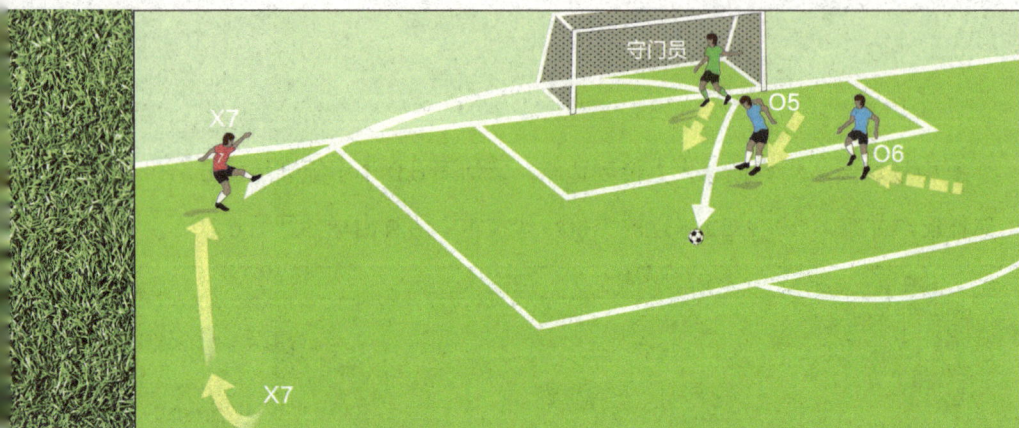

图 6.12

两名前锋接到传中球后立刻起脚射门。在没有守门员和防守球员的情况下，小组训练中的两组前锋分别和两组边锋练习头球攻门（见图 6.13）。

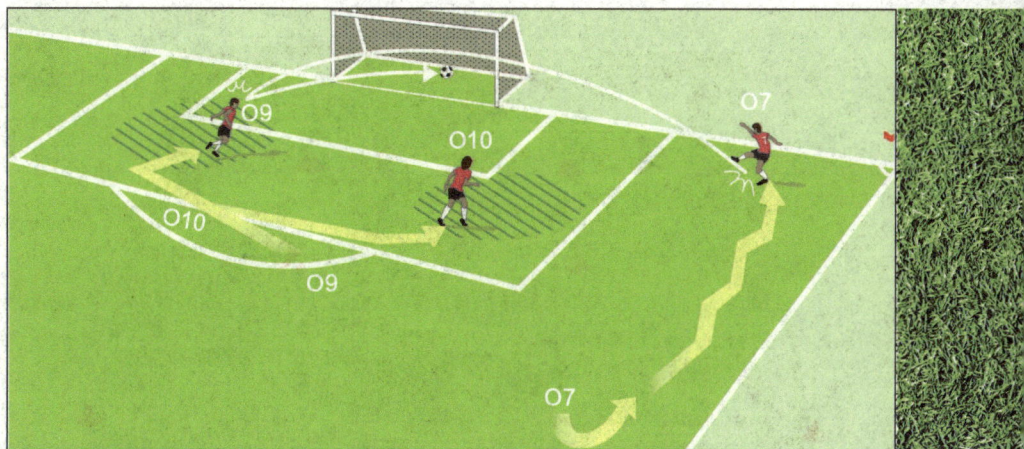

图 6.13

　　我们在图 6.14 中展示了如何在同一场地内组织这些单项技术训练。以上技术训练是在和比赛场地相同的场地内进行的。教练应该负责识别技术错误，并鼓励球员就他们观察到的问题提出建议。教练应强调技术训练的质量，避免球员过度疲劳。这种单项技术训练可持续 15 ~ 25 分钟。需要再次强调的是，要想培养技术全面的球员，教练必须让他们在正确的环境中进行大量训练并提供正确的反馈。单项技术训练结束后，教练可以把所有球员集中起来，然后组织他们进行一场接近实战的训练赛（整体—部分—整体训练）。也就是说，一节训练课包括 10 分钟的小组训练、20 分钟的单项技术训练和另外 20 分钟的小组训练。教练可以在训练过程中给球员一些要点提示，然后在训练赛中指出其优点和不足。

图 6.14

第 7 章　进攻配合

2 名球员之间的进攻配合和理解

2 名或 2 名以上球员之间的团队配合是足球比赛如此吸引球迷的主要原因之一。因为进攻球员在控球的时候会面临多个选择，所以他们必须理解彼此的意图。为了在训练课中打造接近实战的环境，教练必须给球员提供各种进攻选择。同时，防守球员要牢记那些有助于预判进攻方行动的防守要领。

足球比赛的终极目标是创造射门机会并抓住机会破门得分。多名球员可以通过多种方法创造射门机会。但是，为了进球，参与进攻的所有球员都必须了解每个人在进攻时的作用。由于对方会在球门周围安排重兵防守，进攻球员之间的理解必须既清楚又高效。如果进攻球员选择进入空当区域的时机不正确，防守球员就会被吸引过来，导致原本准备朝这个区域突破的队友只能另辟蹊径。只有在出现射门空当之后，进攻方才可能创造射门机会。因此进攻方需要在防守球员身后或 2 名防守球员之间创造空当。我们根据经验概括的创造射门机会的方法按照时间顺序排列如下：

⚽ 第一，由进攻球员创造空当；

⚽ 第二，进攻方把球塞进空当；

⚽ 第三，球进入空当后，配合进攻球员立刻赶到；

⚽ 此时防守球员再想对球展开逼抢为时已晚，但如果进攻不流畅，导致前 3 个步骤的顺序被打乱，那么防守球员将有足够的时间破坏这次进攻。

在以下训练中，我们将让 2 名或 2 名以上球员进行进攻配合，最后以射门结束。这套训练方法的主要目的是增进 2 名进攻球员之间的理解。以下训练将强调这些进攻球员之间的理解。

交接球训练

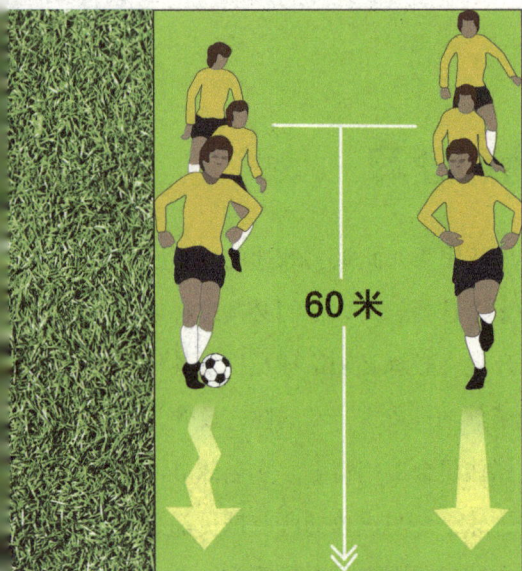

60 米

图 7.1

训练 A

⚽ 2 名球员使用一个球开始训练，如图 7.1 所示。

⚽ 2 名球员一同往前移动。

⚽ 无球球员要时刻关注控球球员的动作。

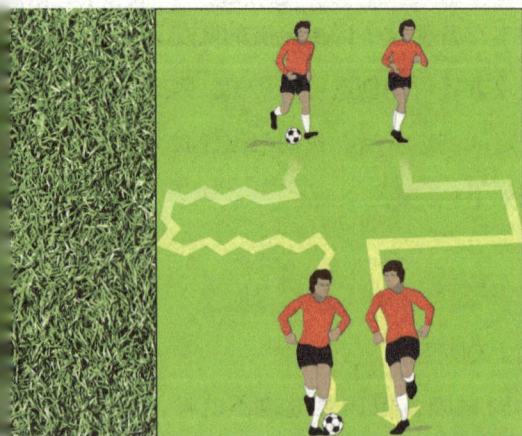

图 7.2

⚽ 当 2 名球员靠近对方时，控球球员应该加快跑动速度，并用一只脚带球，如图 7.2 所示。

⚽ 2 名球员继续以同样的方式训练，但他们现在需要交叉跑动，并且在交叉的瞬间完成交接球，如图 7.3 所示。

⚽ 球员用身体外侧的脚控球。

⚽ 球员加速跑向交叉点，完成交接球后再加速离开。

⚽ 交接后不再控球的那名球员继续朝原来远离球的方向跑动。

图 7.3

训练要点

⚽ 控球球员不应该通过传球把球交给配合进攻球员。

⚽ 原先控球的球员应该把球放在交叉点，然后离开，由配合进攻球员接球。

⚽ 当 2 名进攻球员都发现机会时，他们就可以开始进攻，并保持眼神交流。

⚽ 防守球员离开后，他的身后就出现了空当，如图 7.4 所示。

⚽ 完成交接后，两名球员必须加速离开。

图 7.4

⊛ 进攻球员身后出现空当（见图 7.4 中的椭圆区域）。

进阶训练 1

⊛ 每对球员必须通过 3 个 10 米 × 10 米的网格，如图 7.5 所示。

⊛ 每个网格内有一名不能离开的防守球员，他们的任务是抢球并将球踢出网格。

图 7.5

训练要点

控球球员还可以选择与配合进攻球员交叉跑动但不进行交接球，控球球员将继续带球然后快速进入下一个网格。为了给控球球员发出信号让他继续带球，配合进攻球员可以调整移动路线并在交叉前提早加速。这样，是选择把球交给队友还是继续带球完全由控球球员自己决定。

进阶训练 2

⊛ 增加一个球门、一名守门员和一名防守球员，如图 7.6 所示。

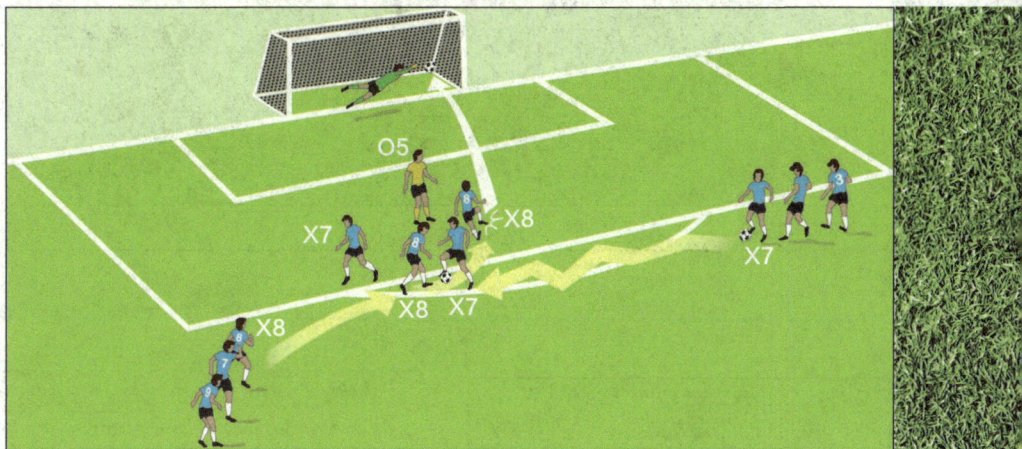

图 7.6

⊛ 防守球员 O5 只能在对方对球的保护不到位的时候才可以尝试抢球。

⊛ X7 带球跑向 X8。

⊛ X7 把球停下。

⊛ X8 计算好时间，争取在 X7 把球停好的同时移动到位，并立刻起脚射门。

⊛ X8 在射门时必须瞄准球门死角。

进阶训练 3

⊛ 在 20 米 ×20 米的场地内进行 3 对 3 对抗，双方各有一名守门员，如图 7.7 所示。

⊛ 进一球得一分，成功完成一次交接球得一分，完成交接球后进球得 3 分。

图 7.7

图 7.8

训练要点

⚽ 在比赛过程中，球员应该清楚什么时候可以交接球。

⚽ 教练要求 2 名进攻球员了解彼此的意图。

⚽ 进攻方还可以选择静止的交接球方式，例如由 X10 传球给 X9，X9 把球控住，然后 X10 上前从 X9 脚下把球领走。

⚽ 不论是 X10 还是 X9，在完成交接球后，他们都应该直接朝球门进攻或立刻起脚射门。这可以确保在防守球员补防之前尽可能快地利用创造出来的空当，如图 7.8 所示。

撞墙式配合训练

撞墙式配合可以简单地解释为把一名进攻球员当作反弹球的表面（墙），以快速穿透防线。尽管球员很容易就能理解它的含义，但是许多教练很难在实际的训练环境中帮助球员熟练掌握这项技巧。之所以很难帮助球员熟练掌握撞墙式配合技巧，主要是因为训练方式出现了问题。教练经常让球员按照预先的安排选择站位，然后让进攻球员像机器人一样进行撞墙式配合，这是一种训练误区。撞墙式配合技巧应该成为球员的选项之一，他们可以把它加入自己的进攻"武器库"，而且应该在接近实战的环境中训练这项技巧。

训练 B

⚽ 3 名球员使用一个足球在 10 米 × 10 米的场地内进行训练，如图7.9所示。

10 米

10 米

图 7.9

⚽ 2 名进攻球员对阵 1 名防守球员。

⚽ 2 名进攻球员的目标是不间断地传球，防守球员的目标是抢球并把球踢出界。

⚽ 每过 3 分钟，球员轮换角色。

⚽ 1 次成功的撞墙式配合可以视为 1 次进球。

训练要点

⚽ 控球球员面向防守球员，吸引其上前防守。

⚽ 第一脚传球时机非常关键，过早传球很容易被防守球员截断。

⚽ 接球球员应该移动到第一脚传球的线路上，不要让防守球员挡在自己身前。

⚽ 把球传给充当墙的队友后，第一个传球球员应该加速超过防守球员。

⚽ 第一脚传球的力量决定了回传球的质量。

⚽ 充当墙的球员应该一脚出球，把球传到队友正在前往的区域。

⚽ 如果无法进行撞墙式配合，控球球员可以选择带球过掉防守球员。

进阶训练 1

⚽ 用训练锥把球门设置在 40 米 ×20 米的场地中央，如图 7.10 所示。

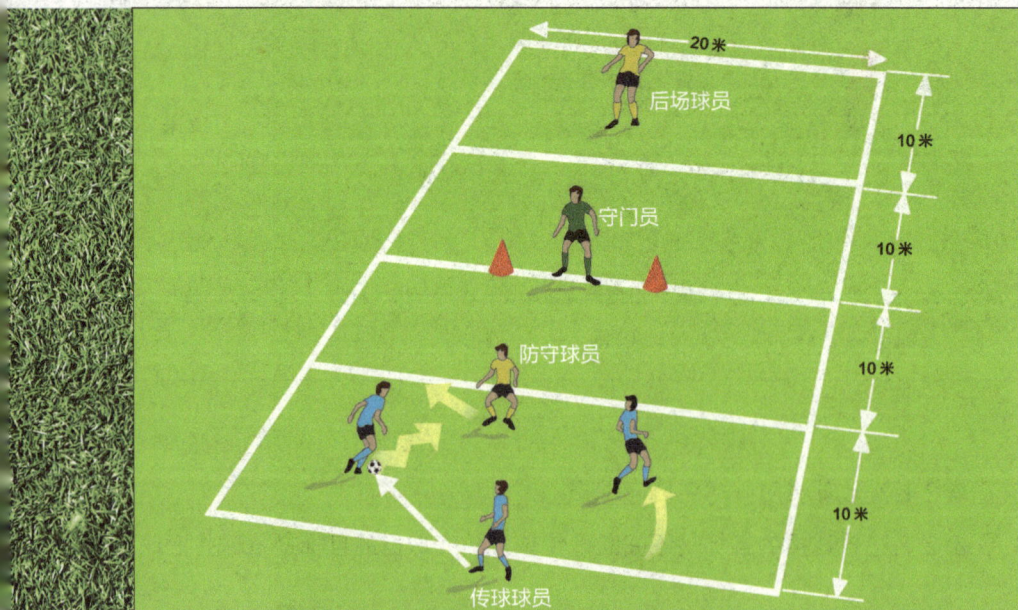

图 7.10

⚽ 6 名球员参与训练。

⚽ 防守方有 1 名球员站在后场负责捡球，另外还有 1 名守门员和 1 名防守球员。

⚽ 进攻方安排 1 人负责发球，另外 2 人负责进攻。

⚽ 一方进球后，双方互换角色，由另一方进攻。

训练要点

鼓励进攻球员使用以下进攻选择

⚽ 控球球员应该带球冲向防守球员，吸引他上前抢球。

⚽ 进攻球员既可以传球，也可以带球过人。

⚽ 接到传球的球员既可以转身射门，也可以进行撞墙式配合。

⚽ 由于双方是 2 对 1 而不是 2 对 2，因此这项训练中的撞墙式配合并不完全符合实际情况。

进阶训练 2

现在后场球员也加入防守，使双方形成 2 对 2 的对阵局面，如图 7.11 所示。

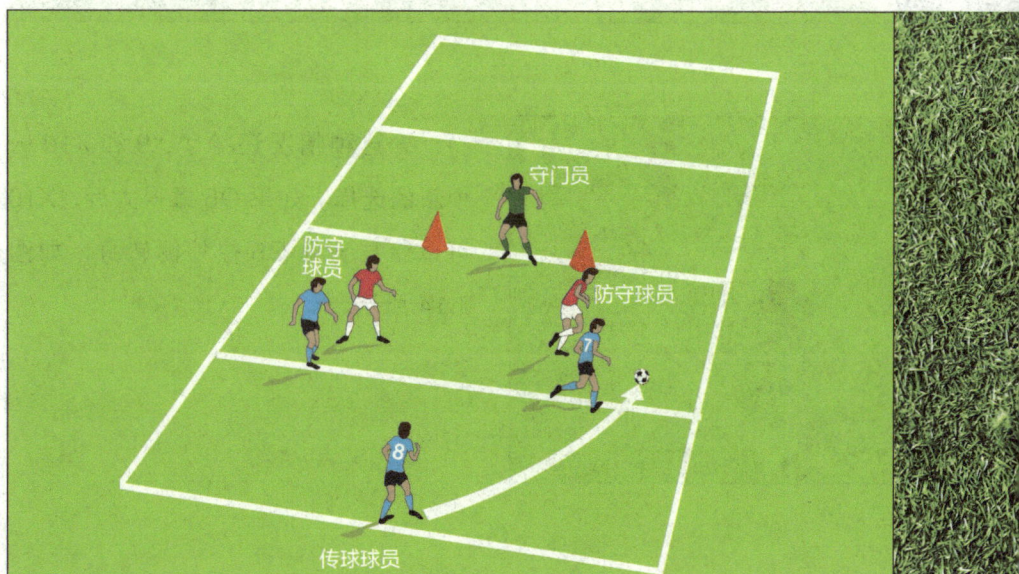

图 7.11

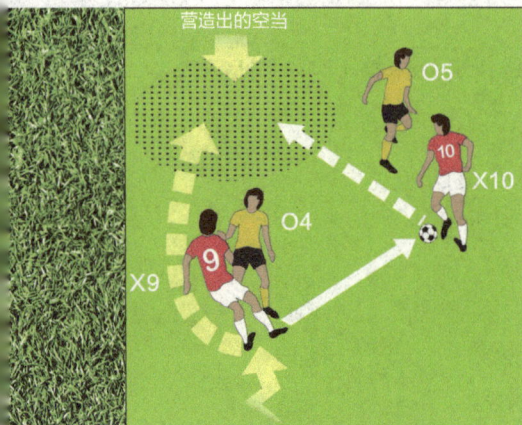

营造出的空当

O5

10

X10

O4

9

X9

图 7.12

训练要点

⚽ 在撞墙式配合中，进攻球员必须准确把握回传球的时机和力量，如图 7.12 所示。

⚽ 如果 X9 过早地传球给 X10，那么 X9 可以假装跑到 O4 身后，然后折返去接 X10 的回传球，如图 7.13 所示。

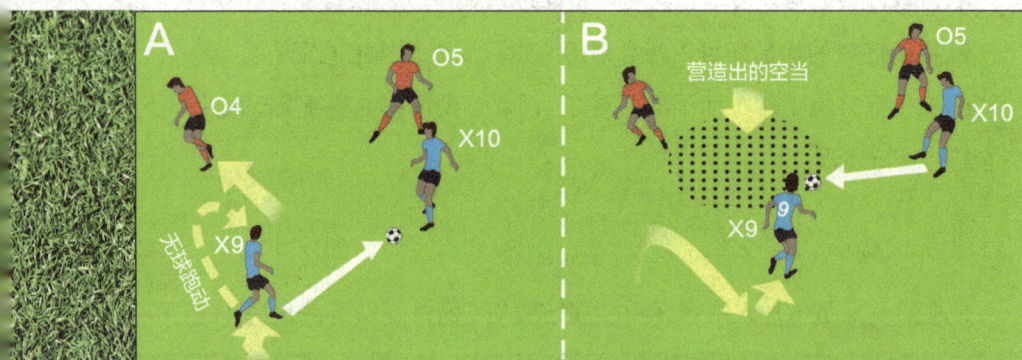

A

O5

O4

X10

无球跑动

X9

B

营造出的空当

O5

X10

9

X9

图 7.13

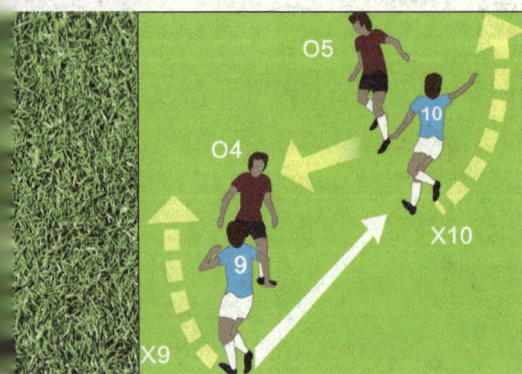

O5

O4

10

X10

9

X9

图 7.14

⚽ 这种情况还给了 X9 和 X10 一个新的选择。如果 O5 靠得太近，X10 可以带球背靠 O5 往外侧转身，如图 7.14 所示。

进阶训练 3

用训练锥设置两个球门，在 20 米 × 10 米的场地内进行 2 对 2 的训练，双方各有 1 名守门员，如图 7.15 所示。

图 7.15

训练要点

⚽ 教练应该在可以进行撞墙式配合的时候给球员提供指导。

⚽ 教练应该鼓励球员把之前学过的交接球技术作为选项之一。

回敲球和趟球训练

和撞墙式配合一样，教练应该循序渐进地训练球员的回敲球技术，并使之成为他们的进攻手段之一。有效结束进攻（也就是开始射门）的前提是前锋或目标球员能够在防守球员施加的压力下把球牢牢控制在自己脚下。当然，球员必须先了解保护球和接球的技术要领。如果球员在对手的逼抢下带球转身，那么他们还可以趟球过人，然后起脚射门。

训练 C

⚽ 4 名球员在 20 米 × 20 米的场地内用 1 个足球进行训练（2 个训练锥组成 1 个球门），如图 7.16 所示。

⊛ X10 的任务是进球或把球护在自己脚下 10 秒。

图 7.16

训练要点

⊛ 为了确保把球控制在靠近球门的位置，X10 应该以一定的角度摆脱 O5 的防守。X10 可以沿直线跑向 X9，目的是吸引防守球员离开球门中心区域。

⊛ X10 应该保持半转身姿态，给队友留出较大的传球角度。

⊛ 如果防守比较严密，X10 应该用远离防守球员的外侧脚接球（也就是在良好的护球姿势下接球）。

⊛ 如果防守不严密，那么 X10 应该努力用内侧脚接球并转身，以面对球门和防守球员。

⊛ 如果 O5 太靠近 X10 内侧（场地中央）（背对球门），那么 X10 应该靠着 O5 朝外侧（端线方向）转身并起脚射门。

进阶训练 1

⚽ 现在把训练场地转移到禁区。

⚽ X 9 现在可以进入场地支援 X10，但是 X9 在发球之后只能触球一次，也就是射门。因此，X10 必须努力为 X9 创造射门的空间（见图 7.17 中的椭圆区域）。

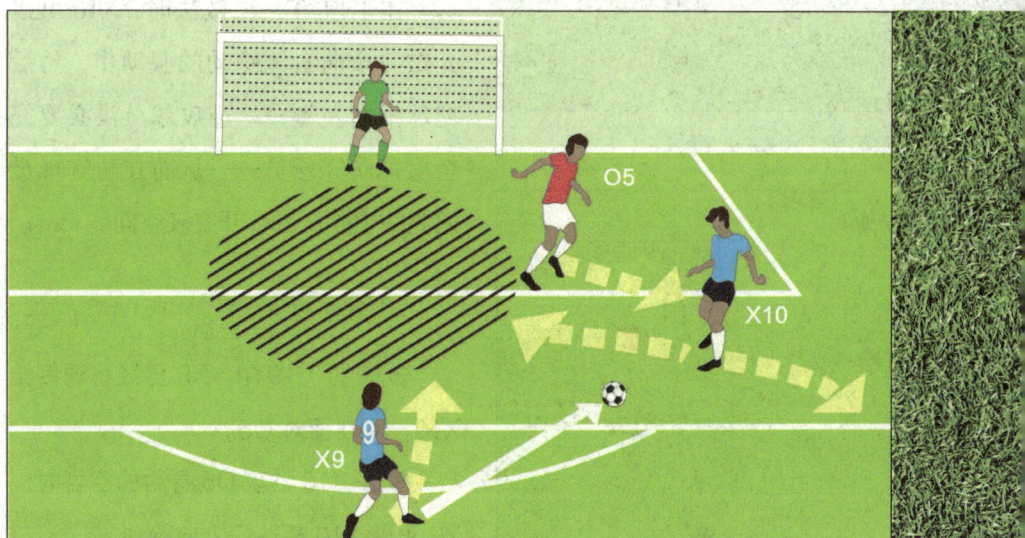

图 7.17

训练要点

⚽ 如果 X10 无法在 O5 面前转身，那么他应该牢牢把球控制在脚下。

⚽ 如果 X10 把 O5 从中路区域吸引了出来，那么他可以把球回敲到这个区域，由 X9 插上接球射门。

⚽ 如果 X10 可以在 O5 面前转身，那么他应该尝试进攻 O5 身后

图 7.18

图 7.18（续）

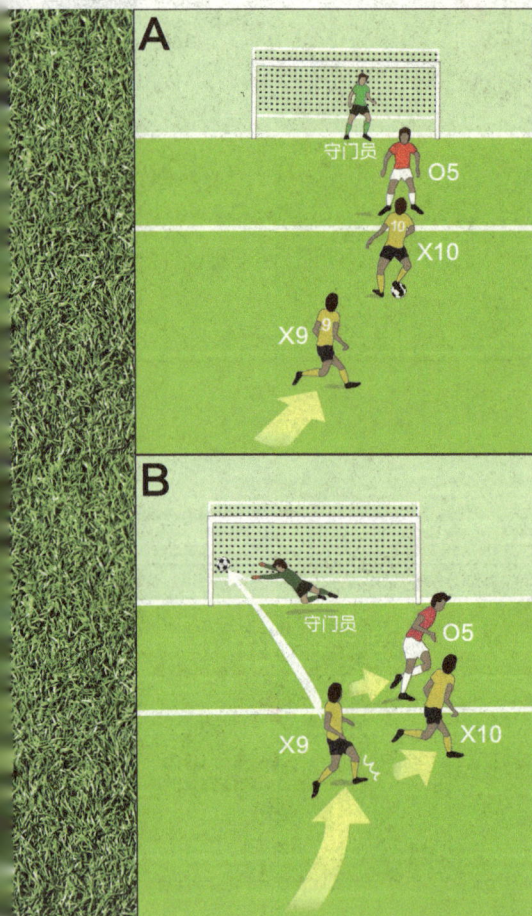

图 7.19

的空当。他有以下两个选择。

● 把球带到 O5 的另一侧，然后射门（见图 7.18）。

● 把球带到 O5 的同侧，然后踩住球，等 X9 上来拿球射门（见图 7.19）。

在采取第一种做法时，X10 可以先做一个向右侧跑动的假动作，然后把球推向左侧——进攻球员没必要完全甩掉防守球员——从而在防守球员内侧的中路区域拉开突破空间。

训练要点

⚽ 在图 7.19 中，X9 已经将球传给 X10，X10 面对 O5。

⚽ 在 X10 进攻 O5 身后的空当时，X9 跟着 X10 朝球门方向跑动。

⚽ X10 从球门前离开。

⚽ X10 踩住球，然后加速离开。

⚽ X9 立刻跟上，然后起脚射门。

因为这项训练没有区分需要用到的进攻动作，所以教练的首要任务是给球员提供清晰简单的选项。球员需要进行决策以做出选择。做决策的难度不能太大，要适合所有球员。和我们已经在前面的章节中介绍的一样，教练可以使用简单的二元决策树讲解这些决策。

进阶训练 2

可以增加一名负责补防的防守球员，确保 X9 或 X10 尽快起脚射门。

训练 D

为了确保球员理解前文介绍的进攻配合技术的精髓，教练可以安排他们在 40 米 ×30 米的场地内进行一场 6 对 6 的训练赛。在 10 ~ 20 分钟的训练赛过程中，教练可以视情况暂停训练赛，然后向球员讲解使用这些进攻技术的正确时机和地点。不直接参与进攻的球员应该意识到自己有责任通过跑动扯开对方的防线，帮助队友顺利运用以下进攻配合技术。

- ⚽ 交接球。
- ⚽ 撞墙式配合。
- ⚽ 回敲球。
- ⚽ 趟球。

训练要点

⚽ 要求正在控球且受到严密盯防的球员想办法和队友展开一次进攻配合。

⚽ 附近的球员应该积极向控球球员提供支援。

⚽ 距离较远且不直接参与进攻配合的球员应该通过跑动把防守球员从中路进球通道上吸引开。

3 名球员之间的进攻配合和理解

上节讲的是 2 名进攻球员怎么做才能创造进球机会，本节将介绍如何在 2 名防守球员中间和身后创造空当。为了充分利用进攻配合技术的全部优势，往往需要 2 名以上球员在靠近球门的区域参与创造射门机会。对教练来说，难度最大的是如何让参与进攻的球员知道有哪些优先选项。当 3 名球员参与进攻配合时，他们必须知道如何在无球时进行空间扯动及灵活配合，还需要知道在控球时如何选择相对安全的进攻套路。

　　在需要 3 名球员参与的进攻配合中，球员往往需要快速穿插传球、巧妙地进行无球跑动，他们既可以把球传到空当，也可以起脚射门。因此，教练在训练中必须以最高标准要求球员的技术动作质量。如果传球时机和力量不对，即使球员能通过精妙的配合移动到无人防守的区域（这个区域的防守球员已经被扯开）也无济于事。同样，如果控球球员最后的射门没有打在门框范围之内，配合球员也就没有快速前插补射的必要了。以下是一些 3 名球员参与进攻配合的训练示例。

训练 A

　　⚽ 在 20 米 × 40 米的场地内，7 名球员使用 1 个足球进行训练，如图 7.20 所示。

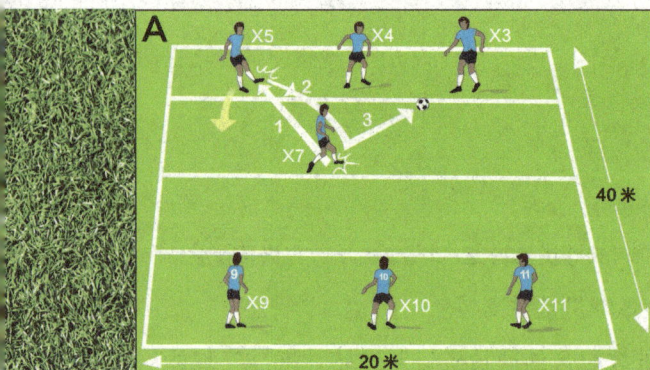

图 7.20

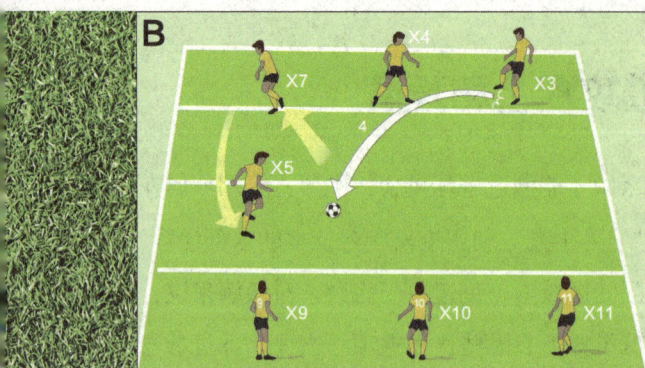

图 7.21

　　⚽ X7 在场地中央开球。

　　⚽ X7 把球传给一名 X 队球员（X5、X4 或 X3）。

　　⚽ 接到球的这名 X 队球员一脚出球，把球回传到 X7 的一侧。

　　⚽ X7 把球传给（可能的话，一脚出球）另外一名进攻球员（图 7.20 中是 X3）。

　　⚽ 然后，X7 加入队列。

　　⚽ X3 一脚把球传到空当，同时 X5 沿弧线跑到这个区域，如图 7.21 所示。

　　⚽ 然后，另一侧的 3 名

球员（X9、X10 和 X11）参与训练，由 X5 把球传给其中一名球员，重复以上训练步骤。

训练要点

⚽ 球员的任务是把球精准地送到接球球员的脚下。这项训练强调的是一脚出球的时机和力量要精确。

⚽ 在训练中，X7 的身体应该正对 X3，这样 X7 才能通过一脚出球把球传给 X3。

⚽ X3 应该使用挑传，用这种方式传出的球会在接近 X5 的跑动路线时减速。

⚽ 跑动到位后，X5 最多只能触两次球，一次停球，另一次传球。

⚽ X 队球员在跑动时应该先远离进攻配合所在的区域，再朝传球路线折回。

⚽ 跑动的时机应该与传出的球到达空当的时机相契合。刚开始时，球员应该朝远处慢速移动，然后折回传球方向，同时在预判足球的飞行路线之后再加速跑动。

进阶训练

把球传给 X3 后，被替换下场的那名球员（图 7.21 中的 X7）可以变成防守球员。如果这名球员抢到了球，那么他应该再次作为进攻球员开始新一轮训练。

训练 B

⚽ 在全场内划出一定的区域开展一场 6 对 6 的训练赛，双方各有 1 名守门员，如图 7.22 所示。

⚽ 在把球传给位于前场的本方进攻球员（在图 7.22 中，由 O8 传球给前锋 O10）之前，负责盯防对方 2 名进攻球员的 4 名防守球员不得离开本方半场。

图 7.22

训练要点

⚽ 在发起任何前场的传球之前，后场的 4 名防守球员在互相传球时必须保持沉着冷静。这是 4 名后卫在受到对方 2 名球员逼抢的情况下训练传球技术的绝佳机会。

⚽ 前场 2 名进攻球员应该努力给队友创造传球线路（例如，在斜向甩开防守球员之前先跑到他们身后，给后场的 4 名球员创造传球角度）。

⚽ 进攻球员把球回传给队友，然后由队友把球挑传到防守球员身后，传球的时机和力度必须精确。

⚽ 上前挑传的那名球员（图 7.22 中是 O7）有 3 个传球对象：2 名前场球员（图 7.22 中是 O9 和 O10）中的一人，或者发起这次配合的后场球员（图 7.22 中是 O8）。

⚽ 在 O7 做好传球准备之前，前场球员必须在防守球员身后的危险区域内创造传球空当。

⚽ 如果空当已经被对方防守球员封堵，导致配合机会消失，那么进攻方应该停止传球（回传到后场），然后重新组织进攻（反应线索可为"保持耐心"）。

训练 C

图 7.23

⚽ 训练开始时不安排防守球员，如图 7.23 所示。

⚽ 在半场内设置 2 个标准球门，把球员分成 2 组，每组 4 人，2 组各有 1 名守门员。

⚽ 2 组轮流朝对方球门进攻。

⚽ 在图 7.23 中，X9 接到球后，需要集中注意力，高质量地完成转身动作，然后带球突破并射门。

⚽ 在 X9 转身的时候，X4 应该积极地从 X9 的内侧超过他（往球门方向），如图 7.24 所示。

⚽ 现在，X9 有 2 个选择：要么传球给 X4，由 X4 射门；要么自

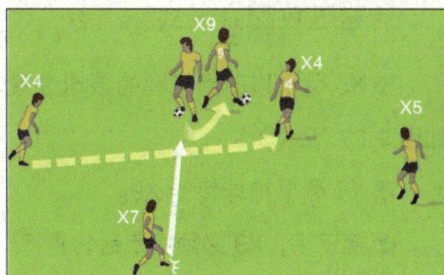

图 7.24

图 7.25

己射门。

⚽ 在 X4 跑动的时候，X5 往 X9 的外侧（也就是图 7.25 中的盲侧）移动。

⚽ X4 和 X5 跑动可以给控球的 X9 创造 3 个选择：射门、传球给内侧的 X4 或传球给外侧的 X5，由 X4 或 X5 射门。

⚽ 如果 X9 无法转身（防守球员的盯防太严密），那么他可以将球回传给 X5，X5 再把球直塞（以挑传或发低平球的方式）给 X9 或 X4，由后者突破并射门，如图 7.26 所示。

图 7.26

备选进攻配合方式

⚽ X5 尽早移动到有利的接球位置，准备接 X4 或 X9（可能的话）的传球，如图 7.27 所示。

⚽ X4 尽早把球传给 X9。

⚽ 接下来，X9 必须决定是转身把球传给正在往空当跑动的 X4，还是一脚出球回传给 X5。

⚽接到球后，X5 可以选择将球直塞给X4 或者X9，如图 7.28 所示。

进阶训练

每次可以增加一名防守球员，首先是 O3，然后是 O2，最后是 O4，如图 7.29 所示。

⚽可以由 O6 开球，他首先传球给 X7，然后朝 X7 跑动形成逼抢，这会给X7 造成压力。

⚽X7 把球传给 X9，一旦X9 接到球，X7 或 O6 就不能参与训练。但是在球员熟练掌握这种进攻配合方式之后，教练可以让他们参与训练。

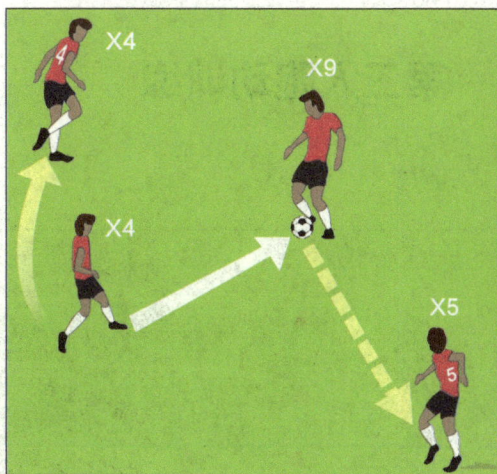

图 7.27

图 7.28

图 7.29

第三人跑动训练

训练 D

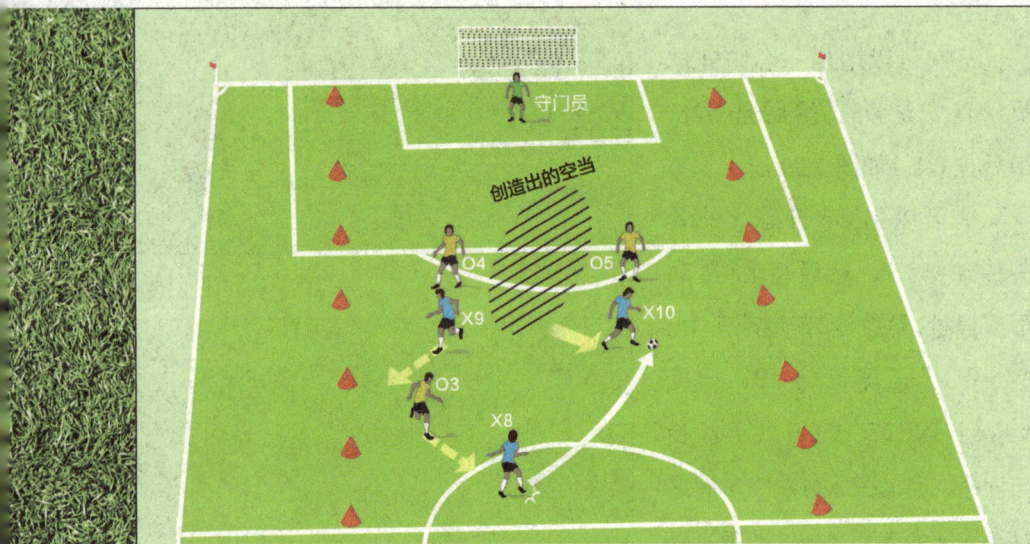

图 7.30

图 7.31

⚽ 用 X9 和 X10 2 名 前锋和 1 名中场球员（X8）来设置配合情境，如图 7.30 所示。

⚽ 由 O3 开球，首先传球给 X8，然后对其施加防守压力（如果先从低难度开始训练，那么在球员熟练掌握这项技术之前，教练可以先移除 O3）。

⚽ 2 名进攻球员离开中路区域以拉开进攻区域，X10 更加靠近 X8，X9 站在他们前方的空当区域内（见图 7.31）。

⚽ 他们现在创造出了危险区域（见图 7.32）。

⚽ X10 把球回传给 X8，然后转身朝 X9 内侧跑动。

⚽ X9 先朝 O4 外侧移动，然后突然往内侧折返到 O4 身后，准备进入危险区域接 X8 的挑传球。

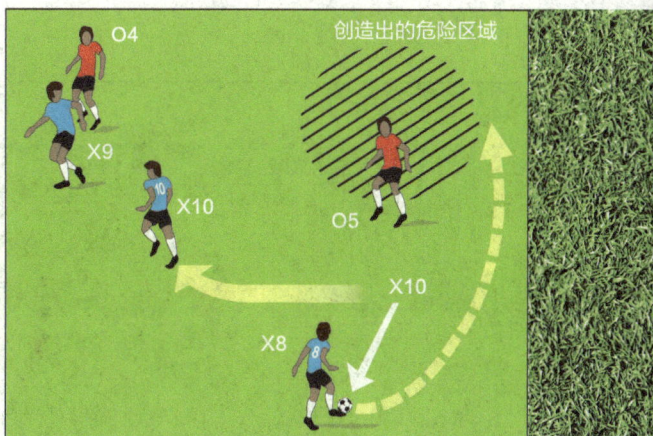

图 7.32

⚽ 接下来，X10 移动到 X9 留下的空当，如图 7.33 所示。

⚽ 如果 X9 选择的跑动时机太早，或者没有把 O4 从危险区域附近吸引开，那么 X8 可以传球给 X10。注意，进攻球员在进入危险区域之前，必须先把防守球员吸引开！

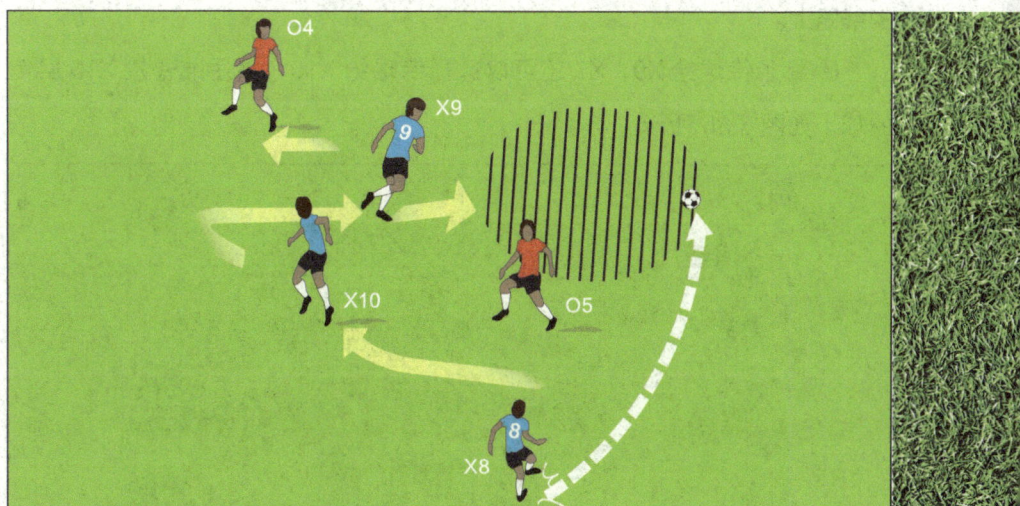

图 7.33

训练 E

图 7.34

⚽ 训练区域在禁区弧顶附近。

⚽ X7 接到传球球员发的球，然后开始训练，如图 7.34 所示。

⚽ X9 朝球门方向移动，然后折返，与 X7 进行撞墙式配合。

⚽ X10 横向移动，给 X7 创造另一条可能的传球线路。

⚽ X9 的跑动方式是配合成功的关键。X9 最后不能站在 X7 给 X10 传球的线路上。

⚽ 除了传球给 X9，X7 还可以选择传球给 X10，然后准备接 X10 回传的球，如图 7.35 所示。

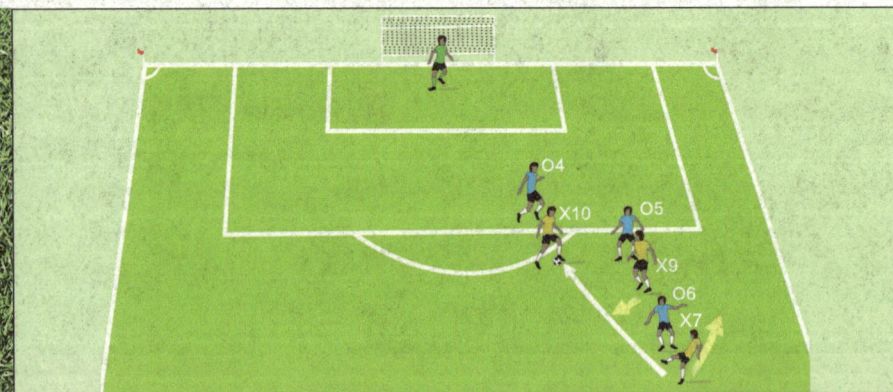

图 7.35

⚽ 在传球给 X10 的同时，X9 应该吸引 O5 离开可能的危险区域。

⚽ X10 既可以转身射门，也可以传球给 X7，由后者传中给 X9，如图 7.36 所示。

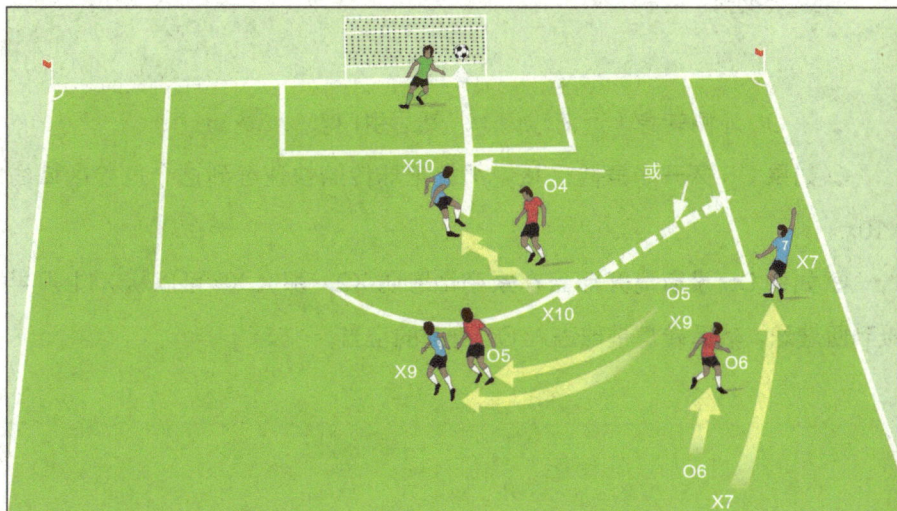

图 7.36

3 名前锋在前场互换位置

训练 F

⚽ 分析表明，除了在前场横向移动，进攻球员还可以朝球门方向前后穿插跑动，效果可能也会非常不错，如图 7.37 所示。

⚽ X10 先传球给 X11，同时 X9 离开球门区域，以吸引盯防他的 O5 离开危险

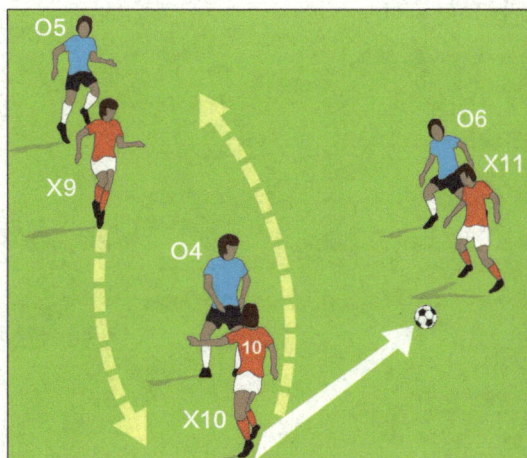

图 7.37

区域。

⊕ 然后，X10 移动到 X9 留下的空当内。

训练要点

X11 现在有 3 个选择

⊕ 朝 O6 外侧转身（远离球门），然后射门。

⊕ 如果 O5 离开了危险区域，那就把球传给快速赶到这个危险区域的
X10。

⊕ 如果 O5 没有离开而且在紧密地盯防 X9，那么 X9 可以从 X11 那里
接到回敲球，然后转身带球进入 O5 身前的空当。

第四部分
单项技术训练

　　教练可以在比赛分析的基础上制订一套训练计划，然后按照这个计划为球员打造符合实战的训练环境，帮助他们学习各项足球技术。另外，为了高效地掌握这些足球技术，球员还需要知道一些重要因素。我们在下文中简要地概括了一些影响足球技术习得的重要因素。在设计训练课计划之前，教练必须牢记这些重要因素。

　　教练必须明白，球员在比赛中必须做一系列连续的技术动作，最终才能实现某个目标。例如，球员接到球之后，必须根据自己的目标选择接下来的技术动作。这个技术动作可能是带球、传球、射门、解围等。动作习得方面的研究成果告诉我们，学习某套连续动作的最大难点在于如何熟练掌握不同动作之间的衔接（例如，接球和传球动作之间的衔接）。如果球员只进行单项技术训练（一套连续动作中的某个部分），他们就很难在比赛中流畅地做出这套连续动作。研究还表明，在学习一套连续动作的过程中，人们往往优先掌握总体的动作要领。随着学习的推进，他们才会逐步开始打磨这套连续动作的细节。因此，教练不应该为了降低学习难度而人为地把一套技术动作分割成多个单项技术动作。这么做不仅无法达到降低难度的目的，反而只会拖慢球员的学习进度，导致他们在比赛中无法快速高效地完成衔接动作。训练的目标应该是模拟实战。

比赛不是一系列单独事件的集合，而是为了实现某个总体目标。例如，在训练接球技术时，教练不仅应该将重点放在接球上，还应该强调在接球之后需选择合理的后续动作，例如移动（带球）、射门、传球等，而且球员在训练中的总体目标应该是完成一次射门、带球或者传球。

在这些训练中，教练们不需要针对球员的某一次尝试做出过于详细的讲解和纠正。过多的评价会导致很多问题。其中一个问题是信息过载。这在日常生活中非常常见，在学习足球技术的过程中也是如此。人们很难记住并理解超过 7 个方面的信息，记住动作要领的难度就更大了。因此，我们给教练的建议是，他们只需强调需要纠正的某个技术动作的几个关键要领，并且每次只针对 1 ~ 2 个要领进行专项训练。球员首先需要理解影响技术动作质量的要领，记住所有技术动作的先后顺序（先做什么，再做什么），并且明白这些技术动作的生物力学原理，能够在比赛中发现自己在某个或者多个技术要领上出现的失误——要做到这些可不是一件容易的事情。因此，教练需要在比赛过程中发现并分析球员的技术动作与标准技术动作之间的差异。这种观察能力本身就是一项很难掌握的技能，因此教练必须勤加练习。

有一个与记忆问题相关的假说：在每次尝试后给球员提供太多信息会导致球员产生对教练指导的依赖。一旦处于比赛环境下，这种对教练全程指导的依赖会对球员的技能习得效果产生负面的影响，因为教练在比赛中对信息的掌控力会大大减弱，也就是说，教练将不能像在训练中那样全程向球员提供指导。因此，为了帮助球员将训练成果最大限度地应用到比赛中，教练就必须解决两个关键问题：何时提供指导及提供多少指导。

与其在每次尝试后苦口婆心地提供大量指导意见，倒不如让球员多尝试几次，再总结性地提出几点关键信息。在提供指导之后，教练应该允许球员在不受干扰的情况下进行训练。他们应该鼓励球员勇于发现自己的问题，然后做出适当的改变。许多研究人员把自我调节视为一种非常有效的技能习得方法。他们强调给球员更大的自主权，从而让他们自己决定如何及何时接受教练的指导。通过自我控制指导需求，球员得以选择他们希望得到指导的适当时机，而不是由教练决定何时向他们提供指导。只有在球员做好准备接受指导的时候，教练才可以总结性地提出几个关键要点，帮助球员调整他们自认为完美的动作模式。不过，在每节训练课中，当球员需要指导的时候，一方面，教练的指导应该言简意赅；另一方面，教练应该多给球员训练的机会。

　　训练是影响技能习得效果的另一个因素。安德斯·埃里克森在他的著作中强调了刻苦训练的重要性。他认为某项技能的熟练程度和球员的训练次数是成正比的。这个理论已经得到许多作者的认同，例如马尔科姆·格拉德韦尔（《局外人》一书的作者），他用研究证明了"10 000 小时的训练才能造就一个冠军"。但是，埃里克森的一些研究细节不幸在翻译过程中丢失了。近年来，业界对所谓的"10 000 小时理论"展开了激烈的讨论。不过我们不会在这里直接讨论这个话题，有兴趣的读者可以参阅其他参考文献。

　　当人们审视埃里克森的研究成果的时候，他们会发现运动员在训练时的意志力和注意力似乎对他们的表现提升至关重要。人们会问："运动员（足球运动员）应该关注什么呢？"他们应该关注反馈，既包括内在反馈（也就是自我感受），也包括外部反馈（也就是视觉信息和听觉信息，如教练的指导）。有的运动员能接受与自身表现相关的反馈，然后能够根据这些反馈在他们的下一次训练中改善优化自己的表现；而有的运动员无法接受与他们的实际表现相关的反馈，不能把注意力集中在提升自己的表现上。相比之下，前一种类型的运动员更有可能取得进步。

　　我们已经强调过在正确的时机提供有效并且可靠的反馈的必要性，因为这样才能帮助运动员集中注意力改正他们的错误，或强化他们的良好表现。真正重要的不是运动员上一次表现的好坏，而是他从上次表现中学到的经验和教训，因为这与他们目标中的标准表现是相关的。球员应该尽量在每次训练中都拿出自己的最佳状态（也就是使自己的表现尽可能接近标准表现），然后通过内部和外部反馈评估自己的表现。用埃里克森的话说，这表明他们在训练中非常努力。我们希望教练不仅要求球员参与训练，还要求他们在每次训练中都达到这样的努力程度。

　　不论是在研究领域还是在新闻媒体领域，尽管刻苦训练的重要性已经得到广泛的认可，但是"积极娱乐"的概念没有得到同样的重视——尽管它对球员培养至关重要。研究人员让·科泰于1999年首次引入了"积极娱乐"这个概念。与其他几位研究人员一起，科泰对训练和娱乐进行了严格的区分。他们认为，训练是与具体体育成绩相关的正式的技能培养过程，而娱乐本质上是非正式的，它的唯一目标就是获得乐趣。但是，娱乐能优化技能习得的效果，并最终帮助人们获得专业技能。足球教练应该让青少年球员在刚开始踢球的时候积极地参与娱乐活动，而不是在正式的训练环境中一门心思地扑在刻苦训练上，参与娱乐活动可以给他们日后的专业技能打下坚实的基础。科泰认为，让青少年球员（6～10岁年龄段）体会各种体育运动的趣味性是促进他们参与运动的关键。在孩子选择1～2种运动项目之后，教练就可以对他进行专业化训练了。只有这样，在技能培养的这个阶段，球员才会变得更加专注，并且乐于接受刻苦训练的概念。更重要的是，让孩子从小就尝试各种运动项目有助于吸引他们参与体育运动，这对他们的身体健康非常有好处。我们建议教练和家长多多了解刻苦训练和积极娱乐之间的区别。

　　考虑到反馈在这个过程中的重要性，我们可以说球员得到的反馈类型是影响其某项足球技巧习得效果和熟练程度的另一个重要因素。我们可以把反馈视为提供给球员的信息。这种信息本身就是技能习得过程中的一个重要因素。那么，球员如何才能得到有关他们表现的重要信息呢？首先，很大一部分信息来自球员的内在反馈。这种反馈可以是自我感受。对球员来说，反馈的第二个来源能够放大内在反馈的影响，这就是所谓的外在反馈。尽管内在反馈对球员来说至关重要，但是教练很难对这种已经固定的系统直接产生影响。不过，教练可以提供尽可能有效的外在反馈，帮助球员对自己的实际表现和目标表现进行准确的对比。在观察球员的表现之后，教练往往会在口头指导的同时示范一遍标准动作。做示范的既可以是教练自己，也可以是教练认为动作比较标准的某位球员。不过，尽管这种方法有它的好处，而且得到了大多数教练的青睐，但是它也有自己的不足。例如，教练的观察结果可能失之偏颇，而且给球员的信息有可能既不严谨，又不准确。此外，标准动作的质量可能不足以展示目标动作的真正要领。在这种情况下，球员无法得到一个可供参照的完美的标准动作。但是，如今的技术已经可以让教练通过视频图像向球员讲解标准动作并提供反馈。

使用形象化图像分析动作的方法最早由法国科学家 E.J. 马雷和英国摄影师埃德沃德·迈布里奇提出。1895 年，马雷提出，用相机把动作的不同阶段拍下来也是一种帮助人们了解技能熟练程度的有效分析方法。在这项技术（也就是所谓的轮转式全景相机技术）的帮助下，马雷得以对行走、奔跑和爬楼梯等日常动作的人体力学表征进行详细的研究。他让试验对象穿上黑色紧身衣，并在紧身衣上放置磷光标记物，或在其身体的关键连接段放置磷光条。

当相机快门打开的时候，闪光灯能在同一张底片上投影出一条连续的光点运动线。在 20 世纪初期，马雷的技术被俄罗斯物理学家尼古拉·伯恩斯坦应用在了他的运动描记器上。如今在许多运动机能实验室中，通过影像记录详细分析人体技能已经是司空见惯的事情，并且它已成为一种必不可少的分析工具，可以帮助教练了解球员是如何学习和完成足球技术动作的。尽管仍然有一些生物力学家在使用高速影像分析工具，但是在录像机被发明之后，视频分析工具开始出现，并最终得到绝大多数职业运动机构的青睐。因此，尽管真人示范技术已被广泛用于展示标准动作，我们仍相信视频分析工具在训练环境下的使用效果可能会更好。

很明显，视频分析工具有可能提高了信息的严谨性和准确性，而且视频既可以实时播放，也可以慢速回放。这种辅助工具的好处是显而易见的，因为视频不仅能让球员及时发现自己的失误，还可以作为一种激励因素。此外，如果球员的技术动作是正确的，视频还可以优化他们的表现。因此，教练就成了向球员提供视频信息的媒介。出于对标准动作的深入理解，教练可以引导球员发现任何技术动作上的失误。在专心观看视频的过程中，教练可以向球员强调技术动作要领。现在教练还可以使用计算机程序（如果对市面上可买到的分析系统感兴趣，各位读者可以参考其他文献）找出球员在技术动作上的失误，并把他们最近一次的表现与标准动作进行对比。

球员的训练是否有效取决于他们能否理解任何技术的标准动作要领。在刚完成一次训练之后，球员既可以通过自我认知得到失误反馈，也可以从教练那里得到纠正指导。对训练目标的清晰理解能帮助球员更容易地把注意力集中在这种失误反馈和纠正指导上。

通过观看示范动作，球员可以在自己的脑海中形成某种印象，或者其他形式的内在表征，从而帮助自己掌握这个技术动作。那么，什么才是给球员提供标准动作示范的最佳方法呢？我们是否需要在技术训练开始前给球员播一段世界优秀球员的精彩表现视频？必须引起教练警惕的是，远远高于球员实际水平的示范可能会带来一些负面影响。那些对自己的能力缺乏自信的球员有可能由此陷入更强烈的自我怀疑情绪。对那些想模仿示范动作的球员来说，观看难度过大的示范动作的效果并不好。因此我们建议教练给球员播放一些与他们水平接近的示范动作。教练还需要注意的是，由于球员的技术水平存在差异，他们做出的动作和标准动作之间的差距也不一样。教练可以告诉球员这些示范动作代表的是将来他们能达到的水平，而不是现在的水平，以此来缓解球员的挫败感。

考虑到将世界级球员做出的动作作为示范动作有可能引发的种种问题，我们认为使用自我对比方法的效果可能会更好。也就是说，教练可以把球员上次训练的过程录下来。但这种方法存在的问题是：虽然球员能看到自己在上次训练中的失误，但是如果没有教练的干预（例如在训练课中提供指导），这些已有的失误有可能会变本加厉。此外，球员仍然需要一个专业示范动作作为参照。我们认为，运动技能习得有时可以通过播放视频并进行自我对比的方法实现。采用这种方法，球员看到的是自己的表现，不仅仅是他们过去的水平（包括失误），更重要的是他们在不久的将来能够达到的水平（正确的技术动作）。要做到这一点，教练可以对过去表现的视频进行剪辑，然后将剪辑后的视频展示给球员看。

早在 1976 年，彼得·道里克就在临床环境下使用了被他称为"前馈自我示范"的方法，教特殊人群学习游泳和避开障碍物。之后，他的学生拉里·迈莱证明了这种技术还可以帮助运动员显著提高运动水平。研究人员使用这种方法对视频影像进行剪辑，播放运动员需要掌握但还未掌握的技术动作。实际上，它所创造的虚拟视频展现的是运动员虽未掌握但有能力掌握的技术动作。要做到这一点，教练只需要对运动员过去的录像进行剪辑和拼接，将其组合成一套理想中的标准动作。

参与马雷研究的运动员很清楚这段视频是虚拟的，因为他们以前从来没有完成过这些动作。但相较于使用传统示范方法的运动员，那些使用前馈自我示范方法的运动员的运动水平显著提高。在马雷所在的年代，由于可用的技术比较有限，所以这种方法不仅耗时，而且极度依赖昂贵的视频编辑设备。但对各个级别的教练来说，随着计算机视频编辑系统的出现及视频编辑套件的上市，使用前馈自我示范方法的门槛已经大大降低。

在本部分接下来的章节中，我们介绍的各种技术训练方法不仅遵循实用性的原则（这些训练方法都来源于足球比赛分析的成果），还将强调我们在上文中详细介绍的影响技能习得效果的重要因素。除了介绍多个技术动作的训练方法，我们还提高了难度，以帮助球员增强在比赛中应用这些技术动作的能力。

第 8 章　带球

所谓带球，就是一名球员带着足球跑动。这个定义比较宽泛，为了让这项技术满足实战需求，我们可以给它添加许多选项。如果一名带球球员正在跑动，他可以有以下选项。

⚽ 带球进入无人防守的区域。

⚽ 带球靠近对方球员，以：

- 扯动防守球员及其防线；
- 保护球权。
- 利用防守球员之间的空当传球，或把球传到防守球员身后；
- 带球过掉防守球员；
- 起脚射门。

由于这些选项都涉及多个技术动作，所以与其训练单个技术动作，不如让球员练习组合技术动作。过去的教练已经把教球员的技术动作简化为各种单个技术动作。我们已经在上文中说过，球员在比赛中遇到的最大的问题是如何将这些技术动作衔接起来，也就是如何从一个技术动作过渡到下一个技术动作。在带球向前的过程中，如果球员决定过掉防守球员后把球传到其身后的空当，他们就可能在这两个动作之间的衔接上遇到问题——也就是如何在结束带球动作之后顺利地过渡到传球动作。布赖恩和哈特于 1899 年针对技能习得领域进行的早期研究发现，普通表演者和优秀表演者之间的主要区别在于优秀表演者能够把不同的动作流畅地衔接起来。这项研究证实了这样一个理论，那就是在一套由大量技术动作组成的动作中，失误往往发生在不同技术动作之间的衔接阶段。在本章中，我们会把球员在比赛环境下需做的整套动作都考虑在内——这是一种非常有效的训练方法。在下面的示例中，球员带球的目的是让足球进入进攻区域，并由配合球员上前接应。为了达到这个目的，球员必须动用他们所有的技术动作储备。教练需要解决的问题是如何在训练环境中为球员提供不同的带球选项。在提高难度的时候，教练应该让训练更符合实际、更接近实战。要做到这一点，教练应该要求球员在控球时完成更多实用的技术动作，而不是给他们施加更大的防守压力。

　　首先，教练应该用图解概括训练目标，一节训练课应该完成以下目标。

目标

　　✪ 球员应该具备带球跑动的能力，而且应该做到以下几点。

　　　● 把球控制在可控范围之内。

　　　● 带球变向（见图 8.1）并改变带球速度。

图 8.1

　　　● 让注意力在球和周围环境之间转换。

　　✪ 球员应该具备把球送到进攻区域（见图 8.2）的能力。

进攻区域

图 8.2

图 8.3

⚽ 球员应该有能力带球挑战防守球员并把他引出防守密集区域，如图 8.3 所示，具体步骤如下。

● 带球挑战防守球员。

● 通过变向把球拉到防守球员的一侧。

图 8.4

⚽ 球员应该能够在跑动状态下护住球，使之不被防守球员抢走，如图 8.4 所示。

图 8.5

⚽ 球员应该能够带球挑战防守球员，并把球传到他们身后；为了接球，负责配合的无球球员（也就是不带球的球员）应该知道进行无球跑动的正确时机和应到达的位置，如图 8.5 所示。

🌐 球员应该能够带球过掉防守球员，如图 8.6 所示。

图 8.6

🌐 球员应该能够在带球过掉防守球员后突破到可以射门的位置，然后起脚射门，如图 8.7 所示。

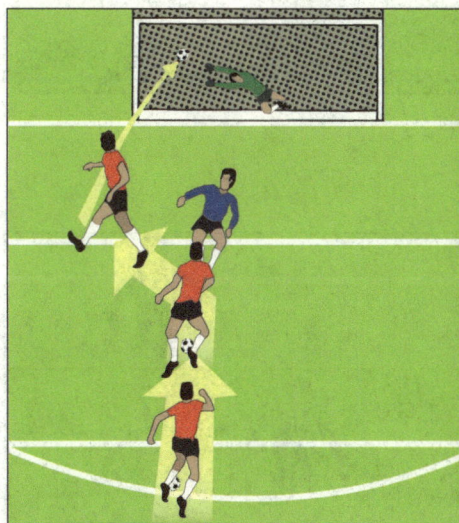

图 8.7

这些都是带球的目标。为了帮助球员实现这些目标，我们设计了一系列训练。

图 8.8

图 8.9

图 8.10

训练 A

☻ 将一个网格（网格面积及球员数量可以视球员的技术水平而定）作为训练场地，给每名球员发一个球。所有球员都可以在场地内自由移动，但是应该：

● 保持足球在可控范围内，如图 8.8 所示。

☻ 在带球时同时使用脚的内侧和外侧，如图 8.9 所示。

☻ 同时使用左右脚，如图 8.10 所示。

☻用脚底停球，并把球往后拉，如图 8.11 所示。

图 8.11

☻保持抬头姿势，尽可能观察周围情况，如图 8.12 所示。

图 8.12

☻改变带球速度，如图 8.13 所示。

图 8.13

☻快速变向，如图 8.14 所示。

图 8.14

图 8.15

◎ 控制身体重心和身体动作，保持平衡，这样有助于变向，如图 8.15 所示。

◎ 教练可以突然喊"停！"，然后让球员观察球是否还在控制范围之内。随着速度的提升和场地面积的缩小，如果球员在带球时不抬头观察，他们就很容易发生碰撞。

◎ 使用和上文一样的训练场地，但是移除 2 ~ 3 个球，如图 8.16 所示。没有球的球员现在成了防守球员，他们应该努力去抢场地内的其他球员的球。丢掉球权的球员必须从其他球员那里再抢一个球。

图 8.16

◎ 教练可以在原始训练规则的基础上增加淘汰规则。给每名球员发一个球，让所有球员在两个大小相同的指定场地内训练。所有球员都从一块场地开始。他们的目标是把其他球员的球踢出界，同时保护自己的球不被踢出界。在足球被踢出第一块场地之后，球员需要带球进入第二块场地，并以相同的方式继续训练。教练应该给那些技术水平较差的球员提供指导——也就是现在进入第二块场地的那些球员。绝对不能让那些被淘汰的球员站在一旁等待第一轮训练结束。

训练 B

◎ 两名球员使用一个球进行训练。在图 8.17 中，X9 必须带球跑动到目标线 T1。O5 必须从 X9 脚下把球抢过来，然后带球抵达目标线 T2。

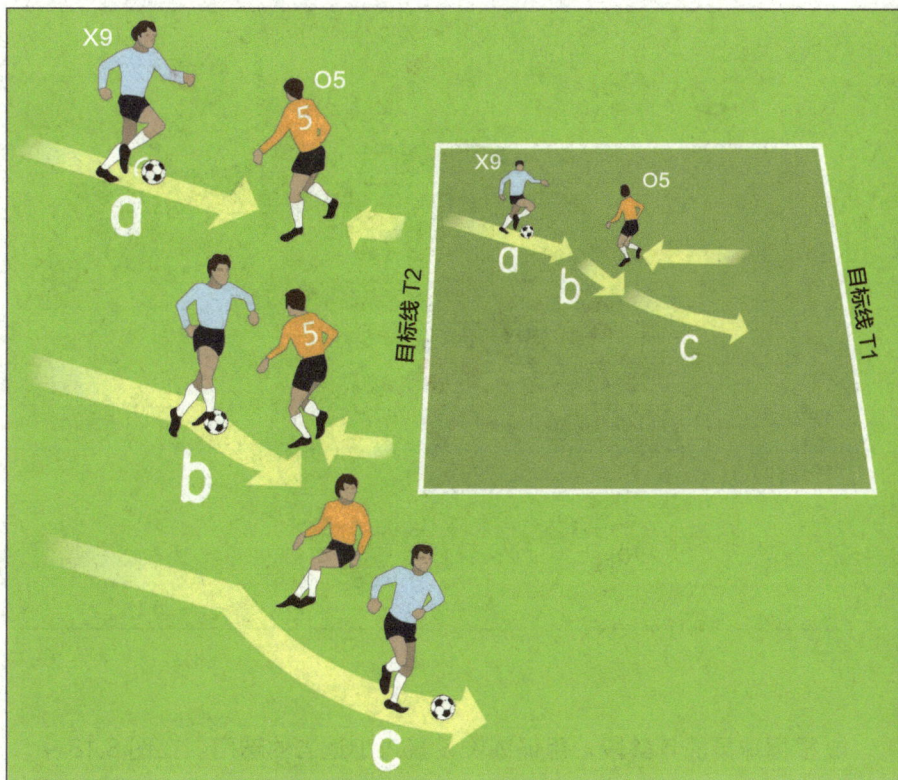

图 8.17

☻每当训练重新开始，球员都应该回到各自的目标线。

训练要点

☻改变带球方法。

☻带球穿过防守球员身体的中线，让防守球员往这个方向调整重心。

☻在带球经过防守球员时改变速度。

进阶训练 1

☻接下来的训练采用 2 对 1 模式，球员可以轮换位置。在一块 10 米 ×15 米的场地内，一名守门员（O5）和一名外场防守球员（O4）对阵一名进攻球员（X6），如图 8.18 所示。

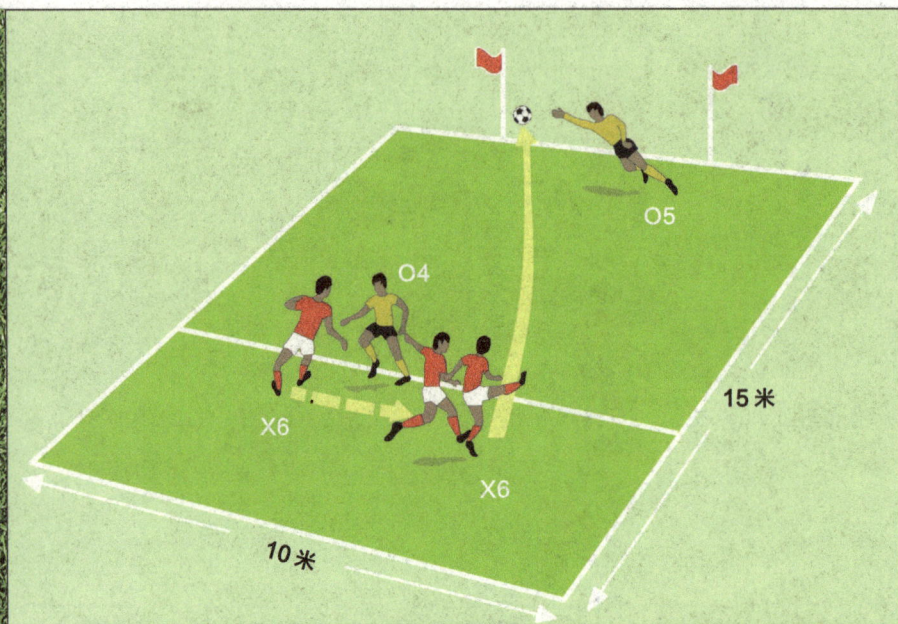

图 8.18

⚽ 根据球员的年龄段，用训练锥设置大小适当的球门。在图 8.18 中，O5 是守门员，而 X6 是进攻球员。O4 作为防守球员不得回防越过射门线，只能断球或阻挡 X6 射门。X6 必须通过一个身体动作或带球动作过掉 O4，然后起脚射门。X6 不得越过射门线。

训练要点

⚽ 教练应该鼓励进攻球员通过朝向某一侧的假动作晃掉防守球员，然后起脚射门。

⚽ 进攻球员不必等到把防守球员完全甩在身后才起脚射门。

⚽ 教练应该鼓励进攻球员用弧线球射门以绕过防守球员（必要时可以把他们当作一个屏障）。

进阶训练 2

⚽ 在以上训练中增加一名进攻球员。在两名进攻球员（图 8.19 中的 X9

和 X10）与一名防守球员（O4）对抗时，他们中的一人朝球门方向跑动准备接球。如果 O 队抢到了球，X 队中的一人变为守门员。

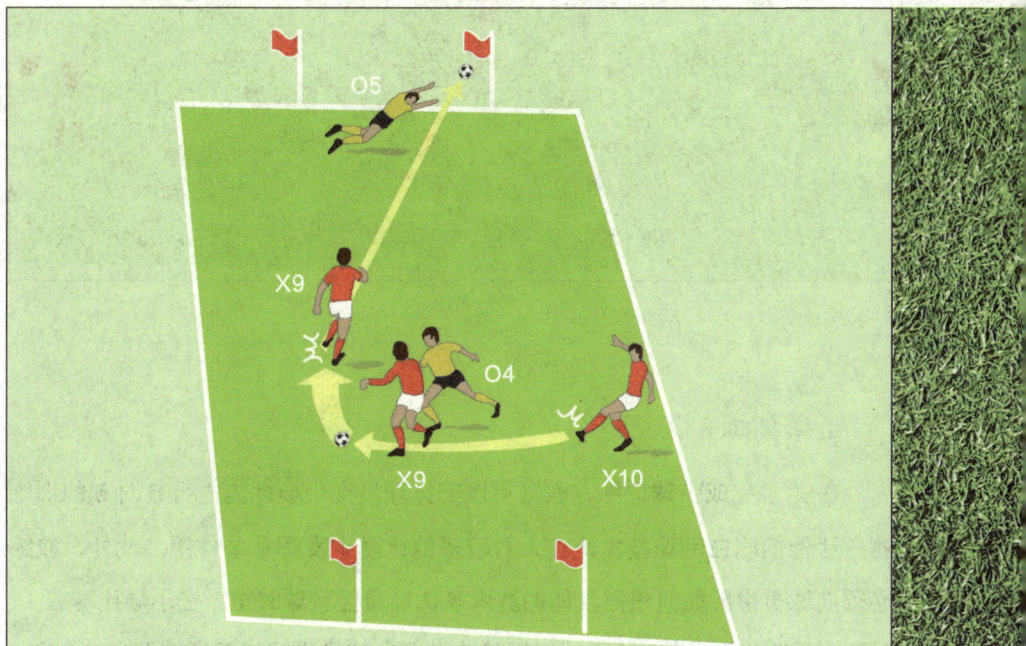

图 8.19

训练要点

⚽ 教练应该鼓励带球的进攻球员挑战防守球员，带球的进攻球员既可以选择传球，也可以选择射门。

⚽ 配合的进攻球员应该通过适当的无球跑动，要么给队友创造传球路线，要么吸引防守球员离开有利的防守位置。

⚽ 带球进入空当之后，如果出现射门机会，进攻球员应该果断起脚射门。

⚽ 为了提高难度，教练可以让球员在 3 对 3 的小场训练赛中进行以上训练（每队有两名外场球员加一名守门员，见图 8.20）。使用正常尺寸的球门，但是必须在小场地内的进攻前场（见图 8.20 中的标线）外射门。教练可以再次强调以上训练要点。

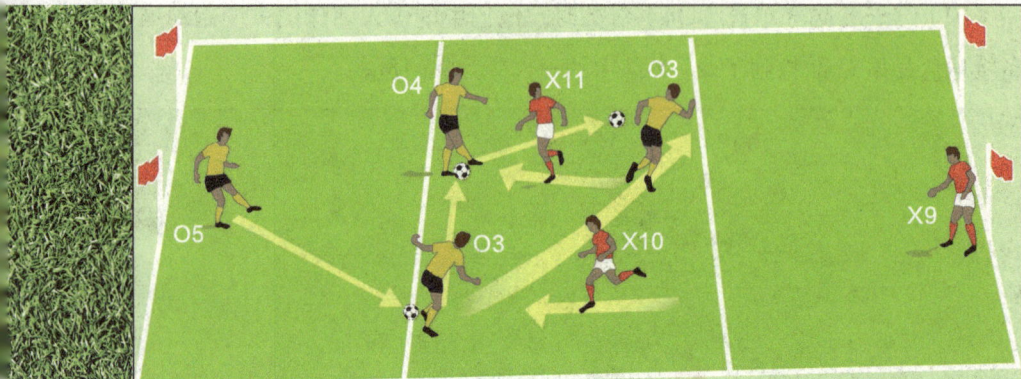

图 8.20

进阶训练 3

⚽ 为了完成带球训练，教练可以安排球员在小场地内进行 6 对 6 的训练赛，让他们明白带球技术能在人数较多的比赛中发挥重要作用。此外，教练必须向球员讲解如何根据具体的战术来选择最佳带球时机。在小场比赛或 11 对 11 的训练赛中，教练可以根据具体情况向球员讲解以下训练要点。

训练要点

最佳带球时机

⚽ 防守球员数量和进攻球员数量相等的时候。为了获得人数优势，进攻球员有必要带球挑战防守球员然后过掉他。

⚽ 在进攻前场可以选择带球，在防守后场带球是非常危险的。

⚽ 本方球员具备高超的带球技术时。

⚽ 本方在耐心地组织进攻的时候。

⚽ 防守球员数量超过进攻球员数量的时候。本方带球技术出色的球员应该勇于挑战防守球员，最好能吸引一名以上防守球员的注意力，从而给位于其他区域并负责射门的进攻球员创造人数上的优势。

⚽ 当对方防守球员不顾后果地倒地铲球的时候，这是在进攻前场获得任意球的良机。

第9章　接球

球员的技术水平有高有低，在压力大的比赛环境下，技术水平的差异主要体现在选择的技术动作是否合理、时机是否正确以及做动作的速度的快慢上。其中，受这些差异影响最大的是接球技术。和接球技术水平较差的球员相比，接球技术娴熟的球员往往能在更短的时间内更准确地做出这项技术动作。因此，教练必须向球员讲解轻松接球的基本步骤，帮助他们理解接球技术要领。以下是接球技术的要领。

正在接球(高空球或低空球,慢速球或快速球)的球员应该做到以下几点。

⚽ 尽可能将自己的身体移动到球的飞行路线上，并且尽早移动。

⚽ 选择用身体的哪个部位停球。

⚽ 将这个停球面朝向球。

⚽ 在触球的一瞬间将这个停球面稍微后撤，以缓冲球的冲击力。

⚽ 把球停到有利的位置（有时候，技术娴熟的球员能在一次触球的过程中连贯地完成上一个动作和这个动作）。

⚽ 抬头观察周围情况，同时准备做下一个动作，最好在判断形势之后再准备做下一个动作。

在练习接球时，球员必须同时练习接球后的下一个动作。毕竟，球员接球的目的是完成下一个技术动作，例如射门、传球或带球。因此，在强调以上技术要领的同时，训练的重点必须放在这些组合技术动作上。在以下训练中，教练都应该强调这些技术要领。

训练 A

⚽ 两名球员使用一个球。发球球员在每次发球时改变发球的高度和速度，同时改变自己和接球球员之间的距离。

⚽ 发球球员改变发球的方式，如图 9.1 所示。接球球员接到传过来的球后，发球球员可以跑到他的左侧或右侧呼叫他传球。

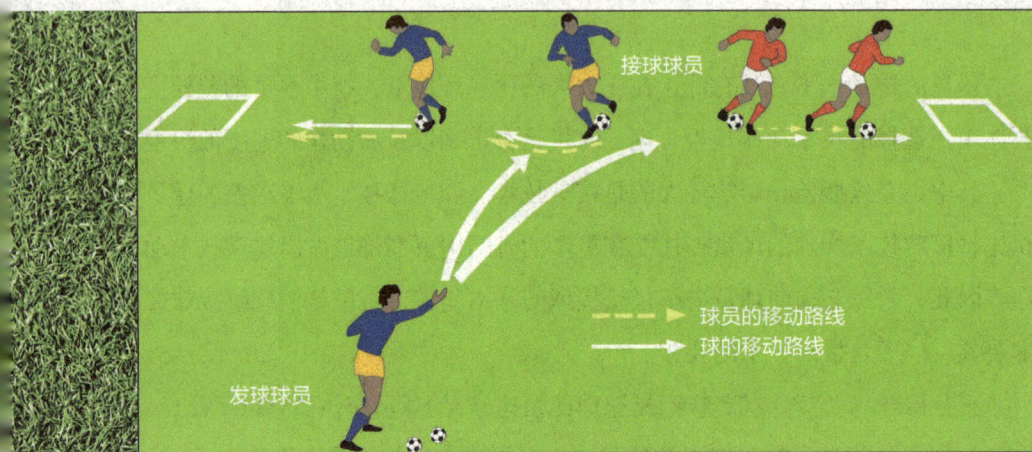

图 9.1

⚽ 接球球员必须把球停下，然后带球跑到任意一侧的矩形内。

⚽ 和以上训练相同，不过现在接球球员必须把球带到发球球员指定的矩形内。

⚽ 使用 15 米 ×15 米的网格进行训练。

⚽ 发球球员沿偏离接球球员的方向发球，接球球员必须移动到球的飞行线路上才能停球。

⚽ 发球后，发球球员进入场地并移动到网格的某个角落，然后要求接球球员回传球。

训练 B

⚽ 使用 20 米 × 10 米的网格，如图 9.2 所示。发球球员既可以用手掷球，也可以把球放在地上踢给接球球员。

⚽ 接球球员用脚停球，然后带球移动到网格的某个角落。

⚽ 球发出后，负责防守的球员 X1 进入场地，并尝试在接球球员抵达角落之前把球抢过来。

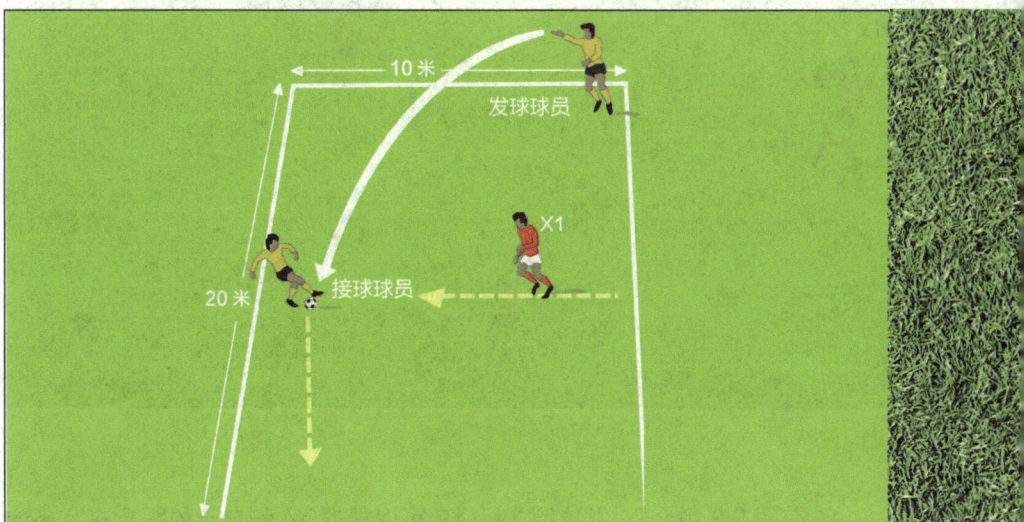

图 9.2

变化

⚽ 改变 X1 和接球球员之间的距离。

⚽ 改变发球的方式。

⚽ 改变发球球员的位置。

⚽ 改变接球球员的位置。

训练 C

在以下训练中，我们设计了一个更接近实战的训练环境，更强调接球技术的要领。

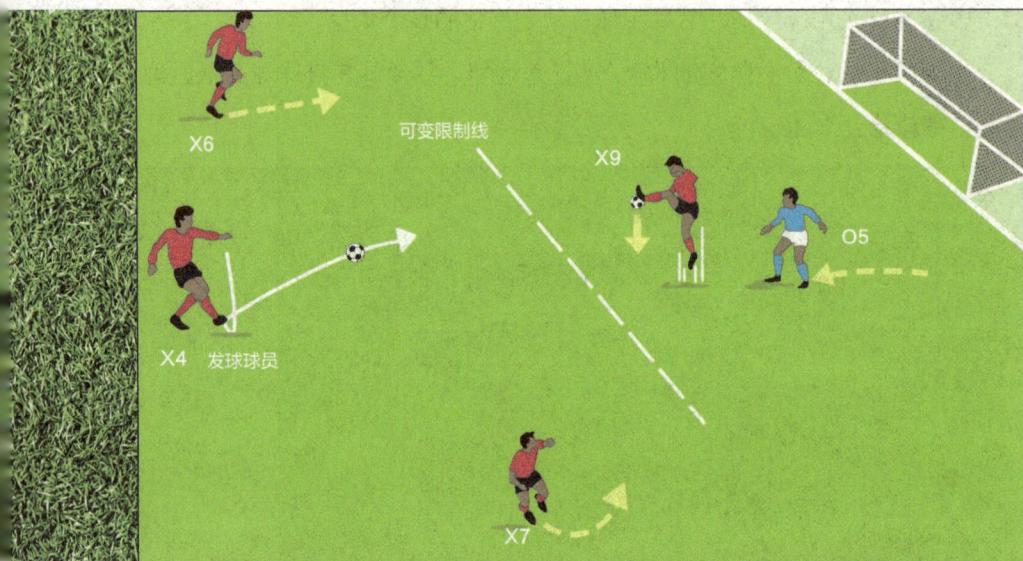

图 9.3

⚽ 在图 9.3 中，X4 发球给 X9，X9 可以根据 X4 和自己的距离决定接球方式。

⚽ 一旦球被发给 X9，O5 就可以作为防守球员开始移动。

⚽ O5 可以根据 X9 的技术水平调整与 X9 之间的距离。

⚽ X9 不能越过标线向 X4 移动。在这个限制条件下，X9 必须通过合理有效的停球动作摆脱 O5。

⚽ O5 的目标是获得球权并把球解围出去，最好解围到界外。

⚽ X9 必须进行以下决策。

● X9 可以把球控住并保护好球权，等待 X6 或者 X7 移动到可以接球的区域。可以由教练不时安排一名或两名配合球员参与进攻，也可以由

X4 决定一名或两名配合球员参与进攻的正确时机。

● X9 可以带球转身并尝试起脚射门。要做到这一点，X9 可以使用上一章介绍的带球技术。

这项训练可以被纳入技战术训练，其强调了接球球员的作用。教练可以提高难度，例如进行全场训练赛，由 X4 开球。可以视情况增加负责配合进攻的球员和防守球员。

训练要点

◉ 接球球员应该迎球跑动，但是不要太早开始跑动，注意进入接球区域的速度不能太快。

◉ 面对防守球员施加的压力，接球球员必须尽早决定用身体的哪个部位停球。

◉ 接球球员必须尽快在以下选项中做出选择。

● 控住球，然后等待配合进攻球员前来支援。

● 转身，然后尝试射门。

● 把球传（回敲）给处于有利位置的配合进攻球员。在这种情况下，接球球员可能不需要在接球时做缓冲动作，因为需要一脚出球。

第 10 章　传球

在足球发展的历史进程中，战术思维多次发生变化，过去几十年间的变化比以往任何时期都更加剧烈。不过，改变战术思维的前提是球员个人技术水平的提高。在现代足球比赛中，传球技术水平的提高所带来的优势比其他技术都更加显著。

控球率是影响一支球队能否进球的关键因素，因此球员都自发努力地提高自己的传球质量。强调控球的球队战术相对比较简单。

⚽ 传球的准确性与传球的距离直接相关，传球的距离越短，传球的成功率越高，控球率也就越高。因此，球员应当尽量靠近控球球员。

⚽ 球员在本方防守半场不应该尝试成功率较低的传球，在这个区域只能进行安全性相对较高的传球。

⚽ 如果前场（也就是对方的后场）防守过于密集，球员或许应该先把球回传到本方半场，再传到防守相对不密集的区域。

⚽ 在控球时，球员应该保持耐心、沉着和自信。

在这种战术思维下，教练必须调整训练方法，帮助球员在实战中熟练使用传球技术，同时强调以下几个关键因素。

⚽ 传球的准确性应较高。

⚽ 传球的力度要适当。

⚽ 传球的时机要适当。

⚽ 在传球时适当使用假动作。

短传的训练要点

⚽ 当传球距离超过 15 米时，传球的成功率就会下降。

⚽ 球员必须尽早进行传球决策并选择传球目标（也就是把球传给谁）。这意味着传球球员可能需要在接球之前就决定是否传球并选择传球目标，从而一脚出球。

⚽ 在选择传球目标之前，传球球员必须考虑失误的可能性。例如，如果接球球员正遭到防守球员的紧密盯防，那就不要期望他能轻易地接到球。

⚽ 接球球员应该尽量给传球球员创造传球角度，并沿着足球的飞行路线朝球移动。也就是说，当接球球员正在远离传球球员时，不要总是指望球能被准确地传到期望的位置。

⚽ 传球的力度取决于传球的距离、传球的紧迫性（是否有负责补防的防守球员）、前来逼抢的防守球员的直接威胁以及场地条件。

⚽ 要想使控球率最大化，一旦完成传球，传球球员就必须立即重新评估自己的站位（传球、观察、移动）。在某些情况下，球员在完成传球后可以朝传球方向跑动。

训练 A

⚽ 在图 10.1A 中，X9 把球传给 O6，然后立刻移动到一个新的位置。只有在抵达目标位置后，X9 才能呼叫 O6 传球。接球球员 X9 必须积极要球并朝传球方向跑动。

⚽ 传球后，O6 从网格的一端跑到另一端，如图 10.1B 所示。只有在面对传球球员的时候，他才能呼叫传球。

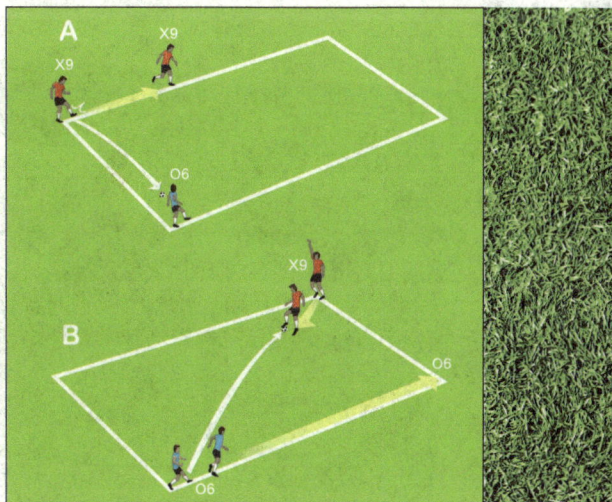

图 10.1

训练 B

这项训练的设置和训练 A 一致，不过训练场地更大，并且增加了球员数量。这项训练有两个目标：其一，传球球员必须在两名防守球员之间找到传球空当；其二，传球球员必须在空当消失前充分利用它。接球球员应该找到一个可以安全接球的空间。如果传球路线被堵死，接球球员就应该重新调整他们的跑动路线，传球球员也可以停止传球。

教练应该提醒球员在传球后观察形势，然后调整站位。

训练 C

为了提高难度，我们在以下训练中使用了 10 米 × 10 米的网格。

控制球

在图 10.2 中，我们安排了 3 名进攻球员对阵 1 名防守球员。规则非常简单：进攻球员每完成 1 次传球得 1 分；防守球员每抢断 1 次传球得 2 分；进攻球员每踢球出界 1 次，防守球员得 1 分。教练可以对训练中的多个变量进行调整，以使训练适应球员的技术水平。

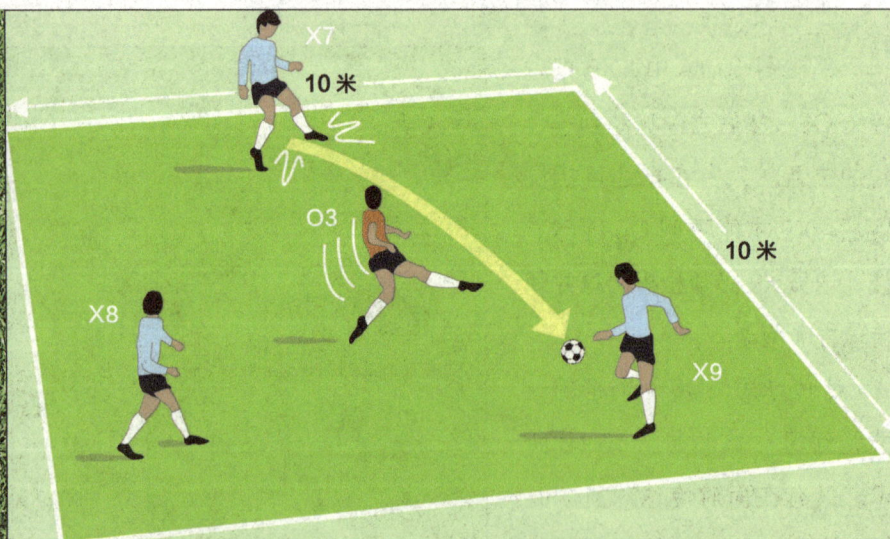

图 10.2

变化

⚽ 场地尺寸。如果球员技术水平较低，教练可以把场地扩大到 20 米 × 20 米。

⚽ 进攻球员的数量。如果刚开始的时候进行 3 对 1 的训练难度太大，教练可以先安排 4 对 1 的训练。

⚽ 防守球员的数量。如果 3 对 1 的训练对进攻球员来说难度太小，教练可以增加防守球员的数量。

⚽ 教练还可以调整其他条件以使训练适应球员的技术水平。

教练可以增加限制条件。例如，可以规定防守球员不得拦截控球球员，这可以增加控球球员选择传球目标的时间。此外，教练还可以规定进攻球员一脚出球、两脚出球或三脚出球，这将对进攻球员的决策和控球能力提出更高的要求。此外，教练还可以提出配合球员应尽早提供支援的要求。

训练要点

⚽ 球员在传球后应该立刻随球跑动（也许只需跑动 1 ~ 2 米），给刚接到球的队友提供支援。

⚽ 传球给任意一侧的配合球员。

⚽ 如果配合球员正在往空当跑，那就把球传到那个空当。传球的力度决定了传球的准确性，最好让球和配合球员同时到达目标位置。

⚽ 鼓励传球时使用假动作。

⚽ 允许球员尝试不同的传球方式。

训练 D

该训练采用 4 对 2 模式，如图 10.3 所示。负责进攻的 X 队球员应该利用 O 队防守球员中间的空当传球，然后完成得分。进攻球员只能沿着边线移动。防守球员只要碰到足球或迫使进攻球员传球出界就得 1 分。

图 10.3

训练要点

⚽ 球员应该保持耐心。如果传球球员无法在防守球员中间找到传球空当，那么他应该改变进攻发起点，例如把球传给在边线上负责配合与支援的队友。

⚽ 为了让球穿透两名防守球员之间的空当，传球球员应该尽早选择传球方式，例如，他可以选择一脚出球，这种传球不仅能轻易地穿透防线，而且很难被封堵。

⚽ 负责支援的球员应该尽早成为传球的目标，给传球球员创造一条畅通的传球路线。

⚽ 负责支援的球员应该通过不断地跑动创造可能的传球路线。

训练 E

为了强调以上训练中讲解的训练要点，教练可以安排一场有限制条件（例如，规定一脚或两脚出球，或者让进攻方以多打少，让他们拥有数量充足的配合球员作为传球目标）的小型比赛。

图 10.4 所示是进行这种限制性训练赛的场地。任何球员都不得在阴影区域内等球或接球，并且只有在距离球门 15 米之内才允许射门。

在这些条件的限制下，双方的进攻球员必须聚集（许多配合球员移动到这个区域内）到两个侧翼区域（球场的边路），以保护球权。如果进攻方无法向前推进，他们就应该尝试把球传回后场，然后沿另一条边路进攻。这些限制条件还能促使负责配合的进攻球员沿另一条边路跑到防守球员身后。

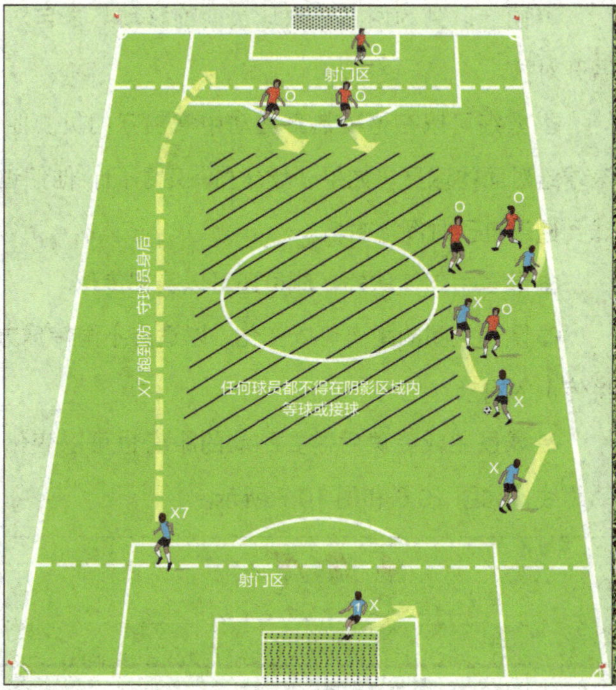

图 10.4

训练 F

在传球专项训练课开始前，图 10.5 中的队列传球训练是一项非常不错的热身活动。球员站位如图 10.5 所示。这项热身活动可以有很多变式。在图 10.5 中，X3 传球给 O1，然后跑到对面队列的最后。接下来，O1 必须把球传给下一位 X 队球员，然后跑到对面队列的最后，以此类推。

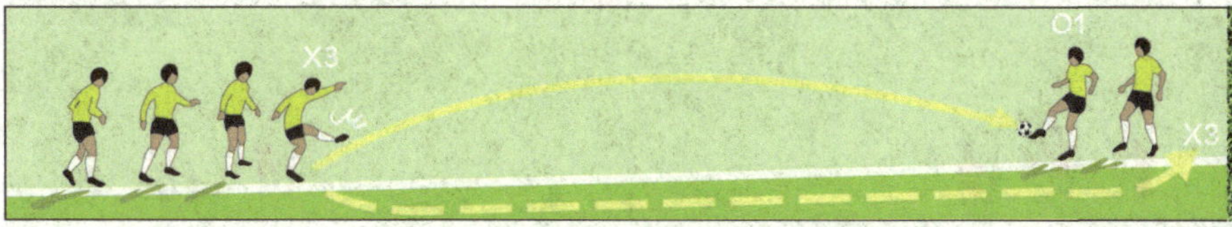

图 10.5

变化

⚽ 一只脚或两只脚出球。

⚽ 负责接球的球员可以跑到队列的左侧或右侧，然后呼叫传球。

⊕ 同一队列的两名进攻球员向前移动与来自对面队列的一名防守球员展开对抗。

⊕ 教练可以在这项热身活动中增加守门员。他们将用手拿球然后传地滚球给对面的球员。如果外场球员决定射门，他们也可以进行扑救，或者在球员逼近自己时倒地封堵。

⊕ 除了用脚传球外，球员还可以头部传球。

⊕ 队列之间的距离可以变化，以适应不同传球方式（例如短传、长传、挑传）的需求。

⊕ 球员完成传球后需要跑动的距离也可以变化。例如用训练锥标出跑动路线，如图 10.6 和图 10.7 所示。

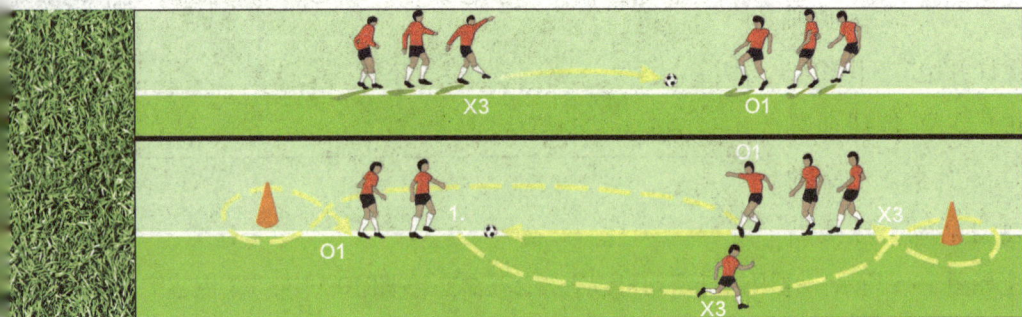

图 10.6

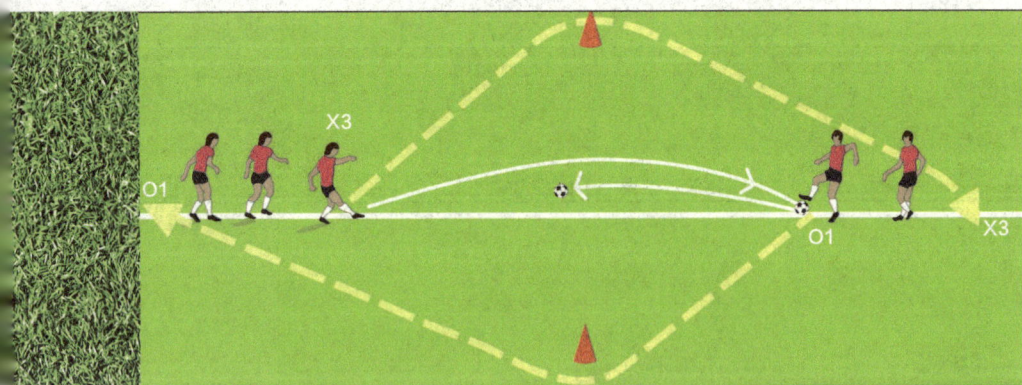

图 10.7

❂ 在相反的线上添加两名进攻球员对阵对面的一名防守球员，如图 10.8 所示。教练可以规定防守球员只能拦截传球，不得抱球。

图 10.8

❂ 攻防双方都可以增加守门员。

❂ 教练可以在场地的中央设置球门，如图 10.9 所示。

❂ 教练可以鼓励双方的球员进行比赛。

训练 G

这项训练可以称为"幽灵训练赛"，因为教练会要求球员与他们想象中的"幽灵球队"展开对抗。但是，即使没有对手，球员传球时也应该小心谨慎，而且在比赛过程中也不能有丝毫松懈。因此，球员仍然需要在整场训练赛中拿出较高的传球技术水平。图 10.10 展示的是 4 对 1 的设置（加一名守门员），也可以增到 11 对 1（加一名守门员）。

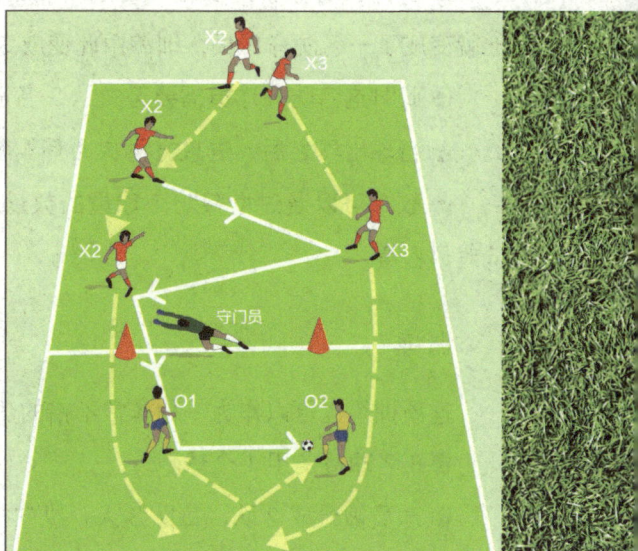

图 10.9

图 10.10

训练要点

⚽ 4 名球员模拟实战环境。

⚽ 这 4 名球员按照他们在任何 4 对 4 小场比赛中的方法进行跑动和传球。

⚽ 守门员也可以在禁区和小禁区内练习不断跑动,还可以练习阻挡射门。

⚽ 任何一名球员只要进入进攻半场就可以举手并高喊"防守",然后他就变成了一名防守球员,训练由此变成 3 对 1 模式。

⚽ 此时这名防守球员需要努力从 3 名进攻球员脚下把球抢下来。

⚽ 当球出界之后,进攻方再次拥有 4 名球员。

⚽ 教练可以通过增减防守球员的数量来改变限制条件,从而改变训练的难易程度。

训练 H

这项训练也可以作为一种非常不错的热身训练,它有以下要求。

⚽ 6 名球员使用 1 个球。

⚽ 球员被分成 2 队,每队 3 人,纵向排列,面朝对方队列站立。

⚽ 两队必须以"之"字形把球从队首传到队尾,然后以相同的方式把球传回来。

⚽ 球员只能两脚出球:第一次触球时把球控制好,然后在第二次触球时把球传出去。

训练要点

⚽ 球员的身体应该保持开放姿势,这样他们才能把球传给正对面或斜对面的球员。

⚽ 教练应该强调传球的准确性。

⚽ 接球球员应该做好往球的飞行路线移动的准备。为了提高难度,教练可以要求球员一脚出球并加快传球速度,还可以对球员进行分组,每组 6

人，让组与组之间进行比赛，看哪一组传球最流畅。

训练 I

这是训练 H 的升级版。教练将 2 个 6 人小组合并，让他们站成 4 列，每列 3 人，如图 10.11 所示。另外，这项训练也可以作为训练 F 的扩充版。球员在训练中使用 2 个球，他们被要求传球给对面的球员，然后跑到对面队列的最后。

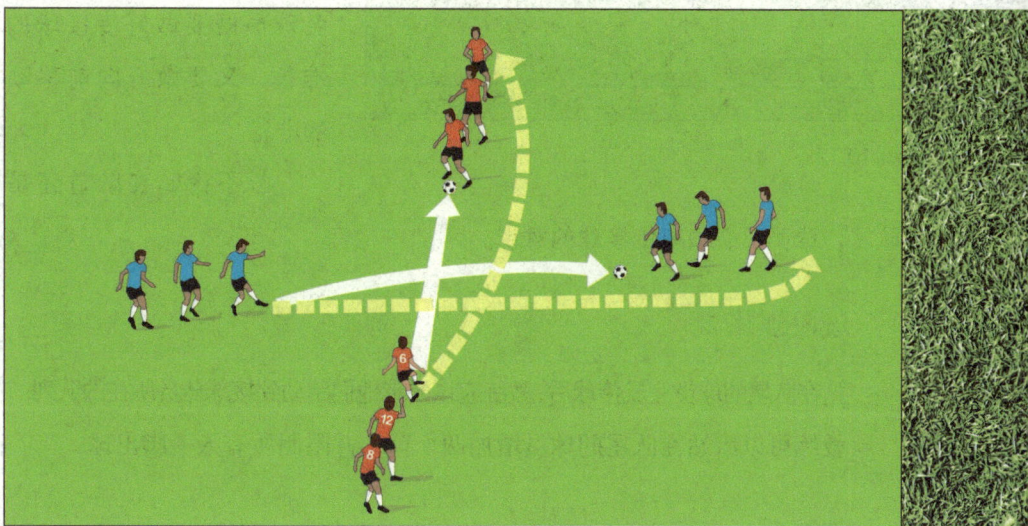

图 10.11

训练要点

⚽ 强调传球的准确性。

⚽ 为了避免干扰另一条线上的训练，球员在传球前后都应该抬头观察情况。

⚽ 接球球员应该上前移动到最佳位置接球。

进阶训练 1

教练应该要求球员一脚出球。另外，再给排在队列最后的球员增加一个

图 10.12

球。在轮到他们之前，排在队列最后的球员应该退后3米左右，然后互相传球，如图 10.12 所示。

训练要点

⚽ 站在队列末尾的那名球员既要做好传接球的准备，又要做好向前移动的准备。

⚽ 不论站在队首还是队尾，球员都必须有传接球的意识。

进阶训练 2

站在队尾的球员完成传球后，教练应该要求他们跑动到接球球员所在的队列。教练可以给站在队尾的球员增加两个球，并限制所有人一脚出球。

训练要点

⚽ 强调传球的力度和准确性。

⚽ 球员应该经常抬头观察周围情况的变化，尤其是在不控球的时候。

训练 J

在这项训练中，球员的站位如图 10.13 所示。由 6 名球员使用一个足球进行训练。球员两人一组站成 3 个队列，形成三角形站位。第一队把球传给第二队之后，第一队的传球球员马上跑到第三队的末尾；第二队的传球球员再将球传给第三队，然后跑到第一队的末尾。依次类推，但需要注意的是，任何一队都不能把球传给只有一名球员的队列。

图 10.13

训练要点

⚽ 考虑好再传球。

⚽ 传球对象的选择非常重要。

⚽ 这项训练强调的是感知、决策和行动的全过程。

训练 K

这项训练需 6 名球员参加。4 名进攻球员站在 10 米 × 10 米的网格的 4 条边线上，如图 10.14 所示。一名防守球员（每过一分钟替换剩下的一名球员）站在网格内。4 名进攻球员的目标是在防守球员成功断球之前连续完成 10 脚传球。4 名进攻球员不得越过边线进入场地内。随着进攻方成功率的提高，教练可以让余下的一名球员进入场地，成为防守球员，形成 4 对 2 的局面。

图 10.14

训练要点

⚽ 教练应该强调传球的正确时机。

⚽ 教练应该鼓励球员在传球时使用假动作。

⚽ 教练应该提醒球员接球角度是能否成功传球的关键。

⚽ 球员必须决定一脚还是两脚出球。

训练 L

远距离的穿透性传球（即长传球）是最有效的进攻战术之一。这种传球既可以打到防守球员身后，也可以穿透两名防守球员之间的空当，还可以把球从一条边路转移到另一条边路。正因为长传球如此重要，所以教练必须要求球员尽可能经常练习长传球。

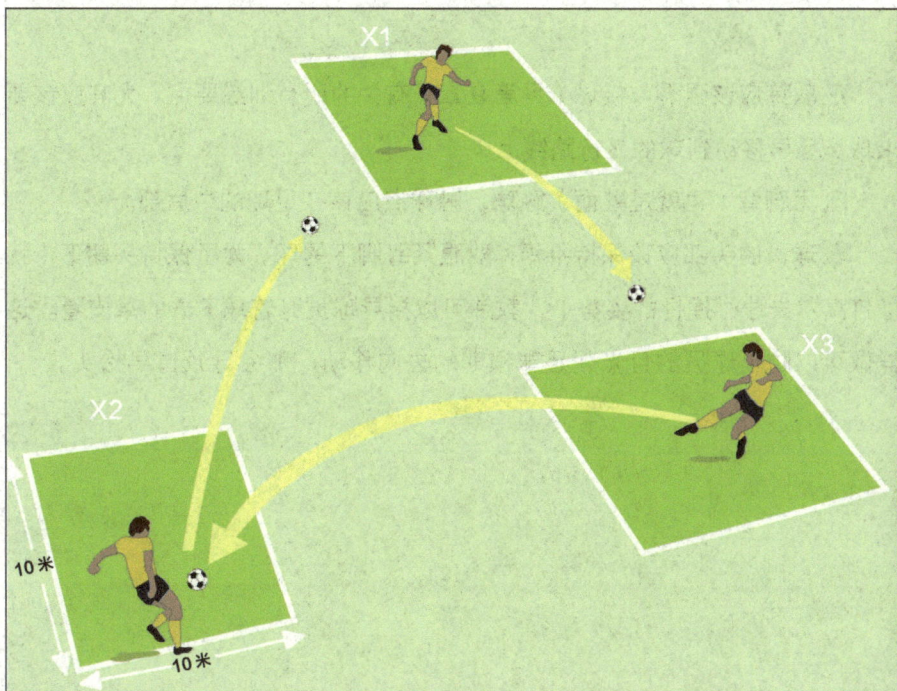

图 10.15

⚽ 安排两组球员进行训练，每组两到三人，如图 10.15 所示。

⚽ 每名球员都在 10 米 × 10 米的网格内进行训练。

⚽ 网格之间的距离可以改变，但至少应该两两相距 30 米。

⚽ 为了确保球员使用长传球，教练可以在不同网格之间放置障碍物。对球员来说，球越过障碍物是一个很好的反应线索。

⚽ 球员的任务是让传球落在其他网格内，让接球球员在第一次触球时就可以把球控制在脚下。球员必须反复练习给自己做球的能力。青少年球员在传球前可能需要两次触球才能把球控好。

⚽ 为了提高训练难度，教练可以在每个网格内安排两名球员，一名负责接球，然后把球传（回敲）给另一名球员，另一名球员的任务是一脚把球长传给另一个网格内的球员。这种训练非常接近守门员需要面临的实战情况，因为他们需要把球踢到 40 米以外的区域。

训练要点

⚽ 教练应该强调与接球（见第 9 章）有关的所有训练要点，尤其应该要求球员尽早移动到球的飞行路线上。

⚽ 用脚背（也就是鞋面）触球，触球点应该在足球的中后部。

⚽ 球员的头部应该保持平稳，双眼紧盯脚下的球。为了保持头朝下（就像打高尔夫球时挥杆的姿势），教练可以指导球员盯着球下方的草皮看。这样做可以防止球员的目光朝足球预期的去向移动，那会导致过早抬头。

第 11 章　凌空球

所谓凌空球，就是球员在球落地前触球。凌空球在比赛中运用广泛，因此球员有必要练习这项技术。本章将分成两部分：凌空射门和凌空解围。

这有可能是最难熟练掌握的技术，球员必须全神贯注，不能因对方球员的逼抢而分心。

凌空射门

要领

⚽ 球员必须站在球飞行路线的后方，在条件允许的情况下，让球尽可能下落到较低的位置，然后用射门脚抽射。

⚽ 为了确保把球打在球门横梁下方，射门时的击球点必须在球的中央或偏上位置。要做到这一点，球员需要把射门腿的膝关节抬到与球持平或球上方的高度。

⚽ 为了把球打在门框范围之内，除了选择正确的击球点，球员支撑脚的定位也十分重要。支撑脚一侧的肩部要指向射门目标。如果肩部偏转角度太大，射出的球会被打偏或者滑门而出；如果肩部偏转的角度太小，那么摆腿幅度就会受到限制。

训练 A

⚽ 朝墙面掷球，然后凌空把反弹球踢回标记在墙上的目标位置。

⚽ 采用和以上同样的训练方法，另外安排一名球员负责发球，球的落点可以在射门球员左右两侧和身体前方之间变换。

⚽ 在禁区内安排一名球员站在小禁区与端线的交点上发高球。接球球员从点球点附近开始朝球运动，然后凌空把球挑过守门员，守门员在刚开始时不能离开球门线。如果是小组训练，教练可以在球门线后方安排一名外场球员负责捡球。几轮训练结束后，球员可以轮转位置。如果参与的人数较多，发球球员可以在角旗靠近端线的位置自由选择发球方式。

⚽ 采用和以上同样的训练方法，可以按照需要增加防守球员。训练开始时，防守球员应该站在练习凌空球的球员身后，防守球员和进攻球员之间的距离可以变化。

训练要点

⚽ 球员必须在有把握的前提下朝球快速移动。

⚽ 球员必须尽早选择击球面（即用头还是用脚）。

⚽ 球员必须专注于球的飞行路线及触球点，绝对不能因为对方球员的逼抢而分心。

⚽ 球员应该保持头部平稳，时刻提醒自己"盯着球"。

训练 B

⚽ 球员在教练前方站成两列，距离禁区 15 米。

⚽ 教练应该站在禁区弧顶，由一名球员专门负责用头部把球摆渡给负责踢凌空球的球员（可以是球队的中锋）。这名球员站在教练身后，在禁区内开始训练，如图 11.1A 所示。

⚽ 队列里的一名球员（X9）把球传给教练，教练把球传到任意一条边路，由这名球员上前接应。

⚽ 在 X9 在边路带球准备传中的时候，指定的前锋（图 11.1A 中的 CF）跑向远门柱准备接传中球。

⚽ 在 X9 把球传中到远门柱之后，CF 用头部把球摆渡给 X7，由 X7 进行第一次射门，如图 11.1B 所示。

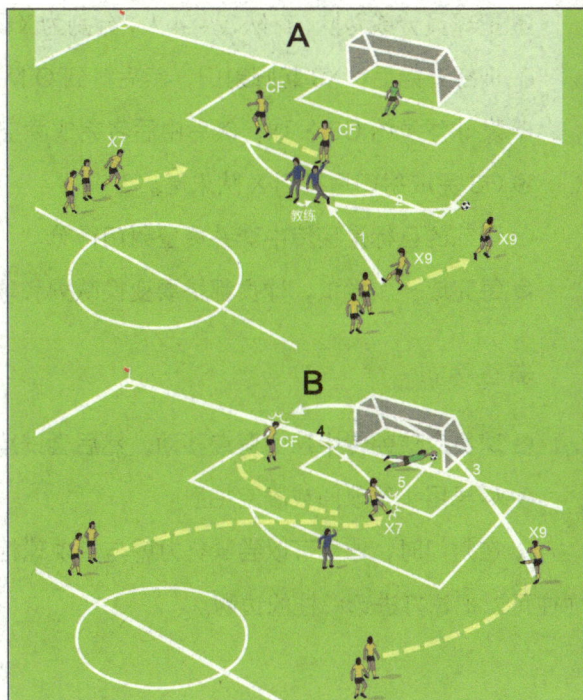

图 11.1

训练 C

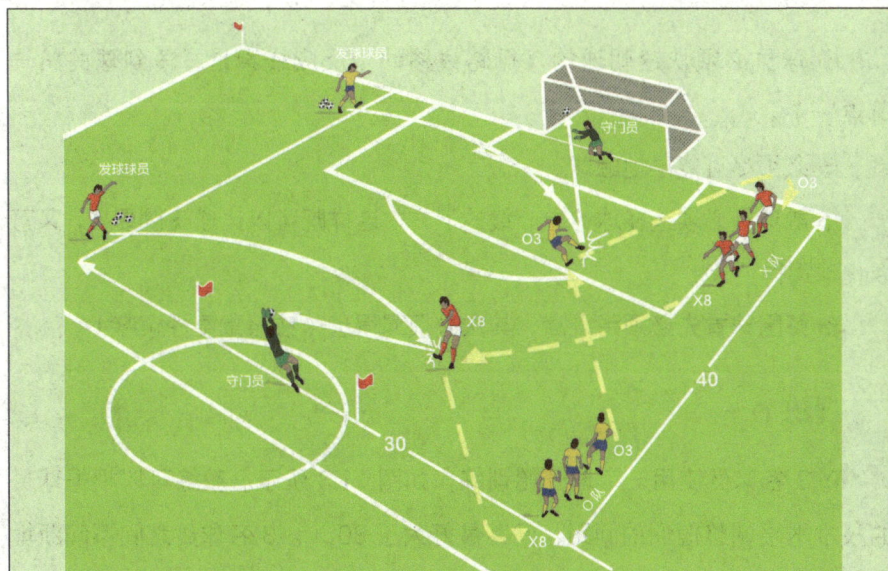

图 11.2

⊛ 把球员分成两队，每队 3～4 人，分别为 X 队和 O 队，如图 11.2 所示。

⊛ 训练开始后，X8 起脚射门，然后排到 O 队末尾。

⊛ 发球球员给 O3 发球，然后由后者完成凌空射门。

⊛ O3 完成射门后排到 X 队末尾。

⊛ 训练的目标是接传中球并凌空射门得分。

⊛ 每完成一次尝试，球员都需要变换队列和球队。

训练要点

⊛ 球员应该朝传中球的落点移动，然后尝试凌空射门。

⊛ 尽早用头球攻门或凌空抽射。

⊛ 在射门时，球员可以尝试努力朝与传中球相反的方向凌空抽射，这样往往可以把球打进远门柱的边网。

凌空解围

要领

⊛ 球员必须快速朝球的飞行路线移动（反应线索是"争到球的第一落点"）。

⊛ 必须尽可能早地触球。

⊛ 触球点必须选在球的中心线的下方，这样既可以让球飞得更高，又可以把球踢得更远。

⊛ 解围球首先必须踢得高，其次必须踢得远（按照重要性顺序）。

训练 D

⊛ 3 名球员使用一个球开始训练，如图 11.3 所示。教练可以根据球员的技术水平调整他们的间距，间距最好大于 30 米。3 名球员之间不间断地进行一脚凌空传球。

⊕ 由于这项技术难度较大，教练可以允许球员在球落地反弹后再凌空传球。

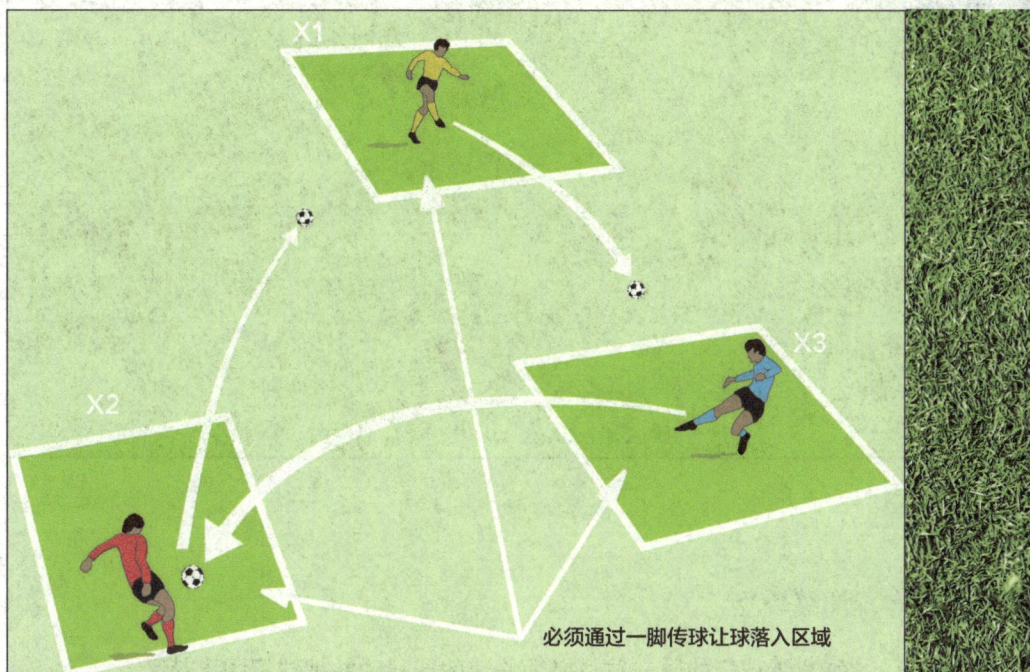

必须通过一脚传球让球落入区域

图 11.3

训练 E

⊕ 在禁区内安排一场针对一名球员（例如图 11.4 中的防守球员 O5）的简单的技战术训练。中后卫的初始位置在点球点。随着球员技术水平的提高，可以在训练中增加进攻球员和负责配合进攻的球员。S1、S2、S3 和 S4 可以轮流从禁区周围给 O5 发球并不断变换发球方式。

⊕ 在防守球员熟练掌握凌空解围技术后，可以在训练中组织双方进行对抗。

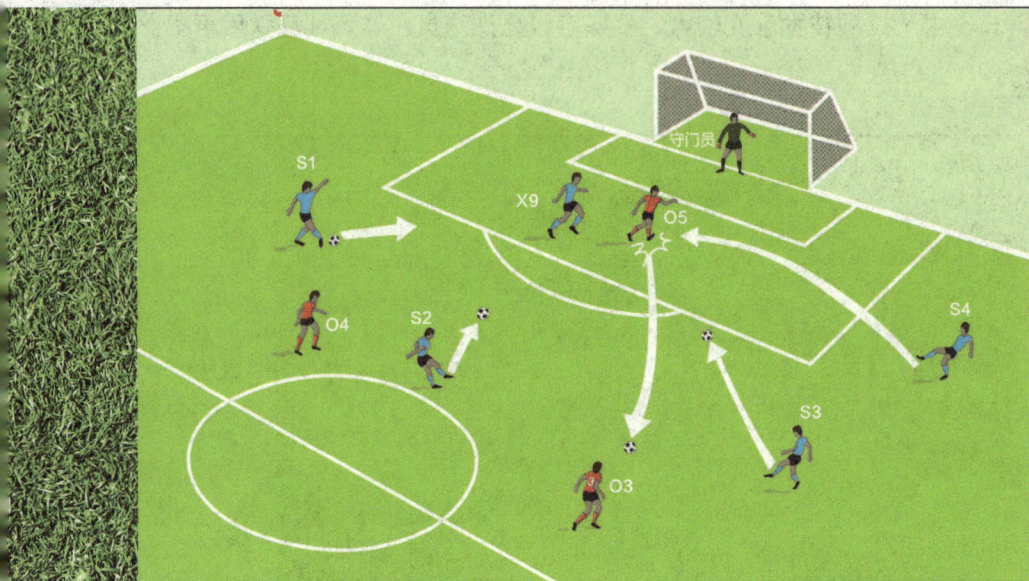

图 11.4

训练要点

⚽ 靠近球门的防守球员必须快速朝球移动并把球解围出禁区。

⚽ 防守球员必须快速选择触球点。

⚽ 球员必须专注于足球的飞行路线（反应线索是"盯着球看"）。

⚽ 球员应该尽早预判球的第一落点。

第 12 章　头球

　　在成人足球比赛里，足球大部分时间都在空中飞行。因此，头部理所应当地成为首选触球区域。但是，不论球员的技术水平有多高，除非能抢在对方球员前面碰到球，否则其技术就毫无用武之地。因此，一支球队所有球员的头球技术都必须炉火纯青。不过，需要注意的是，由于青少年球员很难把球踢过头顶，他们似乎没有必要练习头球；而且由于近年来青少年球员脑震荡事故频发，所以我们不建议 10 岁以下的球员练习头球。

　　和上一章介绍的凌空球一样，头球的总体技术要领也是争抢第一落点。

头球技术

要领

⚽ 双眼紧盯足球，尽管在触球的瞬间双眼往往是闭上的。

⚽ 触球点应该是前额的平坦部位。

⚽ 在触球之前，上半身应该往后撤。

⚽ 通过朝后方摆动双臂，把身体推向前方（类似划船的动作）。

⚽ 大部分力量来自腹部和背部肌肉。

⚽ 颈部应该保持相对放松（尽管有时候这一点很难做到）。

⚽ 在触球前的一瞬间把手臂向后拉，以把躯干推向前方。

⚽ 通过瞄准目标练习头球，培养球员关于头球的感觉。

触球点

图 12.1

⚽ 由于躯干的速度在触球点（见图 12.1）附近达到最快速度，球员应该努力在到达这一位置的时候或之前的一瞬间触球。

训练 A

⚽ 两名球员用一个球训练，一名球员负责发球，另一名球员用头部回顶球。教练应该要求球员增强头球的力量，尽可能让球越过发球球员，飞得越远越好。

图 12.2

⚽ 为了增强躯干力量，也为了让头球的时机更加准确，教练可以要求头球球员坐在地上（见图 12.2）。发球球员可以离头球球员近一点，以准确地发球给他。现在，要想大力将球顶出，这名球员必须正确地摆臂、后仰以及正确地使用躯干。他还必须紧盯球且不能弯曲颈部，同时向前推动躯干的时机必须准确。教练可以指导球员不要过早做动作，要等待正确的时机，但是动作要快。

⊕ 让 3 名球员轮流发球、头球和接球。要求头球球员以一定角度把球摆渡给接球球员。要做到这一点,头球球员不能靠扭动颈部,而要靠朝目标方向转动躯干。

起跳争抢头球

要领

⊕ 要想跳得更高,球员可以:

- 朝球的落点助跑;
- 单脚起跳;
- 在起跳的同时抬高另一条腿的膝和双臂,尽可能把重心上提,这样虽然能让球员的弹跳高度最大化,但是由于情况所限,球员有时候可能无法做出完整动作。

⊕ 起跳后,通过收缩臀大肌并伸展躯干、手臂和肩部肌群进行发力。

⊕ 在使用头球技术争顶高空球时,球员最常犯的错误是没有选择正确的起跳时机。大部分球员起跳太早,在做出头球动作的时候,他们的身体已经开始下落。再次强调,球员应该稍晚起跳,但是动作要快。另外,向前助跑也可以让他们跳得更高。

头球解围

训练 B

⊕ 3 名球员使用 1 个球训练,如图 12.3 所示。每进行 5 轮训练,双方的互换角色。

⊕ 发球球员变换发球方式,进攻球员(O10 和 O9)也要改变自己与负责头球解围的防守球员(X6 和 X5)的距离。

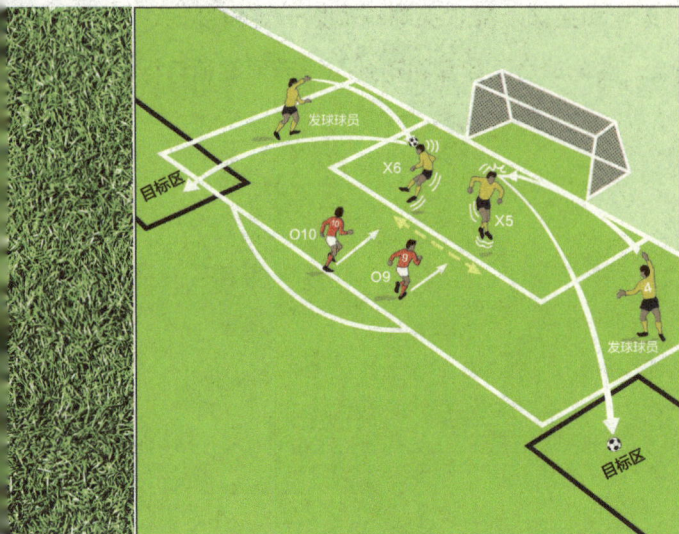

图 12.3

为了让球员有方向感，教练需要在训练场地内设置球门。

防守球员的目标是把球解围出边界线，或者把球解围到预设的目标区。

进攻球员应该努力抢球并射门得分。

教练可以提高训练难度，例如允许进攻球员在发球之前自由移动，而且可以把球发到场地内的任何位置。这项训练可以升级为技战术训练，例如通过在球门周围安排负责配合进攻的球员和进攻球员，以训练防守球员的头球解围技术。

训练要点

要想让击球力量最大化，防守球员可以朝与球的飞行路线相反的方向使用头部回顶球。最佳的头球落点应该在传球点附近的位置，但不要把球还给对方。

按照优先顺序，要想成功运用头球解围技术，球首先要高，其次要远，再次要偏。

头球攻门

训练 C

两名球员在 10 米 ×10 米网格内使用一个球练习。

每名球员沿网格的一条边线用训练锥标记本方球门，一个网格上的两个球门相对。

⚽ 其中一名球员努力把球射到对方的球门内，如图 12.4 所示。

⚽ 对方球员担任守门员。

⚽ 每次尝试后，双方互换角色。

⚽ 教练可以提高这项训练的难度，球员以不同的高度把球发给对方，由后者在第一次触

图 12.4

球时头球攻门。此外，球员还可以在这项训练中练习鱼跃冲顶攻门。

训练 D

⚽ 3 名球员使用一个球练习，发球球员从边线发高球到近门柱或远门柱区域。

⚽ 在图 12.5 中，进攻球员 X9 应该尝试头球攻门。

⚽ 防守球员 O5 必须用头部把球解围出边界线。

训练要点

⚽ 头球攻门的方向应该朝下。

⚽ 进攻球员可以朝与传球方向相反的方向头球攻门，把球打入近门柱区域。

⚽ 如果近门柱附近防守密集，进攻球员应该扫一眼远门柱区域的情况，并用头部把球摆渡给在此埋伏的队友。

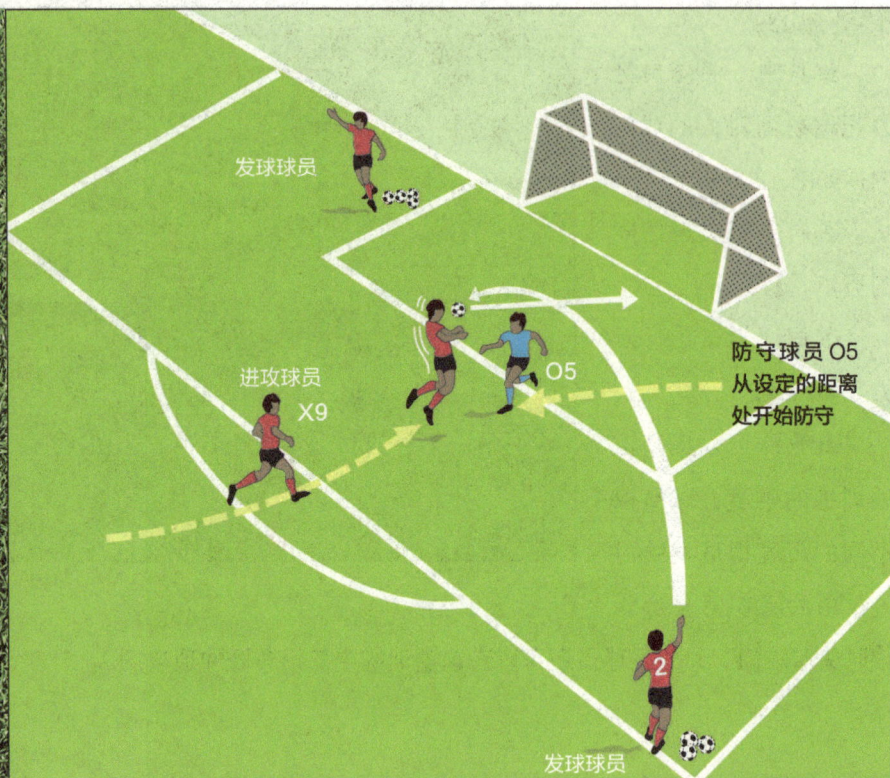

图 12.5

训练 E

⚽ 球员分成两队（如 7 对 7），每队有一名守门员，使用全尺寸球门。

⚽ 训练场地的大小约为 60 米 ×40 米，不过可以根据球员的技术熟练程度进行调整。

⚽ 两队进行"头球和接球游戏"。

● 球员不能用脚踢球。

● 球员只能通过头球得分。

● 动作顺序必须是从头到手，或者从头到头。

● 断球动作必须与进攻方的动作顺序一致。

● 在控球时，球员必须在 3 步或 3 秒之内出球。

第 13 章　守门

　　守门需要进行高度专项化的训练，因此在任何团队训练中，教练应该提高对守门技术的重视程度。但是，同样的原因也导致许多教练在向守门员传递有价值的信息时容易患得患失。由于很多教练自己没有踢过这个位置，所以他们经常觉得自己缺乏守门的相关知识。现在一些俱乐部聘请了曾经当过守门员的球员当专职守门员教练。其实，几乎所有教练都可以向守门员传授一些与团队合作和基础技术相关的训练要点。另外，教练必须让守门员意识到自己是球队中重要的一员，而不是具有特殊专业技术的个体。

　　毫无疑问，守门员是球队里最重要的防守球员之一，但是他们也可能是最重要的进攻发起者，而且可以成为后防线上不可或缺的指挥官。

　　在本章中，我们将讨论比赛中与守门相关的一些情况。守门技术涉及以下 6 个方面。

- ⚽ 拿球和接收球权。
- ⚽ 处理传中球。
- ⚽ 在禁区内和球门线前移动。
- ⚽ 阻止对方射门和扑救。
- ⚽ 分球。
- ⚽ 定位球职责。

拿球和接收球权

拿球和阻止对方射门的不同之处在于：拿球时，守门员有充足的时间移动到球的飞行线路上，然后把球拿住。例如，在对方传出长传球之后，守门员可以在对方前锋碰到球之前把球拿到。

要领

守门员的目标是尽可能让自己的整个身体挡在球和球门之间，快速把球控制在手中。一拿到球，守门员就必须立刻思考进攻的可能性。

⚽ 尽早移动到球的飞行线路上。

⚽ 在球和球门之间形成一道严实的平面。一般情况下，守门员的双腿要保持合适的间距：这个间距不要太窄，否则会导致身体失去平衡；也不要太宽，否则会导致球从裆下穿过。

⚽ 弯下腰，把第二个平面（膝部）（双手是守门员的第一个平面）放到球的飞行线路上。膝关节不要过度屈曲，否则会导致视野受限及拿球的难度提高）。

⚽ 让球飞到双手手掌中。

⚽ 把球举到下巴的下方然后双手抱紧，对场上形势保有完整的视野。

⚽ 做好把球分给进攻球员的准备。

训练 A

在一节训练课中，教练必须给守门员制订一个完整的目标（例如拿球、控球、选择传球对象）。图 13.1 是一个示例。

⚽ X 队球员改变了朝守门员射门的方向和速度，如图 13.1 所示。射门后，这名球员跑到一个新的位置，准确地接到来自守门员的分球，或者他也可以告诉守门员朝前场长传球。

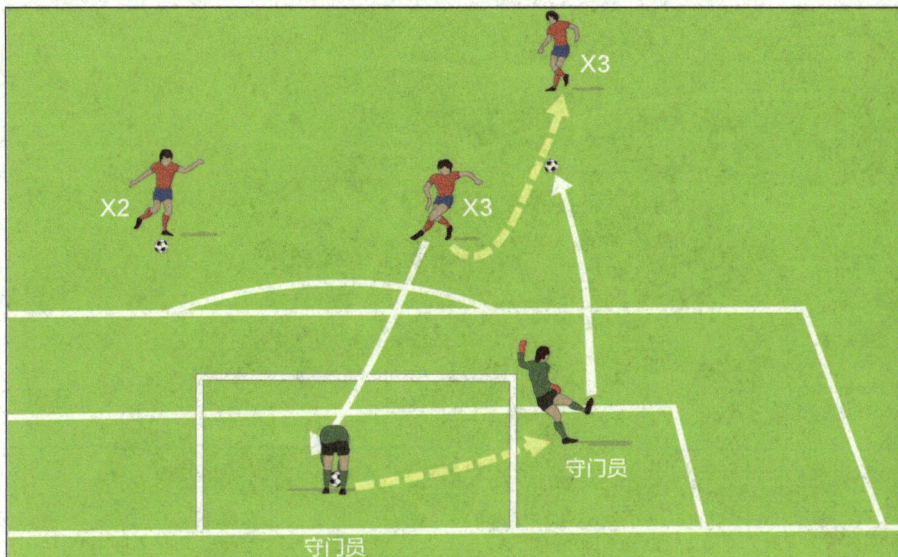

图 13.1

图 13.2

⚽为了提高难度，X1 在用相同的方式射门之后，可以进入禁区逼抢守门员，同时 O1 尝试通过跑动给守门员创造一条良好的传球路线，如图 13.2 所示。如果守门员无法把球准确地传给 O1，那么他应该尝试开大脚球把球传到对方半场。在这种情况下，教练应该在对方半场设置长传球的目标。

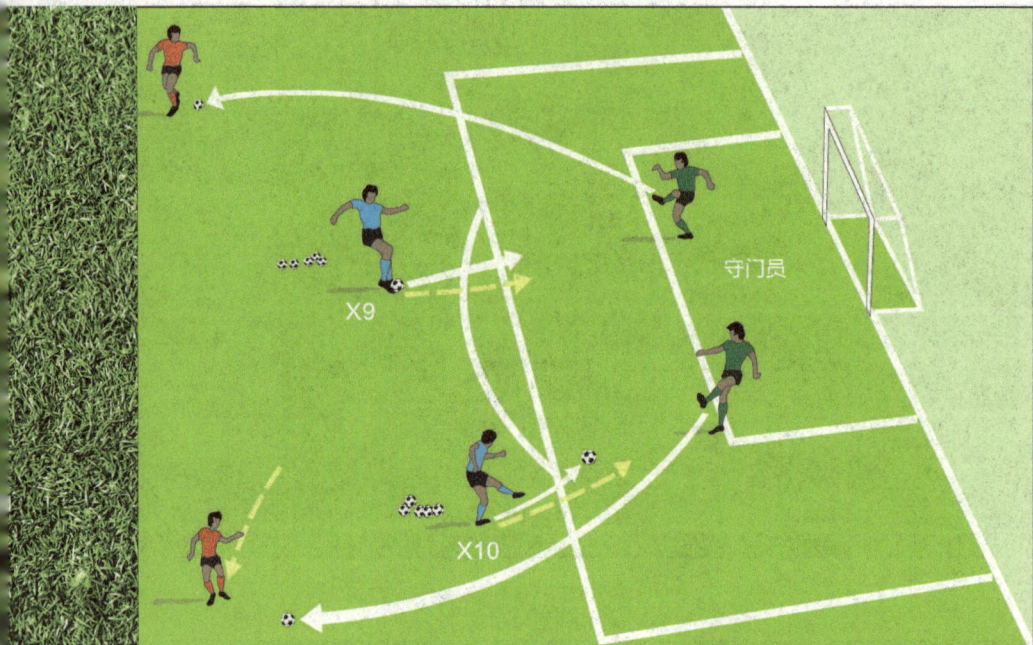

图 13.3

⚽ 在任何情况下，守门员都应该使用正确的拿球方法，而且他们应该通过速度训练巩固这种动作模式。在图 13.3 中，X9 和 X10 不断改变给守门员发球的速度和方向。守门技术的基本要领应不断得到巩固。在这种训练中，发球球员必须给守门员充足的拿球时间，毕竟这只是训练。

训练 B

⚽ 在图 13.4 中，X4、X5、X6 轮流射门并改变射门方式。在没有逼抢的情况下，守门员应该把所有射门的球收入囊中，或者把球托出横梁。

⚽ 本训练的方法和以上训练方法一样，但在守门员成功拿到球后，教练应该增加防守球员。教练可以给防守球员设置以下限制条件。

- 站在原地不动。
- 站在一个区域内，允许他们跳起争球。
- 可以在一个限制区域内移动。

- 可以在球门前自由移动。
- 为了让训练更接近实战，教练可以增加其他进攻球员和防守球员。

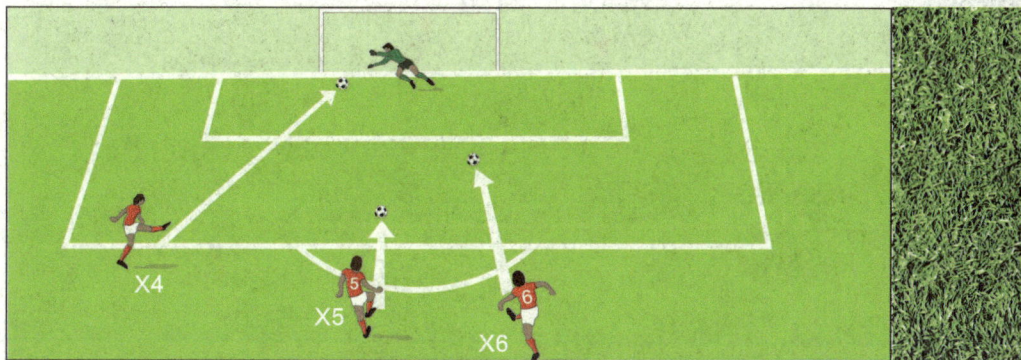

图 13.4

处理传中球

许多守门员面临的一个主要问题是如何处理从球场边路传中进入禁区的球。在大多数情况下，守门员是可以把球安全地收入囊中的。但是很多守门员通过击球或把球托出横梁等高难度的解围方式处理传中球。为了正确地使用处理传中球的技术，守门员需要掌握以下两个要领。

⚽ 尽早决策。

⚽ 在小禁区内移动的速度要快并且灵敏度要高。

拥有这两项特质的守门员能够把注意力集中在与处理传中球有关的技术动作上。

训练 C

⚽ 参照图 13.5 设置场地内球员的数量和站位。

⚽ 球员可以在球场的左右两侧分别进行这项训练。

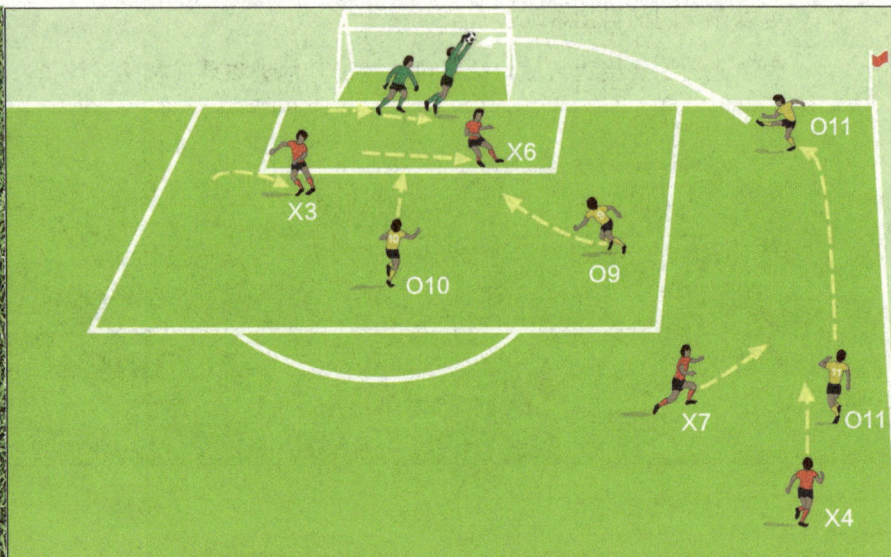

图 13.5

训练要点

在球刚刚传出的时候，守门员就应该判断球的飞行路线以及第一落点。时间越充裕，决策就越准确。

⚽ 如果守门员有可能拿到传中球，就应该去拿。但如果觉得自己拿不到球，他们就应该站在球门线上。守门员不应该犹豫不决而站在传中球的飞行路线和球门线之间的某个位置。

⚽ 如果球的飞行路线离球门太远，守门员不可能拿到球，那么他就应该选择站在靠近球门线的位置，好准备下一个动作。根据每个传中球的速度和高度的不同，只要其第一落点在小禁区（6码区）内，守门员就应该负责把球拿到或破坏掉。

⚽ 一旦守门员已经决定出击，他就应该尽早做出另一个决定：他能否安全地拿到球，或者把球击出是否是更稳妥的选择。在进行这项决策时，守门员应该考虑以下两个要点。

● 自己与球之间有多少名球员。

● 如果球刚好落在横梁下方，那么守门员应该用手掌把球托出横梁，他应该使用与球的方向相对的手和脚发力，先把球托到正上方，然后让它飞过横梁，之所以要先把球托到正上方，是为了防止守门员用手掌把球托到自己的球门里。

⚽ 守门员可以通过向前助跑增加弹跳高度，但他必须朝球的方向助跑（即使只是 1～2 步的助跑）。

⚽ 重心抬起得越高，弹跳高度就越高。因此，守门员应该单脚起跳，把另一条腿尽量抬高并屈曲膝关节，然后高举双臂和双手做出准备接球的姿势。

⚽ 守门员应该尽量在最高点把球接住。这时，守门员可以用手接球的优势就体现出来了。但是，许多守门员在做这个动作时经常犯的错误是起跳过早，由此造成的后果就是要么不得不后撤接球，要么眼睁睁地看着球飞过自己的双手。再强调一遍，虽然要尽早决策，但是守门员向前移动的时机可以稍晚，不过动作要快。

⚽ 在使用这个技术动作时，守门员可以：

①拿住球：

● 双臂要举在身体前方，而不是后方，在接球之前，他应该能够清楚地看到球的飞行路线；

● 双手十指张开，以接到来自身后的球；

● 双手肘关节应该稍微屈曲（但是不要过度屈曲），以缓冲接球时的冲击力；

● 然后，守门员应该把球拿下来放到下巴下方，用双臂和双手环抱住足球。

②击球：

● 由于对方球员的逼抢，守门员可以选择把球击出；

● 击出的球应该又高、又远，并且朝向场地两侧；

● 守门员必须尽早决策，这样他才可以集中全身所有力量击球；

● 使用双拳同时击球可以增强准确性和安全性，在非常困难的情况下，守门员可以单拳击球；

　　● 在朝足球移动的过程中，守门员必须尽早双手握拳。他应该在球还在飞行的过程中击球，而不是等到球已经下落——这个方法可以让被击出的球获得最大的飞行速度。

　　◎ 如果球已经被击出，守门员应该立刻回撤然后重新调整自己的站位。

　　◎ 如果守门员把球拿到，他应该尽快准备分球。

在禁区内以及球门线前移动

　　在比赛中，守门员往往认为他们对比赛的重要性只体现在球即将被射入球门的时候。但作为一名优秀的守门员，他在整场比赛的任何阶段都要清楚球在哪儿，无论是在对方守门员脚下还是在对方前锋脚下。无论任何时候，守门员在禁区内的移动都应该视足球在场上的位置而定。某些情况下，教练甚至应该鼓励守门员跑到禁区外并上前支援本方防守球员。在本方控球到前场的时候，守门员离开禁区的可能性更大。在某些职业球队中，守门员被视为防守球员身后的一道防线，甚至是一名额外的外场球员。担任这种角色的守门员经常为了拦截一个传到本方后卫身后的长传球而离开禁区。

　　通过在实战环境中观察守门员的跑位与球的位置之间的相关性，人们很容易就能看到守门员在禁区内移动的重要性。教练可以站在底线后方的球门旁边，专门提示守门员如何跑位，而不用考虑其他球员。教练可以只专注于指导守门员如何按照场上形势和与其他队友的沟通而选择如何跑位。

　　守门员应该明白，阻止对方射门的最佳方法是减小对方的射门角度。在对方球员突破本方后防线并得到单刀球机会之后，封堵射门角度就显得至关重要。守门员通过在禁区内不断跑动，当对方前锋正在快速逼近时，他可以尽早预判并上前封堵射门角度。以下是守门员在面对快速逼近的对方前锋时需要掌握的要领。

要领

⚽ 守门员应该在有把握的情况下快速离开球门线。

⚽ 守门员应该意识到近门柱区域存在的危险，他们不应该让进攻球员有太多朝近门柱射门的空间。

⚽ 守门员应该努力给正在逼近的进攻球员施加防守压力。

⚽ 守门员双脚不应该离地，不要试图飞身堵球。

⚽ 只要把近门柱的射门角度完全堵住，守门员就可以放心地朝另一个方向扑救，那就是远门柱（让对方球员别无选择）。

⚽ 在对方射门的一刹那，守门员应该尽量增大身体的拦截面积（也就是说，朝正确的射门方向扑救，既不是朝前方或后方，也不是朝球门外侧）。

⚽ 成功没收对方射门的球或把球击出之后，守门员应该立刻调整姿势。如果守门员拿到了球，他应该先用双臂和身体保护好球，然后分球。如果球被击出，守门员应该重新调整站位。

⚽ 教练应该指导年轻球员明白何时才是离开初始位置的最佳时机，从而减少他们犹豫不决的时间。守门员开始移动的时机取决于进攻球员与球门之间的距离。对年轻守门员来说，开始移动的一个简单的信号是在进攻球员即将进入禁区。当然前提是守门员已经选择了正确的初始站位，也就是离球门线 3 ~ 4 米的弧线上。

⚽ 在进攻球员射门之前，守门员应该保持不动，这样做可以让他们的头部保持平衡，双眼密切关注球的动向并做出有效的扑救或拦截动作。在跑动的过程中，他们仍需要保持头部平衡。很多射门和进球都是在守门员朝进攻球员移动的过程中发生的。为了增加扑救成功的把握，守门员可以放弃朝球的方向移动。

训练 D

⚽ 在图 13.6 中，X9、X10、X11 和 X7 都是进攻球员，他们的目标是进球。O5、O6、O4 和 O3 都是正在奋力回防的防守球员，他们各自站在自己盯防的进攻球员的侧面，并且只限于站在进攻球员身后的某个位置（给进攻方创造优势）。

⚽ 每次由一名进攻球员（X 队球员）尝试拿球然后射门。防守球员的目标是把球解围出底线，或者把球踢到球门 A 或球门 B 内。

⚽ 在进球或出底线之前，训练不间断进行。

图 13.6

阻止射门和扑救

当射门的球超出守门员身体范围时，他就需要向上或向一侧跳起扑救。

要领

⚽ 为了让扑救范围最大化，守门员的身高很重要。

⚽ 无论何时，守门员都应该让球处于自己的视野之内，并且尽量让自己的身体处于球的后方。一个重要的反应线索就是"保持头部平稳！"

⚽ 守门员摆动双臂以完成扑救，然后努力把球控制在身体范围之内。如果拿球难度较大，他应该握紧拳头把球击到门框范围之外。

训练 E

⚽ 在一个训练网格内安排两名守门员练习扑救动作。在图 13.7 中，由 G1 变换射门方式，使 G2 改变扑救动作，然后由 G2 射门，G1 扑救。教练可以根据球员的年龄段改变两个球门的间距。

⚽ 让负责射门的球员选择更靠近守门员身侧的角度。如果射门的角度并不刁钻（刁钻是指需要守门员竭尽全力扑救）而且球刚好射向守门员的身旁，那他就应该尽快倒地形成一道严密的屏障。为了完成这个动作，一个重要的反应线索是"把两条腿用力甩向身旁"。在这种情况下，受到的重力会把身体拉向地面。倒地但不移动身体的技术需要大量的训练才能被熟练掌握。

图 13.7

分球

守门员或许是全队最有效的进攻球员。他们往往可以在不受到对方球员逼抢的情况下把球短传给本方的防守球员，还可以通过开大脚球把球直传给前锋。因此，守门员必须知道自己有责任增大全队的进攻可能性，他应该选择最有效的分球方法。教练应该帮助守门员理解何时以及如何分球。

地滚球

守门员手掌朝下把球滚到地面上。在附近有支援的球员而且没有任何对方防守压力的情况下，守门员可以使用地滚球传球。这种传球方法可以确保球权不失，而且可以让外场球员快速发起进攻，如图 13.8 所示，但是这项技术不能用在远距离传球上。

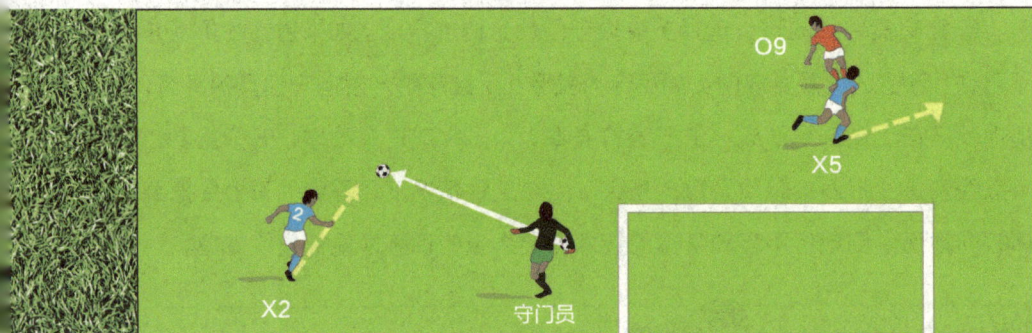

图 13.8

手抛球

通过抛掷（和掷标枪的动作类似）和手掌朝上（和打板球的动作类似）把球抛出是最准确也是最安全的抛球方法。

要领

- ⚽ 守门员非抛球一侧的脚应该落在抛掷的方向上。
- ⚽ 守门员抛球前应该把球举到耳后。
- ⚽ 抛球的手 5 指张开放在球后方。
- ⚽ 当抛掷的手臂朝目标摆动时，守门员应该：

- 把重心移到前脚；

- 双眼紧盯目标；

- 非抛掷手臂向外和向后摆动，以增加身体的转动幅度；

- 手指松开，把球抛出；

- 手腕朝目标方向继续摆动。

在接球球员没有受到逼抢和在受到对方球员逼抢之前有充足的时间把球拿到的情况下，守门员可以使用这种分球方法。守门员抛球时必须意识到这种方法的局限性：他只能在确保安全的情况下使用手抛球，除非他能把球传给远处（越过中场线）正在向前场移动的前锋。图 13.9 展示了可以使用这种远距离手抛球的情况。

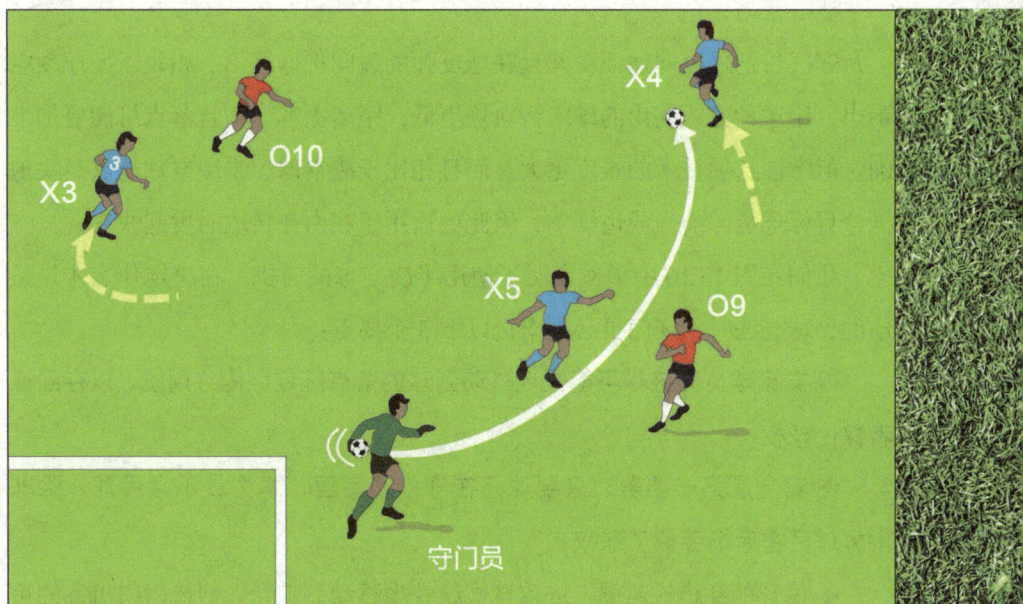

图 13.9

脚踢球

脚踢球的两个主要方法是抛球凌空踢出（悬空球）以及半凌空球（也就

是踢反弹球）。

抛球凌空踢出

当球还在空中时把球踢出。在面对对方逼抢的情况下，这种方法可以把球又高又远地解围出去，或者把球又高又远地传给前锋。这种方法通常用于考验对方后场防守球员解围高空球的能力。前锋和后卫应该通过选择合理的跑位把这类传球接住并牢牢控制在自己脚下，这非常有利于本方在前场保住控球权。前锋应该能够预判球的第一落点（当然要经过大量训练），并争抢球权。中场球员应该根据前锋的拼抢结果选择站位，如果球被回传，对方防守球员赢得了球权，他们应该能够立即上前争抢球的第二落点或把球破坏掉。球员可以在类似任意球的环境下训练这方面的能力。

半凌空球

守门员把球掷向地面，并且在球反弹的瞬间把球踢出。相较于抛球凌空踢出，用这种方式踢出的球飞行轨迹更低，距离更远，而且落点可能更加准确。但掌握这项技术的难度更大。而且相比于凌空球，半凌空球能够更快地抵达目标球员（前锋或边锋），因此更适用于在由守转攻时发起快攻。

我们在图 13.10 中举例说明了使用半凌空球的时机。在决定什么才是最佳的分球方法时，守门员必须牢记以下 3 个要点：

⚽ 支援球员应该尽可能快地移动到球的落点区域之内或周围，以夺回或者保住球权；

⚽ 安全是第一要务，只要球还在守门员手里，本方就不会丢球，除非本方球员在后场丢掉了球权；

⚽ 传球的穿透性越强，进攻球员越快地移动到前场，创造射门机会的可能性就越大。

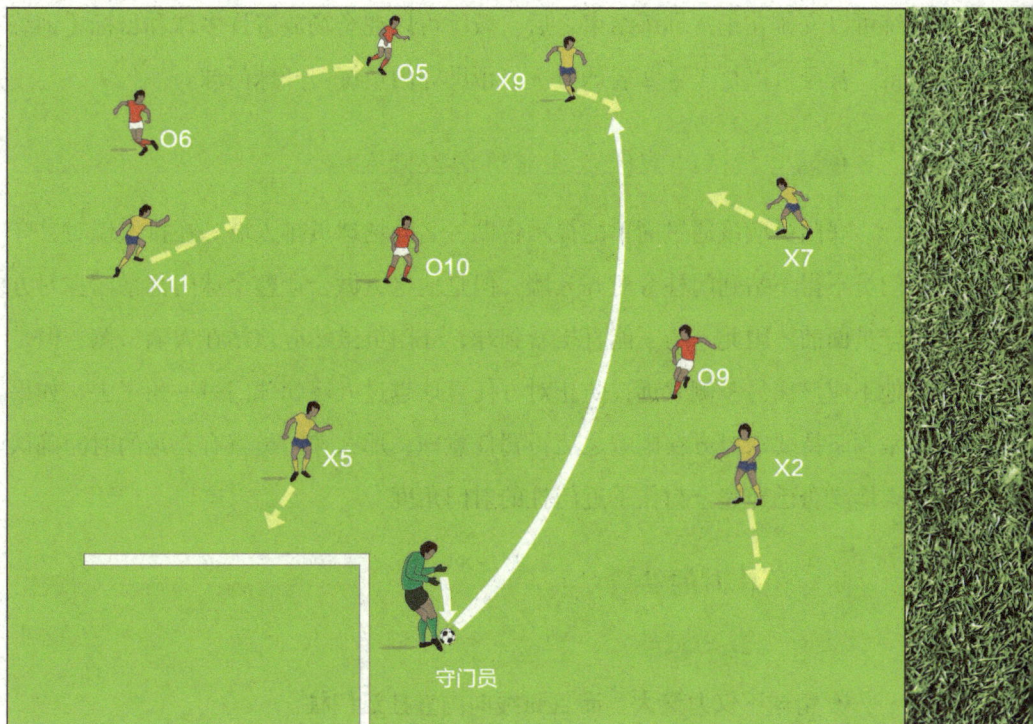

图 13.10

定位球职责

和其他球员一样，守门员也应该清楚自己在定位球中的职责。以下是守门员在面对定位球时应该牢记的要领。

开球门球

许多年轻守门员不愿履行在本方球门开球门球的职责，转而让另外一名球员代劳。这是一种糟糕的进攻战术，因为这会给对方创造人数上的优势，从而降低他们的防守难度。此外，开球门球的那名球员不得不多跑 20 ~ 25 米才能追上队友并参与进攻（还让对方球员不用担心会越位）。教练应该经常鼓励和提供指导，帮助守门员练习并完善自己开球门球的技术。球门球训练可以安排在正常训练结束之后。教练可以在全场放置许多球和目标（训练锥，甚至可以是 1 ~ 2 名球员），帮助守门员练习开球门球。

在防守禁区外的任意球时负责安排人墙

守门员应该通过简单的提示帮助一名外场球员排人墙。在排人墙时，守门员不得不站到门柱旁对齐人墙，但是他这么做会让整个球门都暴露在对方球员面前。因此，为了能直接看到球，守门员虽然应该站在人墙一侧，但是他不应该离另一侧太远，防止对方任意球越过人墙朝球门另一角飞去。如果裁判坚持要求对方在哨响之后再罚任意球，那么守门员就有充足的时间确认人墙是否已经完全封住了近门柱的射门角度。

防守角球时的站位

守门员必须意识到以下可能：

⚽ 角球不仅力量大，而且弧线向内直挂近门柱；

⚽ 很难穿过拥挤的小禁区移动到球门另一侧。

出于这些原因，现代角球防守战术要求守门员不要站在远门柱区域。守门员应该至少站在球门中央位置，可能的话站在球门的前半区。此外，守门员应该站在门线前方大约 0.5 米的位置，这可以让他们能够朝球的飞行方向移动。守门员还必须安排两名外场球员站在前后门柱的内侧。这些负责协防门柱区域的球员可以缩小守门员需要负责的球门区域。许多失球就是这些球员没有及时到位拦截对方的射门造成的。在球被解围出禁区之前，这些球员应该一直站在安排好的位置上。

防守以小禁区为目标的远距离界外球时的站位

⚽ 由于守门员具备其他任何球员都没有的优势（也就是可以用手拿球），他应该积极出击，并负责处理落在小禁区内的所有界外球。如果守门员知道自己无法碰到球，那他就应该站在门线上，而不应该贸然出击。

第 14 章　射门

在本书的第 1 章中，我们已经讨论过可能导致进球的事件，并提到有些事件有很高的创造射门机会并导致进球的概率。如果足球比赛中有这样一些能经常导致进球的关键因素，那么我们就应该把它们找出来并对它们进行详细的分析，然后在分析结果的基础上设计合理的训练课，帮助球员理解这些能给他们带来胜利的关键因素。例如，我们已经证明大约每 10 次射门才会进一个球。我们可以拿曾经分析过的世界杯比赛作为例子，例如 1994 年世界杯（其他届世界杯也出现了类似的趋势）。在这届世界杯中一共出现过 1458 脚射门，进了 141 个球，射门次数和进球数之比大约为 10：1。如果把错失的射门机会也算上，这种比例关系会更加明显。在 1994 年世界杯中，共错失 153 次射门机会。按照之前的射门次数和进球数的比例，如果这些机会都被把握住，进球数还会增加大约 15 个。与这届比赛的总进球数相比，15 个进球（近 10%）是相当可观的。

要想进球，球员需要尽早发现机会然后果断起脚射门。1458 次射门中有 315 次遭到了封堵，在这些被封堵的情况中，绝大多数是射门时机太晚，让防守球员有充足的时间封堵射门角度。另外还有 612 次射门的球没有打在门框范围以内，其中大多数高过横梁。只有 531 次射门需要守门员做出扑救或破门得分。

教练可以从这些数据中找到影响射门成功率的关键信息。他们需要解决两个问题：怎样才能创造射门机会？一旦球员决定抓住射门机会，我们怎么做才能提升他们的射门技术水平？

首先也是最重要的是，训练射门技术的环境必须接近实际比赛的环境。对教练来说，他可以对射门训练本身进行分析，然后问自己以下问题："这项训练符合实战吗？""球员需要面对的情况和比赛中出现的是否一样？""球员在训练中能否将球打中球门，还是经常踢飞？"以及最后一个问题："在训练结束后，球员是否明白射门得分的要领有哪些？"

要领

⚽ 球员应该明白不是每一次射门都能导致进球。

⚽ 球员应该有能力发现进球机会。

⚽ 射门时机越早，进球概率就越大。贻误射门时机要么错失进球机会，要么遭到对方封堵。

⚽ 球应该打在门框范围之内。

⚽ 射门要追求角度，不要将球打在守门员的控制范围之内。

⚽ 弧线球和落叶球会让守门员很难扑救，但是失败的可能性也更大。

⚽ 能否准确选择击球点是能否破门的关键。

这些要领并不复杂，技术要求也不是很高。但是，要想把球队的射门技术提高到最高水平，球员必须充分理解这些要领。

射门训练

射门一直都是足球比赛中最激动人心的时刻。进球是整场比赛的终极目标，这个目标简单又直接——把球送入对方网窝——还能给观众带来酣畅淋漓的视觉感受。但进球数太少恰恰是足球比赛最为人诟病的原因之一。随着近年来防守战术的不断进步，在高水平的比赛中，把球送入对方网窝的难度也在不断提高。严密的盯人防守体系不仅能阻止前锋进入禁区，甚至还会使他们失去在禁区外射门的机会。因此，教练应该好好思考怎么做才能培养一些既有出色的速度和娴熟的控球技术，又有高超的射门技术的球员。当对方球门周围出现可能的射门机会时，这些球员有勇气在严密的防守中果断射门。

　　在训练射门技术时，球员可能遇到的一个主要问题是如何把射门高度压在横梁以下。高出横梁的射门没有任何意义，但是射偏的球能带来许多机会。在训练中，球员首先应该确保抓住射门机会，再努力确保将球射在门框范围以内。最后，教练应该确保禁区内的其他进攻球员做好准备，一旦出现意外情况，他们要努力抓住机会展开二次进攻。

　　在下面的训练中，我们变换了许多训练条件，例如给进攻球员传球的角度、进攻球员与球门之间的距离、禁区内和球周围的球员（进攻球员和防守球员）数量以及射门机会出现的方式。这些训练的目的都是提高球员在比赛中的射门成功率。

禁区内射门

训练 A

这项训练的目的是提高球员在背对球门拿球时的射门成功率，如图 14.1 所示。

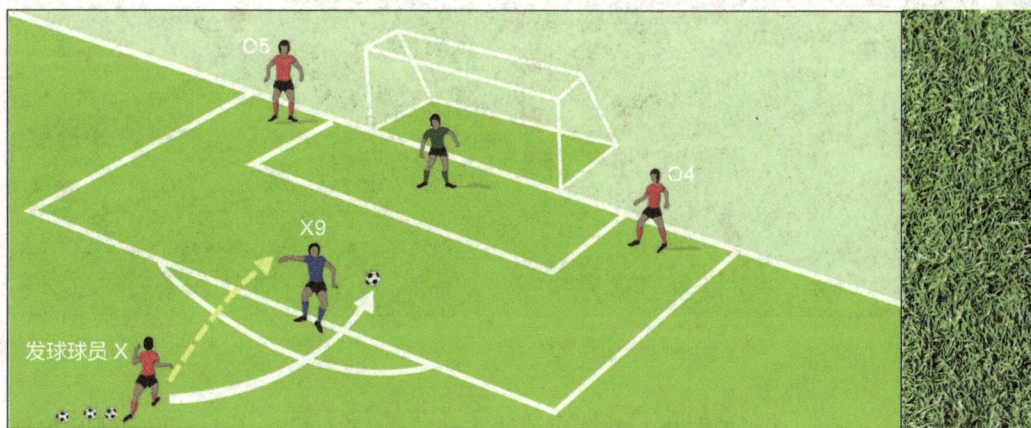

图 14.1

　　⚽ X9 转身射门。

⊕ 负责发球的 X 改变发球方式。

⊕ 在 X9 掌握要领后，可以让 O5 和 O4 参与防守。

训练要点

⊕ 在发球和射门的整个过程中，X9 应双眼时刻注视球。

⊕ X9 应该尝试尽早起脚。

⊕ X9 在转身时应该后撤一步再射门。

⊕ 支撑脚的落位往往会限制身体做动作。支撑脚应该朝外，而且应尽早落地。

⊕ 在将球射出去的一瞬间，X9 的膝关节应该高过球。

⊕ 击球点应该在球的上半部，以压低弧线。

进阶训练

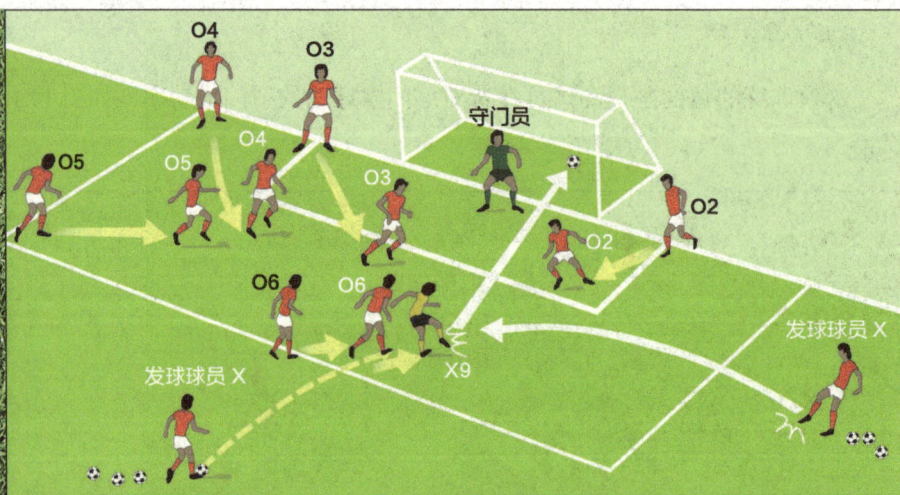

图 14.2

⊕ 在适当的时候，教练应该让防守球员 O2、O3、O4、O5 和 O6 给射门球员 X9 施压，防守球员还可以改变初始站位，如图 14.2 所示。

⊕ 两位负责发球的球员 X 可以改变发球方式，例如发传中球、高空球、低平球、半高空球等。

⚽ X9 必须尽早触球然后起脚。

训练要点

⚽ X9 应该尽早触球（迎球跑动）。

⚽ 在接传中球时，X9 应该用靠近球的脚触球。

⚽ X9 在接到角球后应该尝试用低平球射门。

⚽ 在凌空射门时牢记相关章节介绍的要点。

训练 B

⚽ 训练方法如图 14.3A 所示。在训练开始时不安排球员防守射门球员，发球球员可以改变发球的高度。

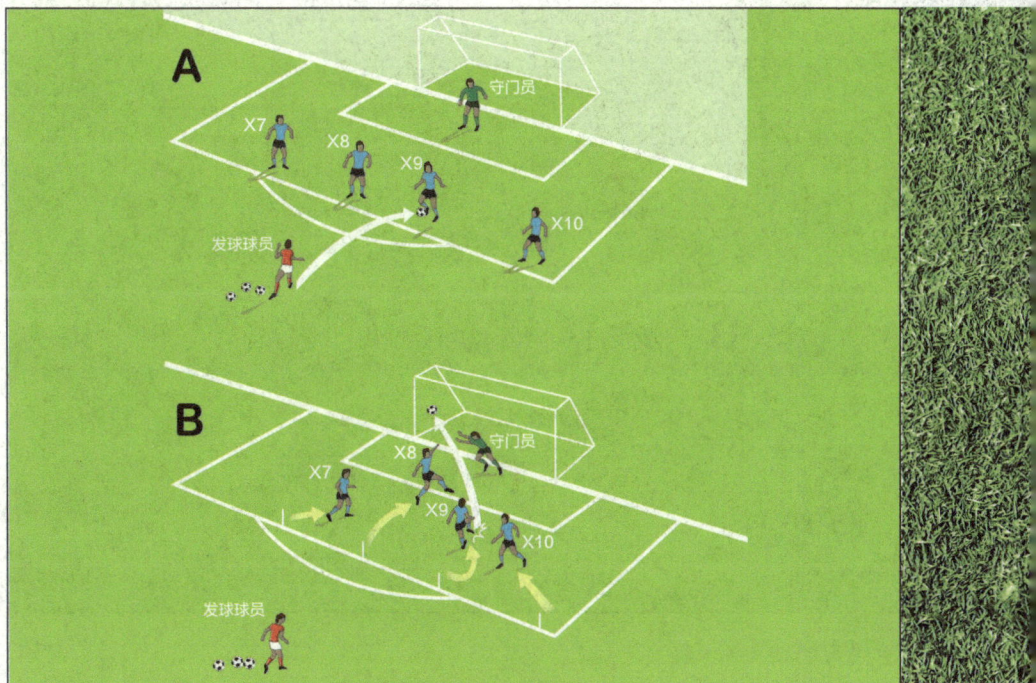

图 14.3

⊕ 球可以发给任意一名 X 球员。

⊕ 图 14.3B 所示是上述训练的升级版。如果球发给 X9，那么 X7、X8 和 X10 就成为防守球员，尝试阻止 X9 射门并解围。因此，X9 的射门动作必须要快，这对他的射门技术提出了很高的要求。球员可以在这种训练中比赛谁进的球最多。

⊕ 球员需要使用在之前的训练（训练 A）中学到的技巧。

禁区外射门

训练 C

⊕ O5 把球传给 X9（可以改变传球高度），如图 14.4 所示。

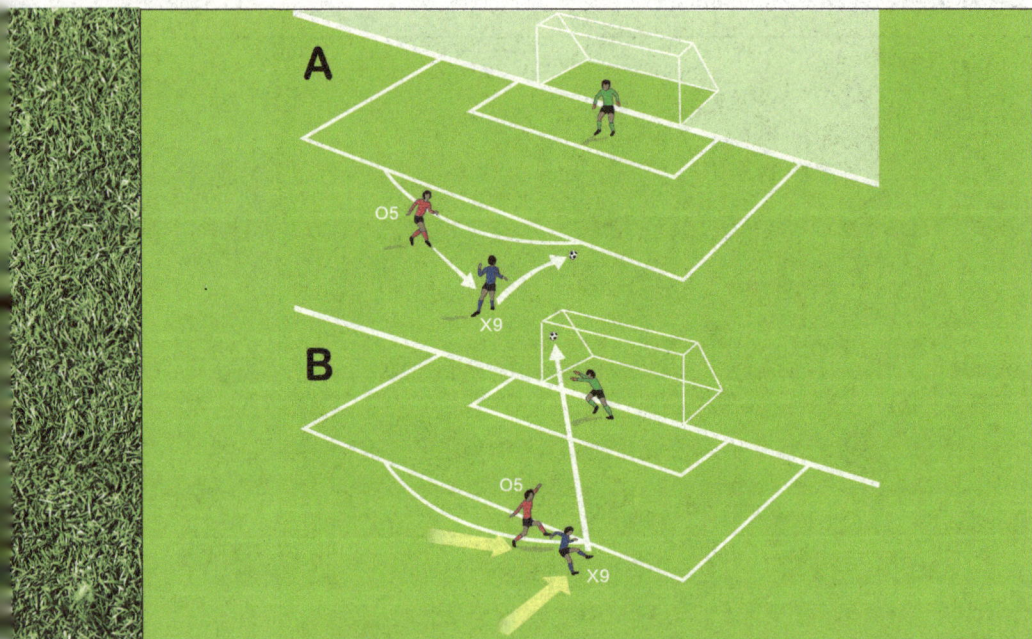

图 14.4

⊕ X9 应该：

● 迎球跑动；

- 把球停好后带球到 O5 身旁；

- 在第二次触球时起脚射门。如果球员在第一次触球时就有机会射
  门，那么教练应该鼓励他抓住机会。

⚽ 发球后，O5 成为防守球员，尝试封堵 X9 的射门。

训练要点

⚽ 要求球员第一次触球时就完成停球并把球拨到远离 O5 的一侧，制造
良好的射门角度。

⚽ 如果增加禁区内的防守球员数量，那么应该训练球员的落叶球射门
技术。

训练 D

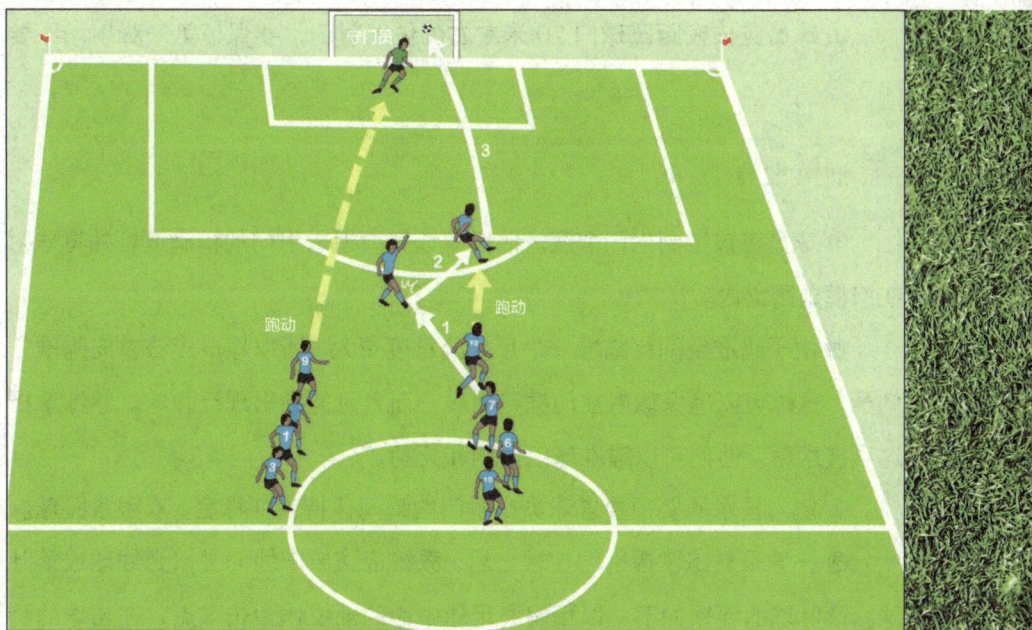

图 14.5

⚽ 球员两两结对，两名球员使用一个球，如图 14.5 所示。

⚽ 如果超过 10 人，那就用两个球，以免排队等待的球员太多。如果有

16～20名球员，可以使用两个球门，同时安排两位守门员。

⊕ 教练或发球球员站在禁区弧顶，背对球门。

⊕ 守门员可以站在球门线上的任何位置。

⊕ 球员和教练或发球球员之间的距离大约为15米。

⊕ 两名球员一起开始训练。

⊕ 带球出发的球员传地滚球给教练，传球力量要大，然后向前跑动，准备接教练的回传球。

⊕ 另外一名配合球员也必须向前准备接回敲球，因为教练可以传球给任意一名球员。

⊕ 教练可以改变回敲球的方式，例如球速从慢到快，传球高度从低到高。

⊕ 没有接到回敲球的球员必须继续向前，一旦守门员扑球脱手，他必须抓住机会补射。

⊕ 球员应该在距离球门20米左右的位置射门，要保证第一脚射门不要踢飞。

训练要点

⊕ 球员应该控制射门力度。他们应该努力追求射门的精确度，并将球射在门框范围之内。

⊕ 由于瞄准空间比瞄准一个目标的难度更大，所以球员应该首先瞄准守门员，这样可以确保球射在门框范围内，而且可能会出现反弹球。熟练掌握这项技术后，他们可以瞄准球门两侧和死角。

⊕ 射门技术的要领要求球员在射门的瞬间保持头部稳定，双眼紧盯球。

⊕ 在球员熟练掌握射门技术之后，教练应该要求他们尝试弧线球或落叶球。落叶球的要领如下：以稍偏离足球中心的部位作为击球点，在击球的瞬间快速朝正前方摆腿。在空中拐出弧线而偏离目标（守门员）的射门很有可能给守门员造成麻烦。

进阶训练

⚽ 在禁区内安排球员，这些球员只能伸出一只脚封堵射门。

⚽ 现在，射门球员必须努力把球的飞行路线控制在稍稍超过膝盖的高度，因为防守球员很难控制或封堵这个高度的射门。

⚽ 射门球员还应该注意打在禁区内防守球员身上反弹回来的球。

⚽ 这项训练也可以用来考验守门员的扑球技术，他需要把打在防守球员身上反弹回来的球也扑出去。

创造射门机会

训练 E

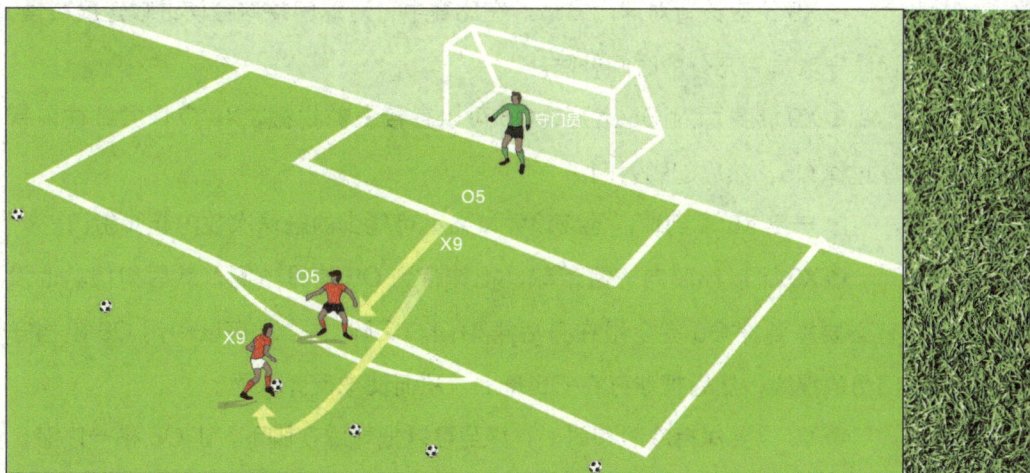

图 14.6

⚽ 在图 14.6 中，X9 是进攻球员，O5 是防守球员，守门员保持正确的初始站位和姿势。

⚽ 两名球员从小禁区的边线上开始训练，教练可以先把 O5 限制在小禁区边线上，以给 X9 更多的时间。但是随着训练难度的提高，O5 可以从小禁区内的任意位置开始移动。

⚽ 一旦 O5 成功断球，他的目标就是把球解围出禁区。除非球出界或进球，否则对抗继续进行。

⚽ X9 可以从禁区外的 6 个球中任意选择一个开始训练。

⚽ X9 离开禁区并控制任意一个球，然后 O5 上前防守。

⚽ X9 必须进球或把球打在门框范围内。

⚽ 每拿一个球，X9 的进攻机会就减少一次，直到只剩下一个球。这时 O5 就能更轻易地判断防守方向。

⚽ X9 用完所有球之后，换 O5 进攻：两名球员可以比赛谁进的球更多。

训练要点

⚽ X9 拿到球之后必须尽快转身。

⚽ X9 不应该背对球门拿球。在比赛中背对球门拿球会使进攻速度减慢，让防守球员有充分的时间补防。

⚽ X9 转身面对 O5 之后，O5 可以直接上前拦截，X9 应该尝试往前带球过掉 O5，然后起脚射门。

⚽ 一旦 X9 拿到球，他应该尝试在尽可能少的触球次数内起脚射门。

⚽ X9 可以佯装向一侧带球，把球带到 O5 的另一侧，然后射门。他没有必要等到把 O5 完全甩在身后再射门。实际上，X9 可以利用 O5 阻挡守门员的视线，然后把球打在 O5 身上，从而使球反弹入网。

⚽ X9 需要保持冷静和耐心，甚至可以把球踩在脚下，让 O5 稍一停滞，然后突然加速并起脚射门。使用这项技术可以提高防守球员预判进攻球员下一动作的难度。

进阶训练

增加防守球员 O6，并规定他每次只能从球门线上开始训练。这意味着 X9 现在必须过掉两名防守球员。

额外的训练要点

　　如果新加入的防守球员 O6 封堵了 X9 的左侧线路，那么 X9 应该假装朝 O6 前进，其实把球带到没有被封堵的另一侧，然后起脚射门，如图 14.7 所示。

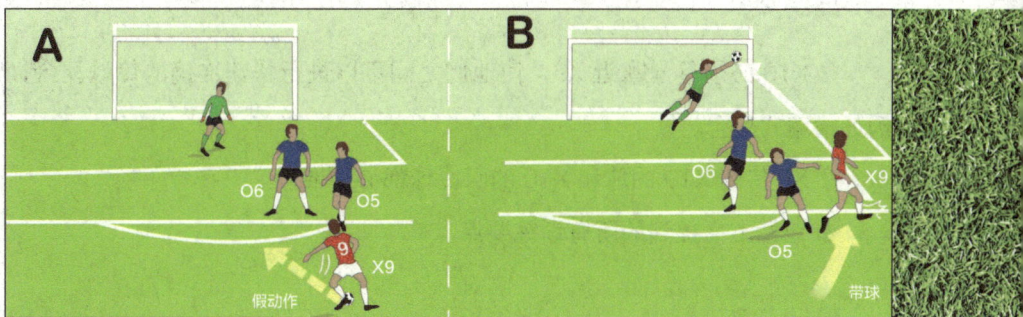

图 14.7

训练 F

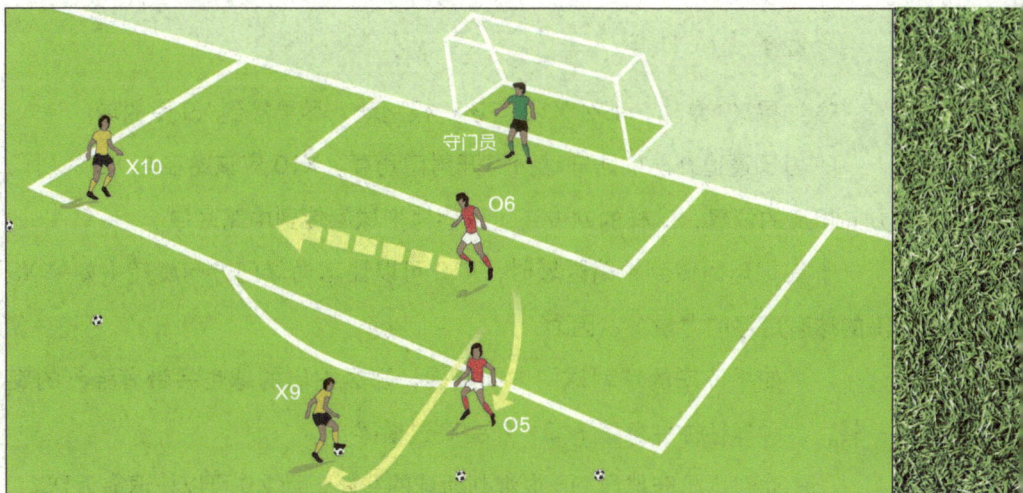

图 14.8

　　⚽ 这项训练是上一项训练的升级版。

　　⚽ 增加 X10 帮助 X9，X10 只能从禁区边缘开始进攻，如图 14.8 所示。

　　⚽ 现在，X9 可以选择射门或传球给 X10。

⊛ X10 可以把球回敲给 X9，也可以选择自己射门。

⊛ X9 拿球转身后应该一脚出球，这可以确保他不在射门准备动作上浪费太多时间。

训练要点

⊛ X10 必须尽量靠近 X9，使他们之间可以进行快速准确的传球配合，例如撞墙式配合。

⊛ X9 传给 X10 的球和 X10 的回传球都必须准确。

⊛ 包括上文提到的所有训练要点。

进阶训练

再增加一名防守球员 O4 负责防守 X10，允许 X10 和 X9 一起从小禁区内开始进攻。X10 或 X9 中的任意一人都可以拿球然后开始进攻。

额外的训练要点

⊛ 如果 X9 拿球，那么 X10 应该积极跑动，尽早接到 X9 传的球。

⊛ 为了逼迫补防的防守球员离开射门角度，X10 应该站在与 X9 的射门方向相反的位置，这样的站位还可以让他把球回传到中路区域。

⊛ 在把球回传到中路区域时，X10 可以让球朝球门方向旋转（如果 X9 传的球有足够的力量），因为：

● 如果传来的球朝球门方向旋转，那么射出的球也会带有强烈的旋转，这种球往往会急速下落，不会高过横梁；

● 此时，防守球员 O5 很难判断球的线路，而 X9 可以快速靠近球。

⊛ X10 既可以把球传给内侧的 X9，也可以往 O4 外侧转身，然后起脚射门，如图 14.9 所示。

图 14.9

训练 G

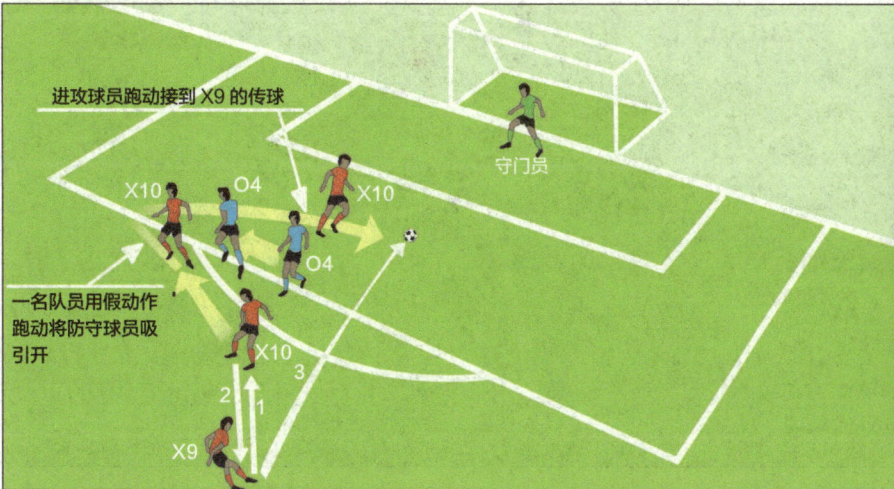

图 14.10

🌐 球员的站位和训练 E 相同，如图 14.7B 所示，但是要把球放在距离球门 30 米的位置。

⚽ X9 拿球转身面向球门之后把球传给 X10，再接 X10 的回传球。

⚽ X10 回传球后，转身跑到防守球员 O4 身后寻找进攻区域。

⚽ 接下来，X9 必须把球传到 X10 能接到球的区域，如图 14.10 所示。

训练要点

⚽ X10 传球后必须立刻转身。他可以用假动作把 O4 吸引到一侧，然后朝另一侧跑动去接 X9 的回传球，这时他已经来到了 O4 身后。

⚽ 再增加一名进攻球员 X11。X10 和 X11 中的任意一人都可以接 X9 传的球，他们应该用假动作把防守球员吸引到传球路线的另一侧，然后尝试进入进攻区域。

训练 H

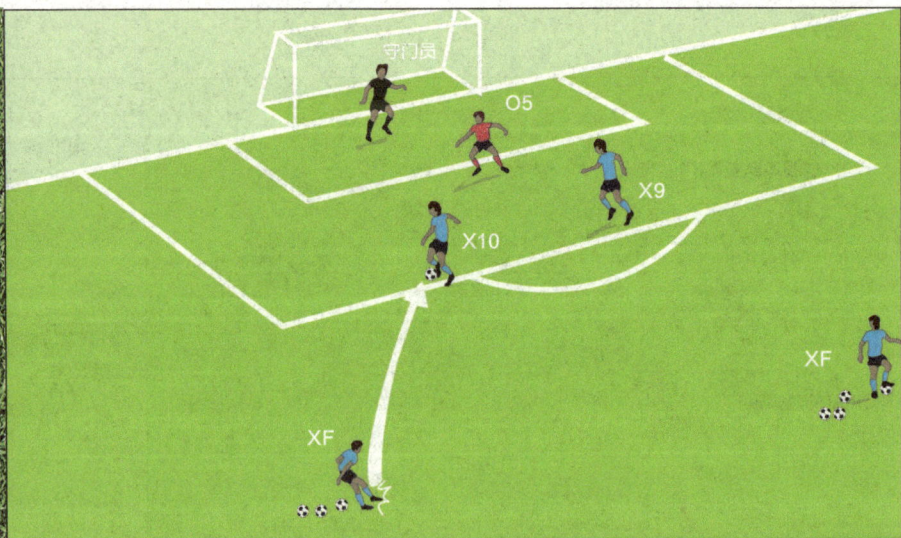

图 14.11

⚽ XF 可以选择向任意一侧发球（可以改变发球方向），如图 14.11 所示。

⚽ 一旦 X10 或 X9 接到球，站在小禁区内任意位置的 O5 就必须上前防守。

⚽ X10 或 X9 必须在两脚触球内射门。

⚽ O5 必须努力把球解围出禁区。

训练要点

⚽ 接到 XF 所发的球的球员必须立刻把球控制好。

⚽ 没有接到球的球员应该尝试跑到辅助位置，使队友可以一脚把球传给他。

⚽ 理想情况下，为了接到球后立刻起脚射门，X9 应该稍微落后 X10 一个身位，在接球时侧身面对球门。

进阶训练

图 14.12

⚽ 图 14.12 所示是训练 H 的升级版。在图中的中场区域，4 名进攻球员对阵 2 名防守球员，禁区内的攻防人数均为 2。安排较多进攻球员的目的是确保每次进攻都能把球传到禁区内。

⚽ 这项训练的难度还可以提高，例如在禁区和中场分别增加一名防守球员。

训练要点

X10 和 X9 必须默契配合以尽快起脚射门。他们可以使用的配合套路有传中球、回传球、在防守球员面前踩球转身射门、撞墙式配合等（关于进攻配合的详细内容参见第 7 章）。

旨在提高射门技术水平的训练赛

训练 I

图 14.13

⚽ 在禁区内进行 8 对 8 训练赛，由两名守门员负责防守同一个球门，如图 14.13 所示。对阵人数可以改变，禁区内的人数越多，训练赛就越接近实战，而且越有趣。

⚽ 双方都应该在两分钟内尽可能多地进球。

⚽ 在两分钟内，防守方应该努力夺回球权，然后阻止进攻方把球抢走；他们也可以把球踢出禁区。

☻ 球一旦被解围出禁区，教练就应立刻把球扔进去，从而保证比赛持续进行。

☻ 如果球被踢出界，最后触球的球员必须用手把球捡回来，然后放在教练面前禁区弧顶的位置。与此同时，教练把另一个球发到禁区内，这会让另一方获得人数上的优势。

训练 J

☻ X9 和 O7 尝试朝各自的球门进攻，如图 14.14 所示（可以根据球员的技术水平高低加大或缩小球门的尺寸）。

☻ X10 和 O8 不得进入场地内，他们只能在各自所在的边线上来回跑动。他们应该通过发球保证比赛持续进行。如果球被踢出边界或穿过球门，X10 或 O8 应该把球捡回来，然后把球准确地传到各自队友的脚下或队友所在的区域。

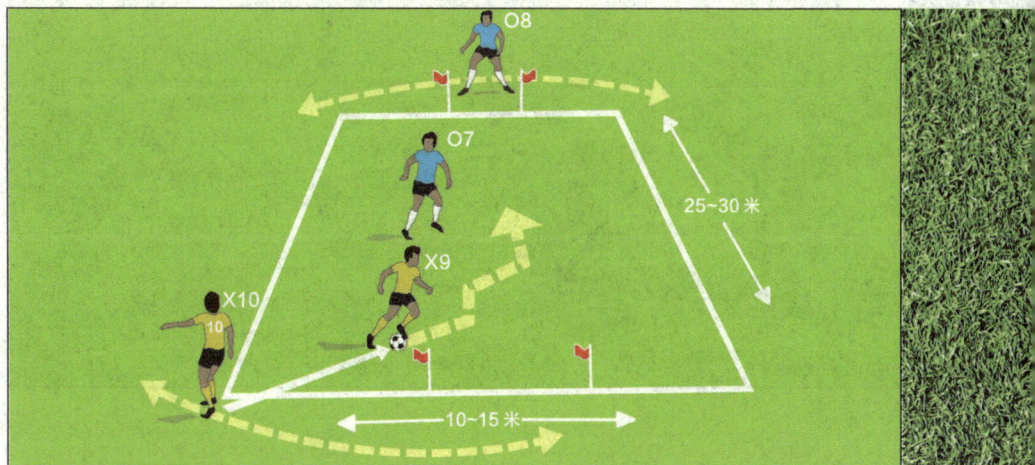

图 14.14

☻ X9 和 O7 不得离开场地。

☻ 两分钟后，外场和内场球员互换。由教练决定训练赛持续的时间。

进阶训练1

☻ 球员的站位和训练 J 一样，但是双方各增加一名场外的捡球球员，也就是 X10 和 X11 为 X9 捡球。

☻ 现在，如果防守球员盯防太严密，那么 X9 和 O7 可以选择和这些辅助球员（这些辅助球员仍然不得进入场地内，但是可以相互沿边线传球，也可以使球穿过场地）进行短传，这些辅助球员最多只能触球两次就要出球。

进阶训练2

球员的站位仍然和上一训练一致，但是双方各增加一名场内球员，因此比赛模式现在变成了 2 对 2，并且双方各有两名辅助球员（站在场地外）。

训练 K

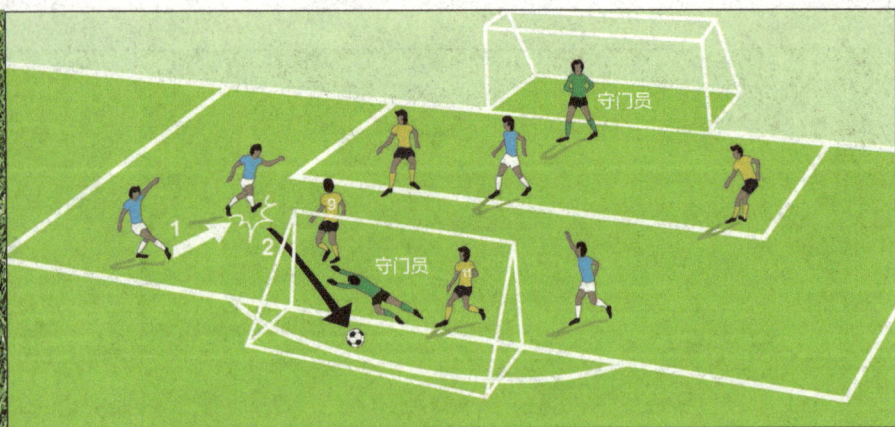

图 14.15

☻ 在禁区弧顶放一个可移动球门，然后在禁区内进行 4 对 4 计时射门比赛，如图 14.15 所示。

☻ 双方必须在两次触球之内起脚射门。

☻ 守门员可以用各种方式给本方球员发球：

- 抛地滚球；

- 发与大腿或腰部齐高的手抛球；
- 大力发手抛球。

训练要点

⚽ 所有球员应该做好射门准备。

⚽ 教练和队友应该鼓励所有球员射门。

⚽ 如果需要传球，球员可以多使用回传球和头球摆渡。

⚽ 接球球员应该侧身面对球门，摆出准备射门的姿势。

⚽ 为了保证击球点的准确，球员在射门瞬间的身体姿势非常重要。

什么是高效的射手？

英足总前任训练总监、已故的艾伦·韦德曾说过，一名高效的射手需要做到：

⚽ 总是积极要球；

⚽ 时刻做好准备并保持警觉；

⚽ 不断观察目标，然后不断调整跑位；

⚽ 不断调整双脚和身体的姿势；

⚽ 在射门时保持头部稳定；

⚽ 集中注意力以确保击球点的准确；

⚽ 击球瞬间尽可能大幅度地朝球门方向摆腿；

⚽ 对射偏有心理准备（尽管讨厌射偏！）；

⚽ 瞄准球门远角射门；

⚽ 有时选择在面对守门员时把球传给队友；

⚽ 给射门施加弧线或旋转，增加守门员的扑救难度；

⚽ 即使在不可能射门的位置也能看到（想象）脚和目标射门区域之间的射门路线。

第 15 章　组合技术动作和即兴发挥

组合技术动作

既然所有球员都需要在比赛中不断应用各种技术动作，那么我们就应该尝试在训练课中加入某种组合技术动作。例如，一套技术动作可能包括带球、传球和射门等动作，教练要求球员高质量地完成整套技术动作中的每个动作。初始阶段的训练应该在非对抗性环境下进行，从而让球员把注意力放到技术动作的质量上。但是，教练必须把这些非对抗性训练与实际比赛相结合。

如果球员想要在比赛中拿出完美的表现，他们就必须通过非对抗性训练提升球技水平。经过大量训练，教练应该要求球员在面对防守压力时仍然能高质量地完成技术动作。做到这一点的要领是在比赛中应用这些技术。在有限制条件的训练赛中，球员必须重点训练在非对抗性训练中学到的技术动作并保证其质量。这不仅给训练制订了更高的目标，还让它更加接近实际比赛。

训练 A：挑传—回敲—低平球

⚽ 4 名球员使用一个球，如图 15.1 所示。

⚽ 由 X7 发球，他首先把球挑到半空中传给 X9。

⚽ X9 迎球跑动，在球落地前把球接住，然后回敲给 X8。

⚽ X8 迎球跑动，一脚踢出低平球，把球推给 X10。

⚽ X10 第一脚触球时把球挑到自己身旁，然后挑传给 X8，继续练习。

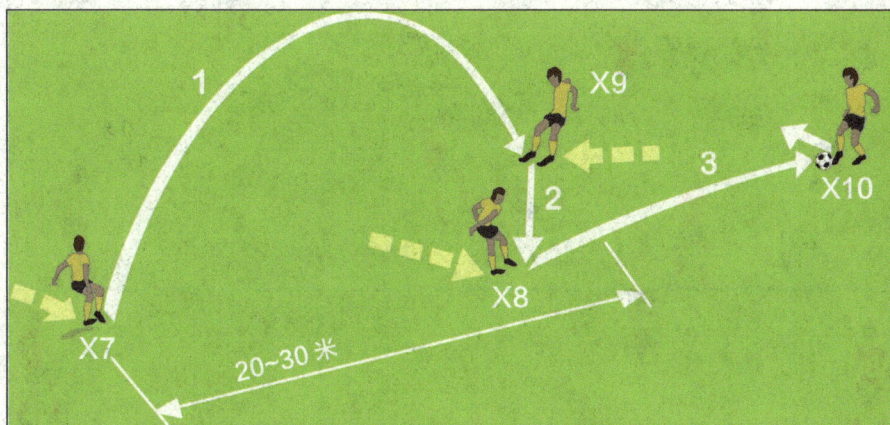

图 15.1

训练要点

⚽ 挑传球必须带有后旋，且恰好落到 X9 脚下。

⚽ 回敲球的力度应该恰到好处，可以让 X8 从容地一脚出球。也就是说，球到达 X8 脚下时应该刚好停止滚动。要做到这一点，X9 在接球时应该卸掉挑传球的一部分力量。

⚽ 低平球应该势大力沉，并且贴地滚到 X10 脚下。要做到这一点，X8 在传球时头部应该保持稳定，身体应该保持平衡。而且 X8 不应该因为步幅过大而摔倒。

⚽ 接低平球的球员应该站在传球线路上，他应该做好后撤接球的准备，然后把球停在控制范围之内（也就是距离其两米的范围之内）。

训练 B：有限制条件的训练赛

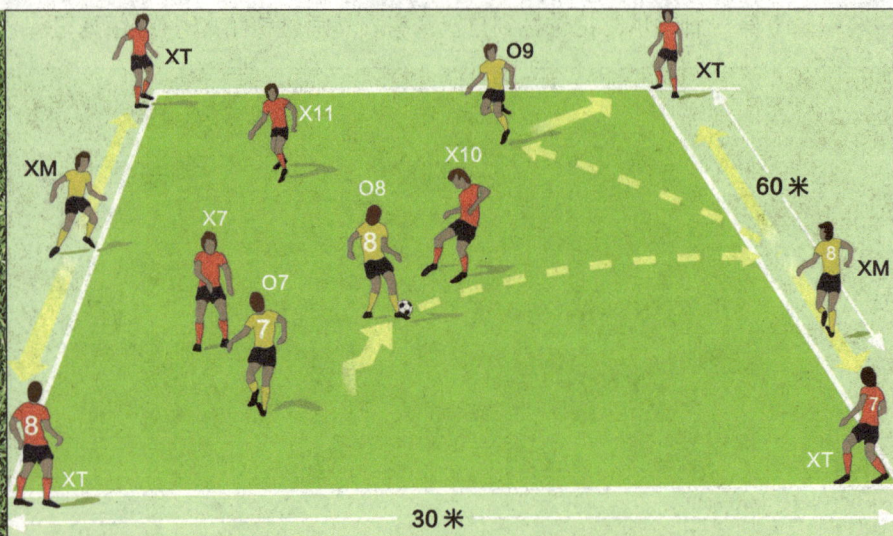

图 15.2

⚽ 在 30 米 ×60 米的场地内进行 3 对 3 训练，如图 15.2 所示。

⚽ 2 位标记为 XM 的球员（中场球员）只负责协助进攻球员，不得进入场地内。

⚽ 4 位标记为 XT 的球员是目标球员，进攻方的球员把球传给这些球员即可得一分。

⚽ 如果是 O 队进攻，那么他们的目标是越过 X 队的防守把球传给任意一名 XT。然后由接球的 XT（在两次触球内）把球踢给对面的 XT，再由后者传低平球给 O 队球员，如图 15.3 所示。之后换 X 队进攻。在适当的时候，XT 可以把球传给 XM，再由后者将球回传给一名进攻方队员。

⚽ 如果 X 队赢得球权，那么他们就可以攻击对方的底线。

⚽ 场地内的 6 名球员进行 10 分钟比赛，然后和场地外的 6 名球员交换位置。

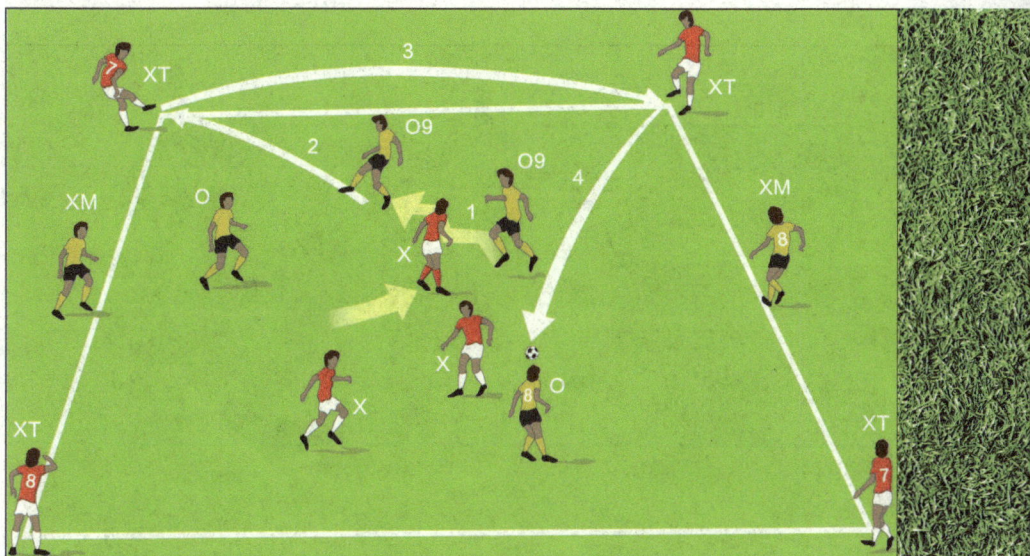

图 15.3

训练要点

⚽ 教练应该强调所有技术动作(例如挑传、回敲、传低平球)完成的质量。

⚽ 教练应该鼓励球员通过 XM 在防守球员身后传球。如果充分利用这些中场球员，那么这场比赛应该是 5 对 3 训练赛。

训练 C：强调技术动作的战术阶段

⚽ 由 O3 开球，O3 把球挑传给 O9，如图 15.4 所示。

⚽ 由 O9 把球回敲给 O8。

⚽ O8 将球传给边路球员 O7。

⚽ O7 带球沿边路突破，必须在两次触球之内传中，他可以根据自己在带球结束时所处的位置选择把球挑传到远门柱还是近门柱。

⚽ O9、O8 和 O3 跑动到预先决定的区域，准备接传中球，然后尝试在守门员面前射门。

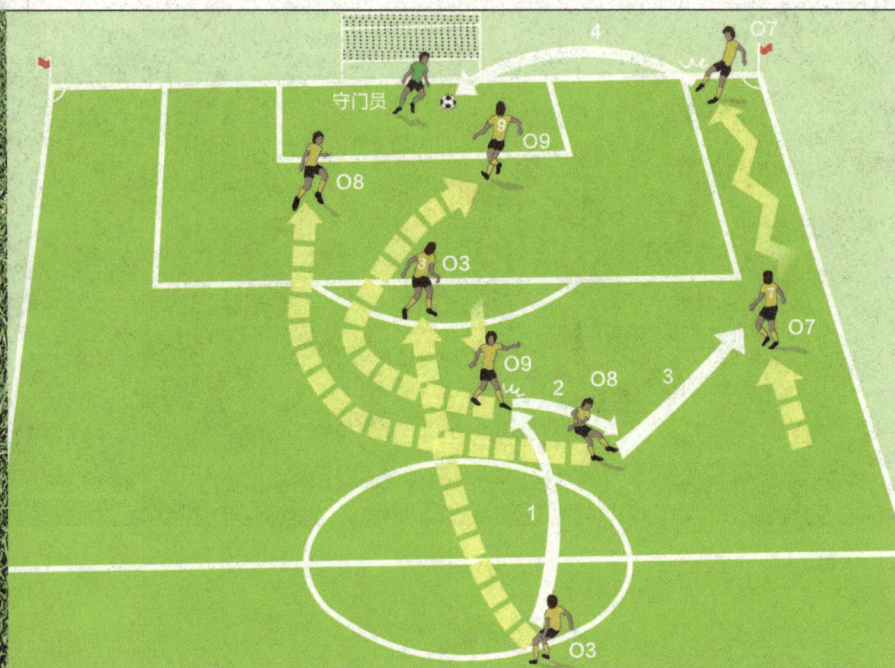

图 15.4

训练要点

⚽ 教练应该强调技术动作完成的质量。

⚽ 球员在完成技术动作后的无球跑动及他们朝传中球的落点所在的区域的跑动是教练必须强调的重点。

⚽ 再次强调传中球的要领。

⚽ 使用娴熟的射门技术破门得分也同样重要。

进阶训练

教练可以在训练中增加有条件限制的防守球员，负责在进攻球员做技术动作时给他们施加压力。在进攻球员完成技术动作后，防守球员可以不受限制地防守本方球门。

即兴发挥的技术动作

足球最大的魅力在于：在面对实力强大的对手时，总有球员能拿出令人叹为观止的精彩表现，在看上去获胜无望的比赛中力挽狂澜。真正的世界级球员并不多，而能力挽狂澜的世界级球员更是少之又少。沙克尔顿、贝斯特、贝利、克鲁伊夫、罗纳尔多和梅西等传奇球星的成名之作已经成为各个年代的球迷毕生难忘的珍贵记忆。这些球星给青少年球员带来的影响更是难以估量的，尤其是在传媒如此发达的今天。在这种铺天盖地的曝光下，许多青少年球员会自然而然地模仿这些传奇球星的标志性动作。青少年球员会努力练习他们曾经见到过的高难度技术动作，尽管不是每个人都能完整地复制这些绝技，但大多数青少年球员能让这些一度被认为已经成为"绝唱"的技术动作重现于世。领会了其中的精髓之后，有些天才给这些动作烙上了自己的印记，甚至开发出了新的绝技。

在训练中最难培养的是球员的创造力。尽管有人认为训练只能培养呆板的球员，但有效的训练应能培养真正有创造力的球员。只要教练秉持开放的心态，并且不在训练和比赛中限制球员，那么他们就能展现出出色的创造力。教练应该允许青少年球员勇于尝试自己的技术动作，告诉他们不要害怕失败。同样，教练还应该鼓励球员尝试一些高难度的动作。

要做到这一点，教练可以：

⚽ 向球员讲解某种复杂的组合技术动作的要领；

⚽ 向球员讲解使用高难度技术动作的情境，尽管这些技术动作是否有效还未经过证实；

⚽ 让球员理解某些技术动作（例如转身、变向等）需要遵守的物理学原理；

⚽ 允许球员在 1 对 1 对抗训练中尝试这些技术动作；

⚽ 一旦球员已经初步掌握这些技术动作，鼓励他们勤加练习。

我们精心挑选了下面的训练，以帮助球员掌握高难度的技术动作。在这些训练中，球员需要在防守密集的情境中选择简单但令人难以预判的技术动作。只需通过非常简单的训练，球员就可以增强选择和完成技术动作的能力。

训练 D

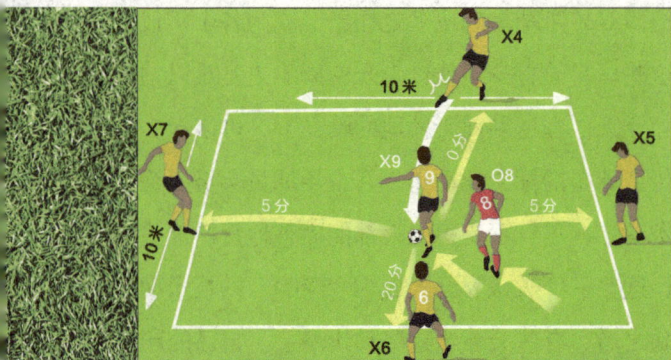

图 15.5

⚽ 4 名球员（X4、X5、X6 和 X7）站在场外，如图 15.5 所示。这些球员不得进入场地内。

⚽ 在场地内，X9 和 O8 进行 1 对 1 训练，由 X9 进攻。

⚽ X9 只能一脚出球，而外场球员可以两脚出球。

⚽ 防守球员 O8 只要碰到球就得 10 分，然后由他把球传给一名外场球员。

⚽ 除了发球给 X9，外场球员还可以相互传球。

⚽ 如果 X9 将球回传给发球球员，外场球员得 0 分。如果 X9 把球传给发球球员两侧的一位配合球员（也就是图 15.5 中的 X5 和 X7），外场球员得 5 分。

⚽ 如果 X9 可以迅速把球传给防守球员身后的球员（也就是图 15.5 中的 X6），外场球员得 20 分。

⚽ 每名球员在场内的时间为 3 分钟，然后换人。得分可以作为一种激励手段。

⚽ 外场球员应该通过改变发球方式考验场内球员，例如传高空球、大力传球、传低平球和减小传球的力量等。

⚽ 尽管教练可能会给球员一些拿高分的提示，但他们的主要工作是强调内场球员应该努力拿到 20 分；如果球员做出了一些有创造性或可能非常有用的动作，教练应该给他赞赏。

　　球员还可以把一些他们已经掌握的技术动作组合起来，形成复杂的组合技术动作。

训练 E：用胸部停球回敲

　⚽ 把球发到高过接球球员胸部的位置，如图 15.6 所示。

⚽ 接球球员移动到球的飞行线路上，然后用胸部把球直接往上推，这样可以给接球球员提供更多处理球的时间。

⚽ 接球球员后撤一步，然后在球落地前把球凌空回敲给发球球员。

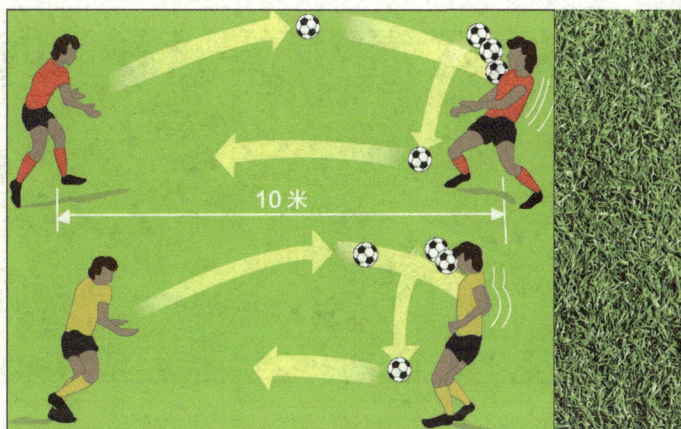

图 15.6

进阶训练 1

图 15.7

　⚽ 3 名球员参与这项进阶训练。X6 仍然负责用手发球，X7 直接用胸部停球，如图 15.7 所示。

　⚽ X7 绕球转身，然后把球凌空传给 X8。

训练要点

⚽ 在完成技术动作的整个过程中，接球球员应该保持头部平稳，双眼紧盯球的飞行线路。

⚽ X7 应该用胸部把球往上推，这样可以让自己有更多的时间绕球转身。

⚽ X7 也许需要退后一步才能踢中球的中心部位。

进阶训练 2

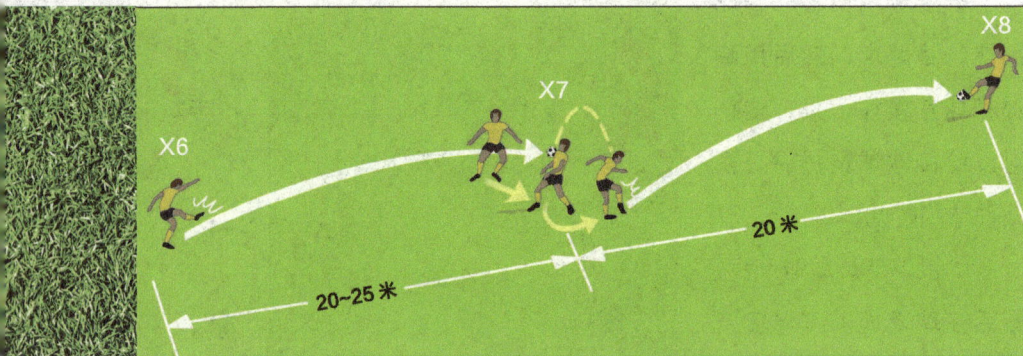

图 15.8

⚽ 现在 X6 需要以低空球（不是高空球）的方式把球传到与 X7 胸部齐高的位置，如图 15.8 所示。

⚽ 由于低空传球的准确度不如用手发球，所以 X7 必须移动到最佳的接球位置。此外，凌空球的飞行距离也增加到了 20 米。

训练要点

⚽ 如果球员在凌空传球的时候给球施加了强烈的使其旋转的力，那么球在后半程应该会迅速下落。

⚽ 如果把它作为一种射门技术，迅速下落的凌空球会给守门员造成很大的麻烦。

进阶训练 3

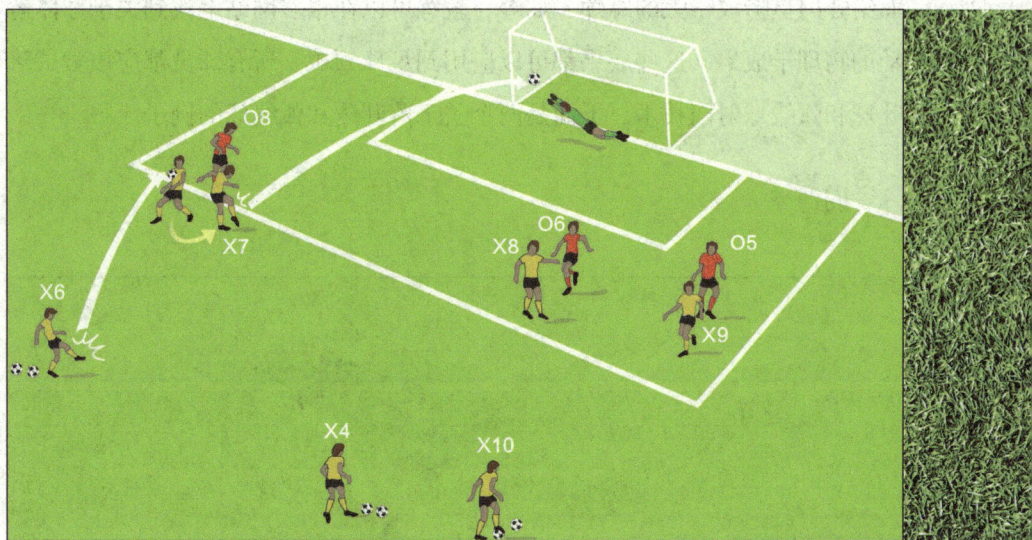

图 15.9

⚽ 球员在球门附近选好站位，最后一脚必须是凌空抽射，如图 15.9 所示。

⚽ 发球球员把球发到禁区边缘，防守球员对接球球员施加轻微的防守压力。教练可以规定这名防守球员（O8）不得过早断球，但是可以在对方接到球后增强防守的压迫性。

⚽ 接球球员用胸部直接把球往上推，在护好球的同时绕球转身。

⚽ 接下来，他可以用一脚凌空落叶球攻门。如果球没有发到与他的胸部齐高的位置，那么他可以用身体的任意部位把球颠起来，然后凌空射门。

落叶球

所有足球技术都需要遵循特定的物理学原理，球体在受力情况下的运动定律同样适用于足球。尽管球员射门不需要理解详细的科学知识，但是这方面的知识能让他们的射门更加难以捉摸。物理学原理会给比赛带来非常大的影响。例如，球员只需改变射门的力度和角度就可以改变球的飞行轨迹，从而给守门员造成很大的麻烦。如今，教练可以在很多网站上找到关于球体运动的物理学成果，这些成果都可以应用到足球领域。所有球员都应该尝试落叶球和弧线球射门技术。下面是两个关于落叶球和弧线球的例子。

训练 F

图 15.10

⚽ 球员让手中的球自然下落，然后直接朝球门凌空抽射，如图 15.10 所示。守门员也可以利用这种射门方法训练扑救技术。

⚽ 然后球员给球施加使它上旋的力。在触球的瞬间，球员需要迅速抬高膝关节，这个动作会给足球施加使它上旋的力，力的大小决定了球的飞行速度及球何时开始下落。

⚽ 球员用双手扔球时，可以给球施加不同角度的力（见图 15.11），使它旋转，从而让球在急速下落的同时还能拐出明显的弧线，如图 15.12 所示。

面对球：触球方向

图 15.11

图 15.12

进阶训练：任意球

⚽ X7 把球挑给 X8，由后者用凌空落叶球射门。

⚽ 球员踢任意球的位置就在禁区边缘，如图 15.13 所示。

⚽ 球员可能需要多次训练才能掌握这项射门技术。

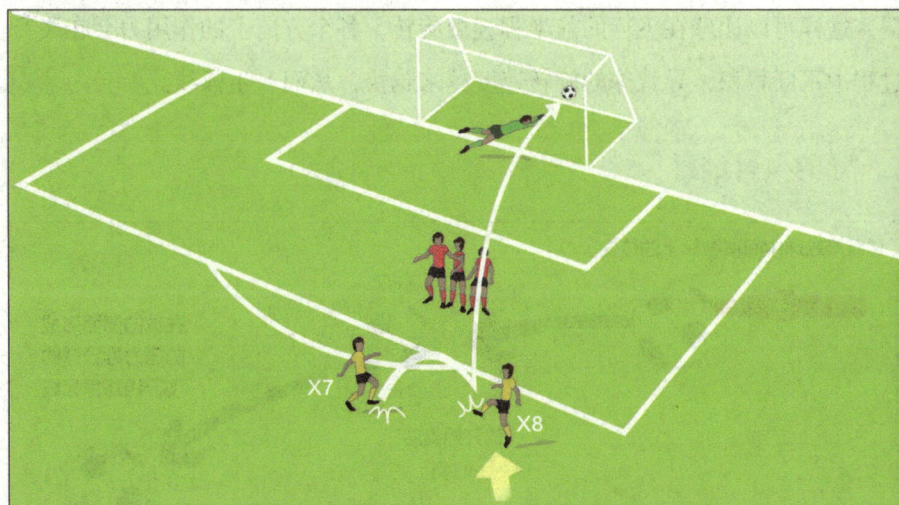

图 15.13

弧线球射门

这种射门方式在现代足球比赛中相当普遍（也许是因为不断变化的足球

触球点

图 15.14

材质）。助跑线路需要和球的目标飞行线路交叉。为了形成弧线，球员需要在触球的瞬间朝球的目标飞行方向迅速顺势摆腿。为了踢出一脚较晚拐出弧线的球，球员应该增大射门的力，触球点应该稍偏离足球的中心位置，如图 15.14 所示。

球员应该朝球门方向摆腿，这样可以让球在飞行的前半程轻微旋转，各个方向上的作用力会在飞行过程中不断累积，导致球的旋转速度越来越快，从而产生弧线。

球的飞行过程

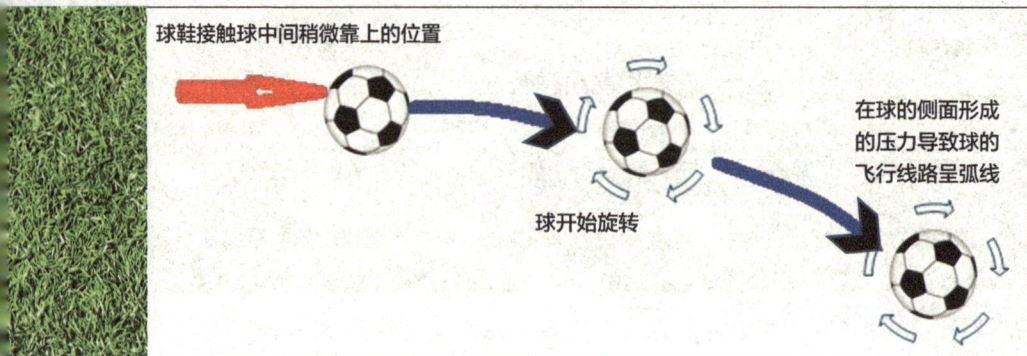

球鞋接触球中间稍微靠上的位置

球开始旋转

在球的侧面形成的压力导致球的飞行线路呈弧线

图 15.15

许多球员踢出的球会过早出现弧线。由于摆腿方向是朝向球门的，所以射门技术的要领要求不要刻意追求弧线，只要让触球点偏离球的中心部位，球自然会画出一道弧线，如图 15.15 所示。

训练 G

图 15.16

⚽ 在图 15.16 所示的训练中，球员的目的是让球在飞行的后半程再拐出弧线，从而"欺骗"守门员。

⚽ 教练可以让球员尝试用各种弧线球射门，并且在完成射门后，要求他们仔细想想触球点和球的飞行线路之间的关系。球表面的设计能让球员清晰地感受到球体的运动。如果可能，教练可以用录像机近距离拍摄球员的射门动作和球的飞行线路，这对他们非常有用；另外，教练还可以在守门员的位置拍摄射门动作和球的飞行线路，让球员清晰地看到弧线出现的具体时间。

带球过人

在进行 1 对 1 训练时，进攻球员带球过掉防守球员的方式有很多。球员带球过人然后射门得分可能是足球比赛最令球迷热血沸腾的时刻之一。对球员来说，这也是最有成就感的时刻之一。大多数优秀的球员都有极具个人色彩的过人动作，只需要稍做改变就能获得很好的效果，但真正的传奇球员总能够拿出完全不同的过人方式，让许多优秀的防守球员望尘莫及。这类球员有很多，例如，在 1972 年荷兰对阵英格兰的比赛中的克鲁伊夫、利兹联足球俱乐部的托尼·居里、皇家马德里足球俱乐部的亨托、巴西队的加林查、曼彻斯特联足球俱乐部的乔治·贝斯特、桑托斯足球俱乐部的贝利、皇家马德里足球俱乐部的罗纳尔多以及巴塞罗那足球俱乐部的梅西。

只要让球员理解这些动作背后的简单原理，他们也许就能开发出新的、独一无二的带球过人技术。接下来教练只需鼓励球员在比赛中练习这项技术，即便失败也不要批评他们。但是教练应该让球员清楚地了解到在比赛中尝试这些技术的正确时机和地点。

训练 H

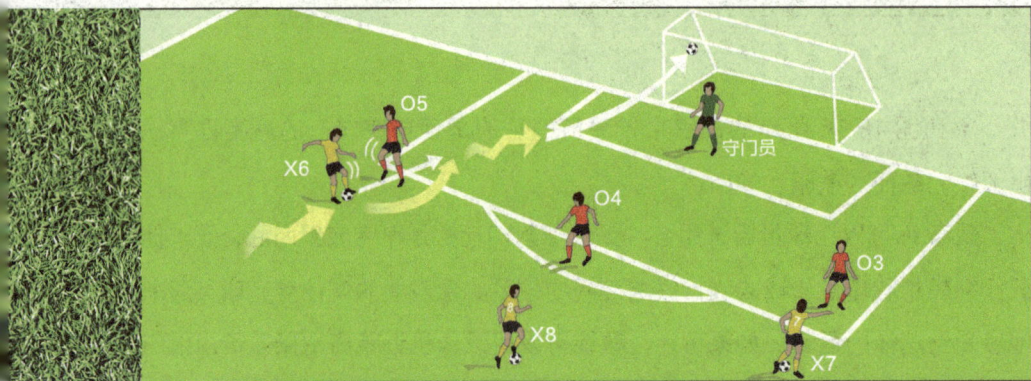

图 15.17

⚽ 在如图 15.17 所示的这项训练中，教练应该在禁区边缘安排多对球员进行 1 对 1 对抗。其中一名球员需要带球过掉防守球员然后射门。

⚽ 在进攻球员熟练掌握这项新技术之前，防守球员的防守应该相对消极一些。

⚽ 教练应该演示曾经使用过的 1 ~ 2 个非常规技术动作的例子，并解释其原理。然后，球员既可以使用这些技术动作，也可以开发新的技术动作。如果球员开发出了自己的过人动作，教练就应该鼓励他们不断练习这个动作并增强运用这个动作的能力。

第五部分
训练课的开始和结束

第 16 章　热身运动

在现代运动项目的训练课中，热身运动是必不可少的一部分，这一点已经得到广大训练师、理疗师和教练的公认。考虑到已经有许多关于足球热身运动的著作，我们在本章中将不会对此展开详细讨论。为了为接下来的训练做好充分准备，球员在做热身运动时应该遵循一些通用的原则。

所有热身运动的主要目标是把肌肉的温度提高到运动所需的温度。为了把身体调整到最佳状态，我们建议球员在持续 90 分钟 ~ 2 小时的比赛或训练开始前进行大约 15 分钟的热身运动，但是此时球员的心率不能超过其最高心率的 70%。已经有多项研究证实这样的热身运动有助于提高球员的冲刺速度，增加其垂直起跳高度。

以下是球员在做热身运动时应遵循的几个基本原则：

⚽ 从舒缓的动作开始，逐渐加快速度；

⚽ 包括 4 个方向上的运动（向前、向后、左右、斜向）；

⚽ 跳跃、落地和急停（转向）；

⚽ 在可能的时候进行有球运动；

⊕通过比赛或训练中需要用到的一系列动作对身体的相关关节进行动态拉伸和活动；

⊕虽然热身运动比较合理的时长是 15 分钟，但是实际时长可以视环境温度而定（温度越低，时间应越长）；

⊕在热身运动的最后进行几组进行冲刺或接力跑，有球或无球都可以；

⊕让球员在有球条件下做一些既有竞技性又有趣味性的热身运动，以激发球员的兴趣，并鼓励他们在热身运动的最后做一些短暂但需要尽最大努力的运动。

如今，为了降低一些非接触性伤病的发生概率（例如膝关节前交叉韧带撕裂），包括足球在内的许多运动项目会在热身运动中增加一些旨在预防伤病的训练。国际足联 11+ 给我们提供了一个非常有价值的训练和热身架构。国际足联 11 + 分为 3 个部分：从跑步训练开始（第一部分）；接下来进行 6 项训练，这些训练从低到高又分为 3 个难度级别，分别训练力量、平衡性、肌肉控制力和躯干稳定性（第二部分）；最后是进一步的跑步训练（第三部分）。随着难度级别的提高，训练的效果也逐级增强。教练和球员可以选择最适合自己的难度，并与自己的训练计划相结合。在训练课开始前，有经验的球员可以花 15 ~ 20 分钟完成这些热身运动。但是在比赛开始前，他们只需要进行跑步训练，热身运动的时长不应超过10 分钟。

教练需要了解：如果球员在热身运动结束后处于静止状态超过 7 分钟（例如站在原地听教练讲话），那么热身运动的效果就会迅速消失。因此，教练必须把课前讲话安排在热身运动之前，而且尽量简洁明了，让球员明白训练课的训练要点即可。

在后文中，我们设计的热身运动都有一个前提，那就是球员已经完成了足球运动特有的灵活性和运动能力训练，这是他们必须具备的身体素质，尽管部分灵活性和运动能力训练可以被纳入上述热身运动。尽管热身运动非常重要而且有很多好处，但是我们提醒各位教练不要让球员在每节训练课的开始阶段花太多时间进行大量与比赛无关的训练或无球训练。球员越早进行有球训练，训练的效果就越好。为了避免给各位读者造成困扰，我们决定分别用"热身运动"和"非热身运动"两个术语对运动加以区分。

教练遇到的一个主要问题是如何组织热身运动。他们需要花大量时间和精力计划，才能按照正确的顺序对球员、节奏、足球和训练进度进行排列，以满足一次有效热身运动的要求。我们在下文中提供了一个可供教练参考的组织框架。此外，教练在采用这些训练方法时既要循序渐进，又要灵活变通。热身运动的目的是让球员保持活动状态，因此教练应该尽量避免让他们停下来听自己讲话。尽管如此，教练还是可以给他们提出一些训练注意事项。

热身运动 1

⚽ 球与球员之间的比例较小。在理想的情况下，最好让所有球员每个人都有一个球开始训练。

⚽ 个性化。第一项热身运动应该让球员自由活动，不需要所有球员都同时到场。

⚽ 自我测试。自我测试要求球员在上次测试成绩的基础上有所提高。每日测试成绩既可以由教练记录，也可以由球员自己记录。我们希望通过这种方式让球员实现自我激励。

教练可以在每节训练课前为不同的技术训练划出专用的场地区域。他们可以在各种技术训练（例如射门、守门、头球）中增加一些有效的训练方法，例如使用摇摆球、在墙上（或木板上）画出球门，以及让守门员站在沙坑中训练等。

以下热身运动旨在增强每名球员的感知、决策和运动能力，而其他热身运动通常只强调球员的运动能力（也就是反应速度）。但球员在做出反应之前需要经历的前两个过程也同样重要。从某种程度上说，大多数热身运动对感知和决策过程都不够重视。我们认为有必要在做热身运动时要求球员先眼观四路、耳听八方，然后决定最有效、最准确的动作是什么。

热身运动 2

⚽ 用训练锥标出 20 米 × 20 米的训练网格。

⚽ 球员每人一个球。

⚽ 所有球员（包括守门员）都在整个网格区域内进行训练。

⚽ 所有球员把球踩在脚底，面向网格内的教练。

⚽ 球员可以把教练当成一面镜子，所有球员都站在"镜子"前。

⚽ 教练将在过程中不断给球员提供更多的指导和选项。

⚽ 当"镜子"（教练）移动的时候，球员向相反方向移动。

  ● "镜子"向前移动，球员就把球往后拉（注意应一直面向"镜子"）。

  ● "镜子"向右移动，球员就向左移动，同时把球拉到左侧。

  ● "镜子"向后移动，球员就带球向前。

  ● "镜子"向左移动，球员就把球拉到右侧。

  ● 在做以上 4 个动作的过程中，教练可以变换速度，并增加停顿次数。

训练要点

⚽ 在静止时，球员必须做好带球的准备。

  ● 球员应时刻做好准备。

  ● 膝关节稍微屈曲。

  ● 球员应把球放在控制范围之内。

⚽ 抬头看"镜子"。

⚽ 把球放在控制范围之内。

⚽ 用脚底把球往后拉。

额外指导

除以上要点外，球员还应注意以下几点：

⚽ 当教练的两条手臂都挥向右侧时，球员向左侧翻跟头，然后把球捡起来；

⚽ 当教练的两条手臂都挥向左侧时，球员向右侧翻跟头，然后把球捡起来；

⚽ 当教练用手指向球员时，球员向后侧翻跟头，然后把球捡起来；

⚽ 当教练用手指向球员身后时，球员向前翻跟头，然后把球捡起来。

训练要点

要点不在于这些跟头是否达到专业体操选手的水平，而在于球员俯身、站立和做捡球动作的效率和速度。

额外指导

除以上热身运动外，当教练把双手举到空中手指向上的时候，球员应该转身并以最快速度带球跑到网格的底线，然后回到"镜子"所在的地点（教练可以移动，这样球员就必须抬头看教练在哪儿）。

这种复杂的情况非常考验球员的决策能力。不要让球员太早、太快感到疲劳。教练可以利用暂停时间给球员一些简单的训练要点提示。这种训练方法经过调整可以满足所有反应训练的要求。也就是说，任何指导都可以转化为技术训练。教练必须要求球员拿出极高的注意力和效率。在训练过程中，教练需要经常鼓励球员。

从现在开始，教练应该把重点放在训练课的技术训练主题上。训练内容应该向教练设置的具体技术动作上靠拢。我们的目的是通过一系列相关的训练逐步切入正题，而不是在不考虑训练课主题的情况下突然从一个训练环节跳到下一个训练环节。在举例介绍某个具体的训练过程之前，我们首先需要说明一些与此相关的原则：

⚽ 设置与球员技术水平相适应的训练内容；

⚽ 让所有球员保持活动状态；

⚽ 如果需要，给球员适当提供一些训练要点，但不要太多；

⚽ 保持较小的球与球员之间的比例；

⚽ 如果可能，在训练过程中尽量不要打乱原先的组织安排（也就是说，不要从每5个人1个球变到每3个人1个球，或者重新规划训练区域，否则球员会在某个时间段内无所事事而只能干等着）；

⚽ 热身运动既要包括有球训练，也要有无球训练（也就是说，在无球的时候，球员应该思考直接参与战术、接队友传的球或给队友提供间接支援的可能性）。

在下面的例子中，我们介绍了如何一步步实现在传球战术配合（详见第7章）上取得进步。

热身运动3

图 16.1

⚽ 用 15 米 ×15 米的训练网格进行训练（见图 16.1）。

⚽ 所有球员都在大网格内练习。

⚽ 增加无球守门员。如果有两名守门员，那就让每名守门员负责训练网格的一半区域。如果守门员数量较多，教练可以扩大训练网格，也可以多标出几个网格。

⚽ 球员之间相互传球。

⚽ 守门员尝试阻断传球（用手），然后把球还给球员。

训练要点

⚽ 球员可以传上旋球，这样可以使球贴地滚动。

⚽ 在每次传球时，球员应该用脚蹭球。

⚽ 用脚背内侧触球。强调脚背作为触球点的重要性，以及脚背传球技术在球速和传球方式上的多样性。

⚽ 为了防止球被守门员断走，传球的力度要拿捏得恰到好处。

额外指导和演示

⚽ 球员（X9）带球前进（见图 16.2A）。

⚽ 刚完成传球的无球球员（X10）朝网格内的任意区域做无球跑动。

⚽ 无球球员（X10）转身往回跑到 X9 的预计传球线路上，给他提供一个完整的传球身位（见图 16.2B）。

⚽ 一旦无球球员（X10）转身，带球球员（X9）就立刻把球传给他，传球要精确。

⚽ 如果有被断球的可能，那么带球球员（X9）可以先做一次传球的假动作，然后再尝试传球。

⚽ 无球球员（X10）再次转身往回跑动。

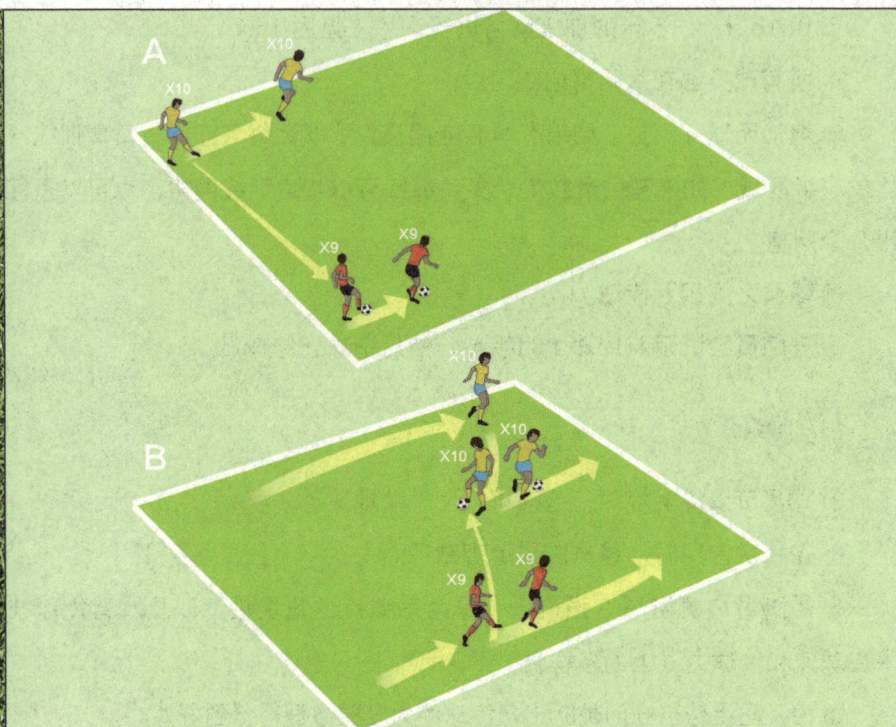

图 16.2

训练要点

⚽ 完成传球后，X10 应立刻改变速度（节奏）。

⚽ X10 应在转身接回传球的时候改变节奏。

⚽ X10 应沿着防守球员和传球球员之间的通道转身接回传球。

⚽ 接球后，X10 应朝另一个方向快速跑动。

⚽ 距离超过 6 米的传球要尽可能快。

额外指导

⚽ 现在，守门员不仅可以断球，还可以对球员展开贴身逼抢。

⚽ 带球球员（X9）传球之后，可以靠近刚刚接到球的球员（X10）的左侧或右侧，接住来自 X10 的一脚出球（见图 16.3A）。

⚽ 接到回传球的球员（X9）带球继续跑动（见图 16.3B）。

⚽ X10 转身再次一脚出球。

⚽ 在完成 5 次一脚出球后，两名球员互换角色。

图 16.3

训练要点

⚽ 在完成一次传球后，带球球员必须立刻向左或向右移动，让接球球员尽早判断一脚出球的方向。

⚽ 一脚出球的球员应该做好卸掉足球的一些力量（减小传球的力）的准备，然后把球回传到上前接球的球员的跑动路线上。

额外指导和演示

⚽ 教练应该给球员一段时间进行尝试。

● 教练可以把球挑起来，让球员用头部回敲球。

● 强有力地传球。

● 教练把球挑起来之后，传到球员的跑动路线上（可以用脚背内侧、外侧或正面传球）。

⚽ 教练应该经常示范，鼓励球员多进行尝试。

⚽ 球员尝试后，教练重新组织训练，让球员继续练习回敲球的要领。

⚽ 可以给以上 3 项热身运动分配大约 15 分钟时间。

热身运动 4

图 16.4

⚽ 在大小适当的网格内安排球员围成一圈，球员最多不超过 7 名。

⚽ 完成传球后，球员立刻移动到圈内的另一个位置上，如图 16.4 所示。

⚽ 教练可以通过以下方法给训练增加难度：

- 改变球员之间的距离；

- 改变场地大小；

- 改变球员的移动方向；

- 改变球的数量，例如每组用两个球，如图 16.6 所示。

训练要点

⚽ 球员应在传球后继续跑动。

⚽ 传球后，刚传完球的球员与一名没接球的球员互换位置。

⚽ 不直接参与配合的两名球员可以互换位置。

⚽ 在图 16.5 中，X2 传球给 X5。在传球的过程中，X3、X4 和 X6 知道自己处于无球状态，不直接参与配合。在此期间，当球在运动的时候，两名球员互换位置（在此例中 X3 和 X4 互换）。这时，X6 必须意识到 X3 和 X4 最有可能接到下一次传球。

图 16.5

进阶训练

我们可以把这些热身运动进行组合，让训练达到期望的效果。

⚽ 让守门员站在圈中断球，或作为其中一员参与传球。教练应该鼓励外场球员用各种方式把球传给守门员（见图 16.6）。

图 16.6

⊛ 外场球员把球带到接球球员身边。

⊛ 在传球时，既可以用头球技术，也可以运用各种传球技术。

⊛ 教练也可以鼓励球员在圈内向守门员射门。

⊛ 可以在圈的中央用 3 个球门组成一个三角形。守门员的任务是力保 3 个球门都不丢球。在外场球员互相传球时，守门员必须根据球所在的位置移动到相应的球门。传球可以绕过球门，也可以射穿 1 ~ 2 个球门。教练可以记录进球数，还可以要求球员不要在离球门 8 米以内射门。

热身运动 5

5 米

图 16.7

⊛ 球员相距 5 米面向对方，然后互相传球（见图 16.7）。教练可以增加以下变化：

⊛ 改变传球方式，例如脚背传球、凌空传球、头球、手球（仅限守门员）；

⊛ 接球球员可以一脚或两脚出球，第一次触球时把球停在身旁，第二次触球时把球传出；

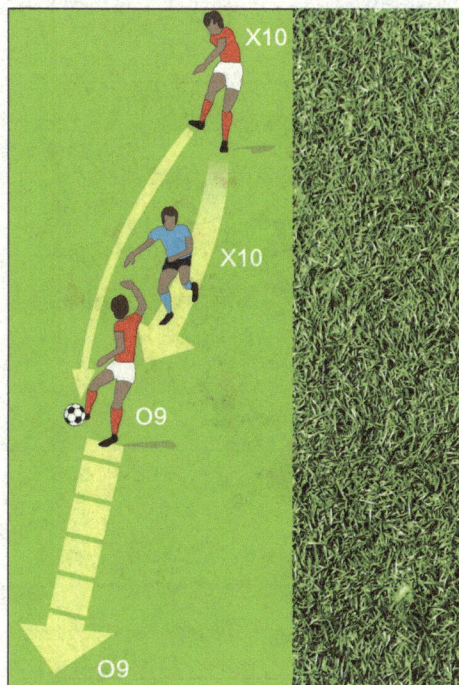
图 16.8

⚽ 不要让球落地；

⚽ 改变两名球员的移动方向，例如接球时迎球跑动，接球后向一侧移动；

⚽ 改变一名球员的移动方向；

⚽ 改变搭档之间的触球次数；

⚽ 鼓励球员尝试多种传球方式；

⚽ 在图 16.8 中，球先被发给 O9。O9 把球停好后向后跑动，由 X10 上前拿球，然后把球回传给 O9。X10 可以用手、脚或头来发球。

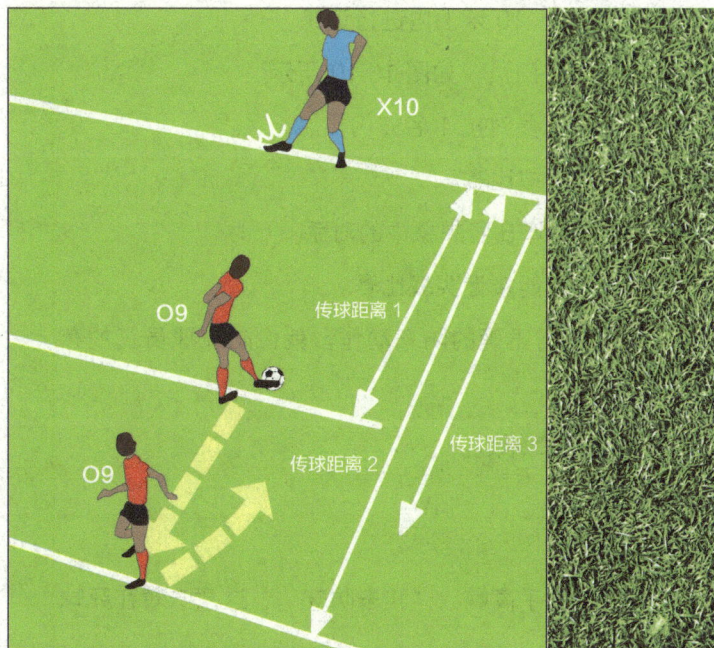
图 16.9

⚽ 在图 16.9 中，球员 O9 通过不断前后移动改变传球距离，这就要求 X10 改变传球的力量。

热身运动 6

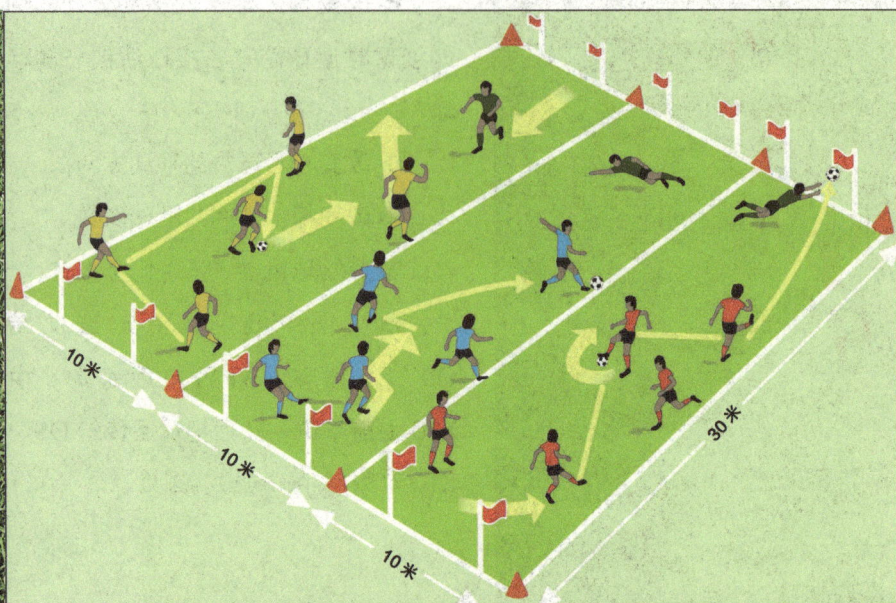

图 16.10

⚽ 在 3 个并排的小场（30 米 ×10 米）内进行训练。

⚽ 每组最多 5 名球员和 1 名守门员，如图 16.10 所示。

⚽ 在 3 个小场内分别由 5 名球员对抗 1 名守门员。

⚽ 我们可以把这种训练称为模拟比赛。

⚽ 5 名球员应该尽可能模拟对阵 5 名想象中的对手。

⚽ 所有球员的移动都应该尽可能接近实战比赛。

⚽ 守门员应该集中注意力做出正确的防守动作，就像防守球员真的存在一样。

⚽ 射门处至少应该离守门员 10 米远。

进阶训练

⚽ 如果球员愿意，他们可以举手高喊："我来防守！"这意味着在死球之前，比赛变成了 4 对 2（2 代表一名防守球员和一名守门员）模式。另外 4 名进攻球员仍然要尽可能把这场比赛当作一场人数相等的比赛。

⚽ 可以允许 2 ~ 3 名球员按照自己的意愿转变为防守球员。

我们希望这些组织热身运动的提示可以给教练提供一个基本的框架，以及一些可供调整的训练变量。现在我们建议教练为自己的球队设计专门的热身运动，毕竟最了解球员的还是教练自己。因此，教练在为自己的球队设计专门的热身运动的过程中应该考虑能让球队脱胎换骨的所有因素。

第 17 章　以有限制条件和有趣的训练赛结束训练课

有限制条件的训练赛示例

任何有限制条件且有执行这些限制条件的规则的训练赛都可以统称为有限制条件的训练赛。从一定程度上讲，许多足球教练都曾滥用有限制条件的训练赛。当这些教练既想消磨时间，又想让别人认为他们在认真指导的时候，他们就会组织球员进行一场两次触球的训练赛，但从来不思考这种特别的训练赛到底能够给球员带来什么好处。还有些教练在有限制条件的训练赛开始后就摇身一变成为裁判，他们觉得自己不用提供任何指导，因为球员可以靠自己从训练赛的限制条件中领会所有训练要点。

有限制条件的训练赛可以专门强调 1 ~ 2 个技术动作，然后让球员在接近实战比赛的情境下专心练习这些动作。设置限制条件的主要好处在于，鼓励所有球员在训练赛中使用自己需要练习的技术动作。这种训练赛的限制条件应该与训练课题相符，因此，教练需要提前设置适合练习某些技术动作的限制条件。

在给小场比赛设置限制条件时，教练需要考虑很多因素。为了帮助教练选择并设置合适的限制条件，我们在下文中提供了一些指南。

⚽ 不要过于刻意地设置限制条件。过于刻意设置的训练情境对提高训练的转化率可能毫无帮助。

🌐 严格执行限制条件。

🌐 尽量组织小场比赛。记住，在 11 对 11 的训练赛中，每名球员触球的时间非常有限。

在下文中，我们设计了几种有限制条件的训练赛，并列出了每种训练赛需要强调的技术。教练应该尝试为他们自己的训练课设计合适的有限制条件的训练赛。

一脚出球、两脚出球、三脚出球

限制控球球员的触球次数也许是训练赛中最普遍的限制条件。但是，触球次数只要超过 3 次，教练就很难评估球员的表现，而且触球次数越多，训练价值就越低。

一脚出球

这种训练赛应该强调以下训练要点：

🌐 训练赛的快节奏；

🌐 球员在无球状态下的跑动是进攻得分的关键；

🌐 球员的空间意识；

🌐 防守球员应该对控球球员快速展开逼抢；

🌐 配合球员应该积极要球；

🌐 进攻球员快速回敲球的能力；

🌐 控球球员与配合球员的沟通；

🌐 控球球员应该快速起脚射门；

🌐 防守球员应该在对方球员接到传球之前对其施加防守压力。

两脚出球

在这种训练赛中，教练除了要强调以上训练要点，还要训练球员第一次触球时快速完成接球和停球动作的能力。"不要让球黏在你的脚底下"（反应线索）。球员可以把第一次触球看作给自己的传球。

三脚出球

这种训练赛适用于那些技术水平不足以参加两脚出球训练赛的球员。

带球过人

在传球或射门之前，球员必须首先带球过掉一名甚至多名对方球员。

这种训练赛应强调以下训练要点：

⊕ 带球过掉对方球员；

⊕ 如果球员接到传球时背对对方球门，这种训练赛可以增强他们的转身能力。

1秒传球

在这种训练赛中，1秒传球必须是一脚长传球，或是一脚射门。这种训练赛应该强调以下训练要点：

⊕ 长传球的准确性；

⊕ 前锋积极跑位并找到传球的落点；

⊕ 控球球员应该尽早找到传球的绝佳目标；

⊕ 前锋有能力接到来自后场或中场区域的长传球；

⊕ 一旦球进入前场，应该立刻起脚射门。

对控球队员施加防守压力

在这种训练赛中，与控球球员距离最近的防守球员需要给他施加防守压力。这种训练赛应该强调以下训练要点：

⚽ 防守球员在防守时应该向对方球员施加防守压力；

⚽ 配合球员应该尽早给控球球员提供进攻支持（为他提供传球选择）；

⚽ 高强度的身体对抗。

传脚下球

这种训练赛要求每名球员把球传到一名队友的脚下。这种训练赛应该强调以下训练要点：

⚽ 传球的准确性及护球；

⚽ 控球球员应该通过积极跑动创造传球的绝佳目标；

⚽ 保护球权；

⚽ 配合球员为控球球员提供支持。

传中射门

在这种训练赛中，球员只有接到来自边路的传中球才可以射门。这种训练赛应该强调以下训练要点：

⚽ 传中球的准确性；

⚽ 头球攻门或凌空抽射；

⚽ 充分利用场地宽度和边路配合。

1秒出球

在这种训练赛，教练可以刻意增加一些限制条件，例如鼓励球员使用头球，加速对球的拼抢。不过，这种训练赛也可以非常有趣，适合在训练课结束前进行。

短传

除射门外，每个传球都必须是短传球。这种训练赛应该使用较小的场地，并强调以下训练要点：

⚽ 距离较近的球员应该相互支援；

⚽ 传球的距离短、准确度高；

⚽ 丢球后积极夺回球权。

其他训练赛

分组对抗

在图 17.1 中，X 队和 O 队的球员必须在各自的区域内移动，不得越过中线。只有当球进入自己所在的半场时，他们才可以开始比赛（一方进攻，另一方防守）。在双方半场内各画有一条越位线。教练可以按照他的意愿决定参与训练赛的球员数量（例如，在两个半场内分别进行 7 对 7 训练）。

这种训练赛应该强调以下训练要点：

⚽ 当球在对方半场时，前锋需要给对方带球球员施加更大的防守压力；

⚽ 后卫紧密盯防。

幽灵训练赛

教练可以给这种训练赛即兴增加许多变量，例如使用全场，让 11 名球员对

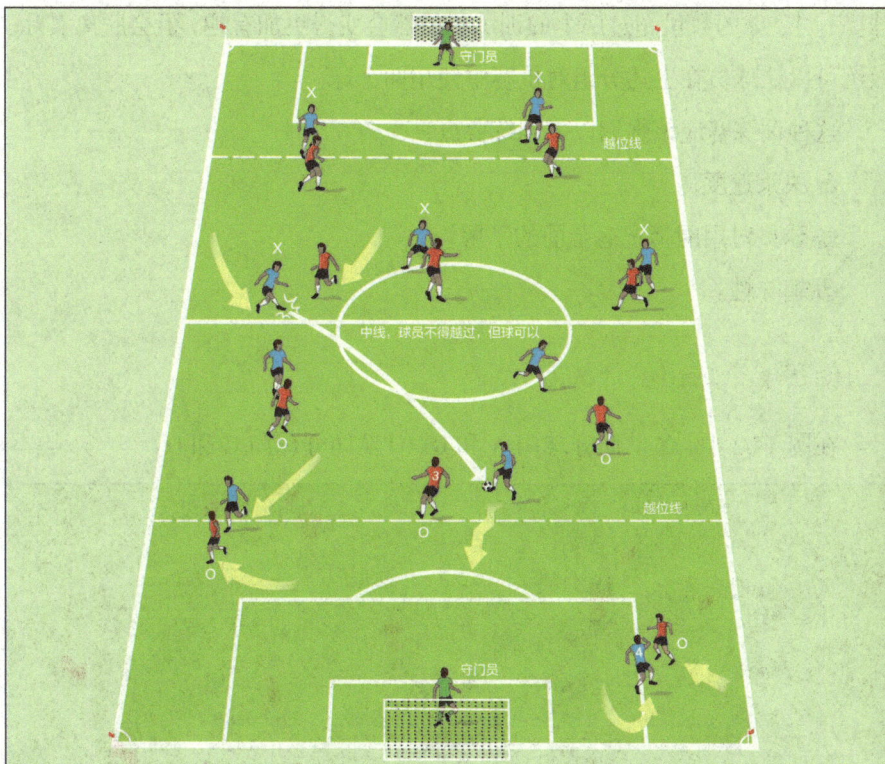

图 17.1

阵想象中的对手。在比赛中，进攻球员需要假装受到想象中的防守球员的盯防。当听到教练的哨声或指令时，某些被指定的球员（通常是 6 名前场和中场球员）转变为对方球员，然后攻击他们原来的本方球门。这可能会形成 5 对 6 的攻防对阵形势。一旦进球、死球或教练发出另一个指令，比赛就又重新回到 11 对 0 的模式。

这种训练赛应该强调以下训练要点：

- 通过充分利用各种传球创造存在对方球员的假象；
- 球员的创造力；
- 快速由攻转守。

使用两个甚至更多足球的训练赛

不论是小场训练赛还是全场训练赛，教练可以在任何训练赛中增加一个球。不过，球的数量超过两个的训练赛虽然会变得更加有趣，但会脱离实际。教练可以让球员在上述分组对抗赛中使用两个球。

这种训练赛应该强调以下训练要点：

⚽ 决策速度；

⚽ 球员对周围情况有全面的了解；

⚽ 趣味性。

使用 4 个球门的训练赛

在图 17.2 中，X 队防守球门 A 和 B，O 队防守球门 C 和 D。

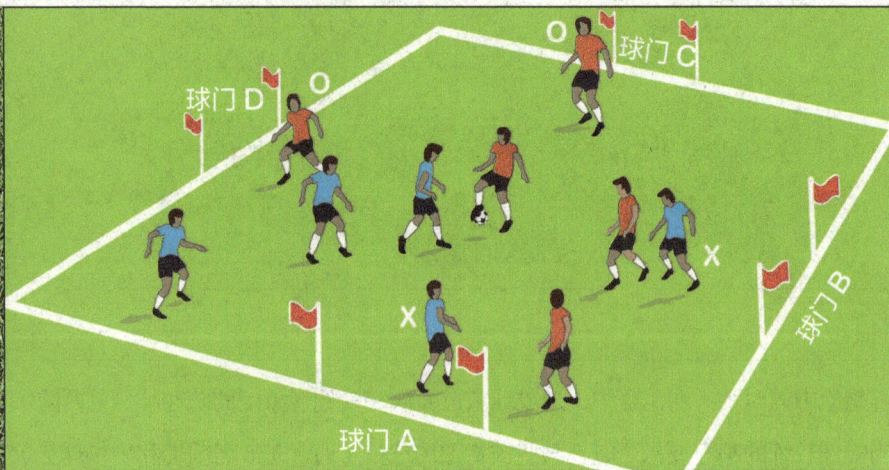

图 17.2

在使用 4 个球门的情况下，许多防守原则会失去意义，因此我们建议进行小场比赛。也是由于这个原因，这种训练赛除了提供趣味性之外并没有多大价值。

这种训练赛应该强调以下训练要点：

⚽ 意识到所有进攻可能性；

⚽ 双方受到的防守压力增大；

⚽ 趣味性。

编号训练赛

图 17.3 展示了这种训练赛的组织方法。

⚽ X 队球员与 O 队球员有相同的编号。

⚽ 双方分别沿本方的球门线站好。

⚽ 增加球门的宽度（调整角旗之间的距离）直到所有球员都可以站在里面，所有球员都是守门员，但是不得使用双手。

⚽ 当教练喊出一个数字的时候，双方相应编号的球员出列并相互对抗。

⚽ 这些被叫到编号的球员可以进行 1 对 1 对抗，如果教练喊出了两个编号，那就进行 2 对 2 对抗，以此类推。

⚽ 当教练叫另一个编号时，正在对抗的球员必须立刻停止，把球留在原地并回到本方队列，由刚被叫到的球员上前冲抢球然后继续对抗，直到一方射门得分，或球被踢到指定区域之外。

图 17.3

这种训练赛应该强调以下训练要点：

⚽ 快速利用机会的能力；

⚽ 在较短时间内进行高强度的身体对抗；

⚽ 趣味性。

背驮式足球

球员两两组队，按照正常的规则进行比赛，但他们需要背着自己的搭档进行比赛。要想让训练赛接近实战，教练必须使用较小的训练区域。此外，还应该让球员经常更换搭档。

这种训练赛应该强调以下训练要点：

⚽ 趣味性；

⚽ 肌肉耐力。

3 条腿足球

球员两两组队。两名搭档把各自的一条腿绑在一起进行比赛。这种训练赛应该强调趣味性。

团队足球

10 名球员把手臂挽在一起进行比赛，这可以作为一种进阶训练赛。例如，一场正常的训练赛开始时，让每名球员各自为战。然后让他们两两结对，使比赛变成 5 对球员对阵 5 对球员（守门员仍然单独存在）的模式。然后把两对球员组合在一起。最后让全队球员的手臂都挽在一起，形成 10 人一组。

这种训练赛应该强调趣味性。

行走足球

这种训练赛可以在缩小的场地内进行。球员只能行走，跑动会让他们遭到惩罚。这种训练赛应该强调以下训练要点：

⚽ 趣味性；

⚽ 战术；

⚽ 良好的位置和空间意识。

第六部分
执教过程

在帮助球员增强运动能力的过程中，众所周知的事实是，教练起着至关重要的作用。有关教练—球员关系的研究促使许多人开始思考两个问题：什么是执教过程？一节有效的训练课由哪些因素构成？随着运动科学家们开始评估训练效果，有关训练课计划、管理、指导和观察的分析变得越来越受欢迎。我们认为，有效的指导是客观最佳运动表现的关键，教练的指导越有效，球员的比赛成绩就会越好，其目的是优化球员的竞技状态。

关键是，执教过程影响着球员各个方面的表现——从基础运动技能的提升，到战术和比赛计划的提炼。许多人认为执教过程需要教练和球员的协同合作，而不是一系列缺少系统性的、单独的训练环节的集合。在这个过程中，随着球员不断遇到新的环境和情况，他们各方面的能力都会得到不断的增强。

执教的实质是鼓励球员纠正错误的技术动作和意识的过程。球员能否通过技术训练优化竞技状态在很大程度上取决于教练的分析是否正确。教练需要根据球员的实际表现做出准确的评估，这样才能给球员提供有效的指导，帮其改善表现。在大多数比赛中，教练对球员表现的分析是建立在一系列量化评估结果上的。在图VI.1中，我们用一个简单的流程图对执教过程做了概括，其中包括观察、分析和计划阶段。在观察比赛的过程中，教练对球员的表现既会有正面的评价，也会有负面的评价。

在为下场比赛制订备战计划之前，教练往往会参考过去的比赛结果，以及球员在训练中的表现。在下场比赛结束之后，教练又会重复这个过程。

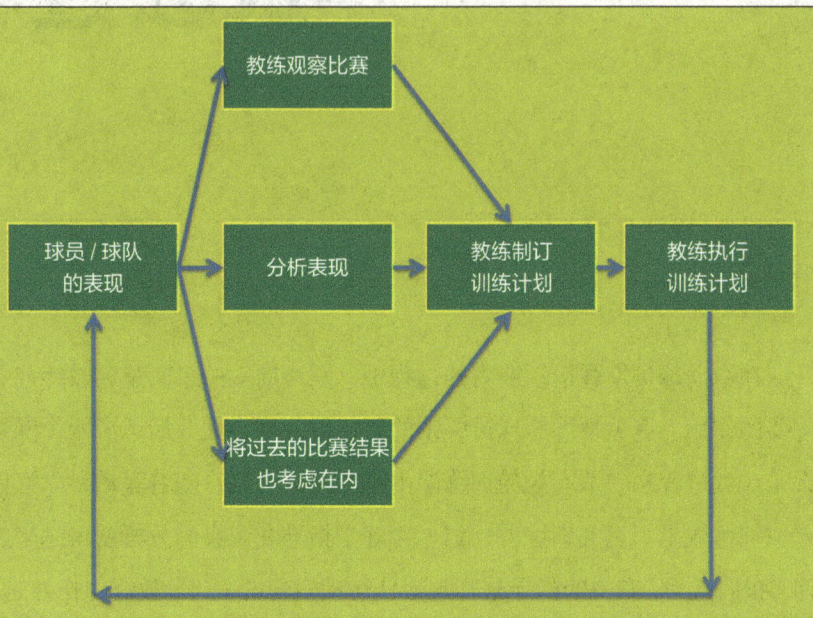

图 VI. 1

我们已经说过，一个观察者很难把整个训练场内发生的所有事情一件不落地记下来。在任何特定的时间段内，教练通常只能看到比赛的一部分，许多比赛信息会遗漏，教练只能记住有关某支球队或某个球员的部分信息。在比赛结束之后，他很难基于这些片面的信息做出评价。在一场比赛中会发生许多令人印象深刻的事件，例如裁判的争议判罚，或个别球员出神入化的球技等。尽管这些事件很容易被人记住，但是它们往往会让教练对正常比赛的评估失真。一场比赛能被人记住的大部分特征往往和那些精彩瞬间有关。在整场比赛中只发生过一次的事件通常很难被人记住，就算被人记住了也很快就会被遗忘。此外，情绪波动和个人偏见也会对记忆储存和回忆产生重要影响。因此，来自教练的反馈有可能是不充分的，球员和球队也就失去了一次提升表现的机会。

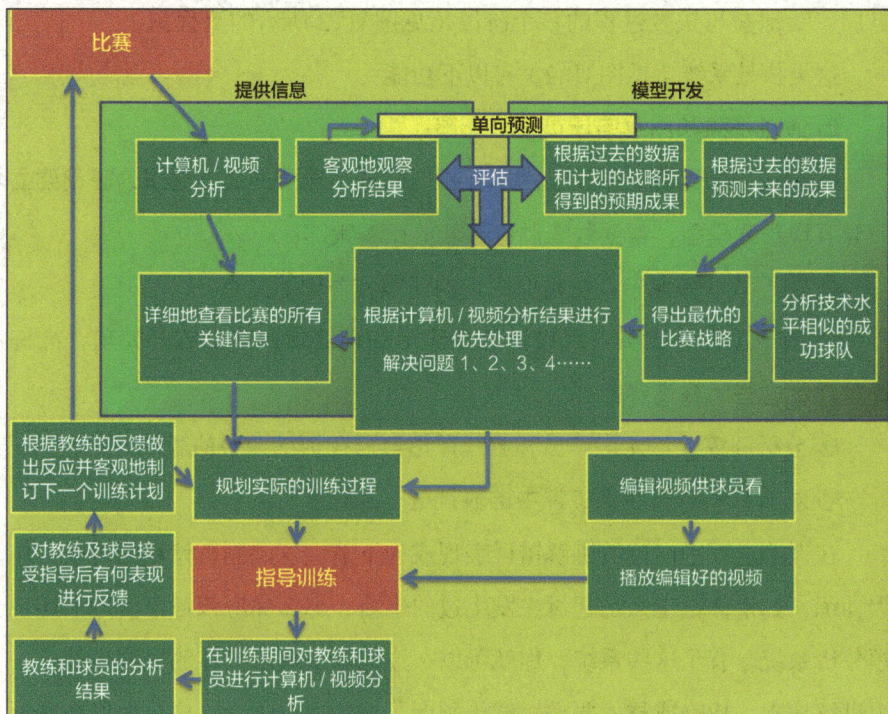

图Ⅵ.2

不过，教练可以通过某种运动分析系统来保持观察的客观性。一般来说，速记系统（铅笔和检查表）虽然非常精确，但也有很多缺点（例如，复杂程度较高的记录项目需要相当长的学习时间才能被掌握）。计算机速记系统的应用使数据处理的问题得到解决。这些计算机系统可以即时使用，有的还可以在事后回放录像。在这些系统的帮助下，教练不仅可以快速便捷地处理数据，还可以通过图解和其他图像形式向球员讲解这些数据。随着技术的成熟，这些视频系统的成本不断降低,教练的事后反馈(也就是提供信息,见图Ⅵ.2)效果得到了明显的增强。教练可以在回放视频时进行主观性分析，也可以通过计算机交互式视频系统进行详细的客观分析。数据库的发展也会对预测建模（也就是开发模型，见图Ⅵ.2）起到促进作用，将来更加强大的预测建模又会进一步优化训练效果。在此类比赛分析系统的帮助下，当代教练可以更加广泛地参与执教过程的各个阶段（见图Ⅵ.2所示的流程图）。

这类执教系统（见图Ⅵ.2）有以下功能：

⊛ 通过视频和图解向球员提供反馈；

⊛ 以过去的比赛结果及技术水平相似的成功球队的比赛结果为基础建立一套表现预测模型，帮助教练制订最佳的比赛策略；

⊛ 在下节训练课中，把需要纠正的问题作为训练重点；

⊛ 根据过去的比赛表现设计符合实际的训练课，在训练开始前，允许球员观看这些比赛集锦；

⊛ 分析训练课，允许球员和教练评估自己在训练课中的表现；

⊛ 对教练和球员在训练课中的表现进行反馈。

在训练过程中向球员讲解错误表现或为下节训练课制订计划的时候，作为训练，如果你很难回忆起过去发生过的事情，那么你应该考虑使用上述视频分析系统。有了这些系统，你就可以一边向球员展示具体的比赛事件，一边讲解战术、战略或技术要点。球员领会了这些要点之后，再让他们在接近实战的情境中进行训练。这些训练环境都是按照实际比赛的情境设置的。此外，当球员正在训练，教练正在指导和提供反馈的时候，一台录像机会把他们的行为都记录下来。训练课结束后，球员可以将刚才的训练表现与上节训练课的表现进行对比。得益于相对便宜的手持录像技术的广泛应用，大多数教练都有能力购置这些设备。由于一节训练课只能练习1～2个训练要点，所以教练就要决定给球员播放哪一段比赛视频。让球员观看正常比赛的录像可能会起到反作用，导致他们信息过载。教练可以只向球员讲解有关出色表现的要领（预测未来的成果，见图Ⅵ.2）。这样做不仅可以将球员的表现量化，还可以指导教练选择要在训练中解决的关键问题——光靠看比赛录像无法解决这些问题。教练使用比赛分析系统就可以得到。

第 18 章　建立表现模型和预测

在计划一节训练课的时候，教练不仅需要评估球员在上场比赛中的表现，还需要考虑他们一直以来的表现，另外他还要了解他们所能达到的最佳表现水平。我们已经在图Ⅵ.2右侧的流程图中强调了这一点。不论是对教练还是研究人员来说，根据球员过去的表现预测将来的表现都是一个重要的目标。这个过程被称为建立表现模型，而且可以通过许多方法做到这一点。从某种程度上讲，球员的表现是可重复的，这往往是建立预测模型的基础。换句话说，过去发生过的事情可以通过某种可预见的方式在将来重现。这也是侦查即将对阵球队的基础。你刚刚看到的（也许是分析的）表现会在下场比赛中重现吗？如果不会，那么所有预测都会遭到严重质疑，导致教练质疑球探报告的有效性。因此，问题的关键是哪些表现会在体育比赛中重现。

让我们来看两个例子。在足球这样的一个团队运动项目中，有22名球员球场的不同区域做着不同的动作。在这种复杂的情况下，我们不可能轻易地找到可识别的、可重复的情况。相反，壁球比赛只有两名球员（不算双打比赛），而且比赛场地相对较小，可使用的动作（如射门）也比较有限。因此，在研究类似足球这样的团队运动之前，科学家们就已经在尝试评估壁球运动员表现的可重复性，这丝毫不令人感到意外。早在20世纪90年代，蒂姆·麦加利（UBC的一位运动科学家）发现，当面对不同对手时，研究人员很难从同一名球员的个人表现中找出可重复的事项，也就是不变的行为反应。不过，当面对相同对手时，预测运动员的表现是可能的。造成这个问题的一个原因可能是分析的复杂程度还不能与比赛情况的复杂程度相匹配，还可能是优秀的运动员会根据不同的对手改变他们的技战术风格，导致比赛情况变得更加复杂，更加难以预测。

2000 年，马格努斯·马格努森开发了一款名为 Theme 的软件，据说它能从复杂的数据流中识别复杂的重复模式（被称为 T 模式）。多亏了当代先进的足球分析系统，我们现在已经有可能找到这些模式。在安迪·博里及其同事的一篇论文中，他们把 T 模式定义为"按照相同顺序发生的一系列事件的集合"，并认为这些连续事件之间的实际差异保持相对不变。迄今为止，所有使用 Theme 软件进行分析并且已经发表的研究都把动物行为作为主要研究对象，唯一的例外是安迪·博利和他的同事们，他们研究的是球员在足球比赛中的带球行为。

他们在一些球队中发现了某些模式。例如，在 1998 年的一场欧冠资格赛的上半场，有一个模式出现了 3 次：传球穿过 4 个场区（总共有 18 个）。他们认为，如果没有 Theme 的辅助，这种模式很难被发现。因此他们得出结论：足球比赛中还有许多时间模式也许还没有被发现。目前，多个机构正在进行进一步研究，试图解决在给足球这类团队运动项目建模的过程中遇到的复杂问题。蒂姆·麦加利及其同事在他们编辑的《足球表现分析手册》（劳特利奇出版社）中对这方面的一些研究成果做了详细的介绍。

由于在复杂程度较高的运动中寻找相同模式的难度太大，一些研究人员已经开始重新评估他们使用的分析方法。其中的一个方法是把体育比赛看成一个动态的系统。所谓动态系统，是指内在行为具有自组特征的系统（也就是说，这个系统的规律性不是外力导致的，而是其内部发生一系列变化的结果）。一个典型的例子是四足动物在不同行进速度下的步态模式（散步、慢跑和飞奔）。因此，系统（在这个例子中，系统就是 4 条腿）能在特定速度下保持稳定的行为模式。

当这个动物需要改变行进速度时，这个行为模式就会受到干扰。在干扰消失之后，系统又会重新组织，然后再次恢复稳定，尽管在这一过程中会出现一个不同的结构模式。

　　这个领域内的大多数研究都把持拍类运动项目作为研究对象，因为这些运动项目中的干扰（也就是系统在稳定和不稳定之间的过渡阶段）是最明显的。把这些研究方法应用到诸如足球等团队运动中更加吸引人，因为我们有可能发现比赛中一些不变的行为模式。例如，与其搜集与传球、控球率、定位球等相关的统计数据，为何不研究一下导致射门或射门机会出现的系统稳定性变化（干扰）呢？我们能否定义足球比赛中的干扰？根据迈克·休斯及其同事的定义，足球比赛中的干扰指的是改变进攻和防守节奏的事件。例如，干扰可能是一次决定性的传球或带球突破，也可能是一次意料之外的丢球。他们发现15场欧冠比赛中平均每场出现了88次不成功的干扰（那些没有带来进球机会的事件），以及大约30次导致射门的成功干扰。干扰的存在及系统状态在变和不变之间转换的理论得到许多人的支持，尽管他们都不相信决定性行为（导致进球的干扰）的存在。有趣的是，持拍类运动项目的专业教练能够预测一种干扰的开始或稳定性的改变（导致赢球、失误或障碍），而且据说专业的足球教练也能进行类似的预测。例如，在足球比赛中，有经验的观察者能预测某次球权转换是否会带来进球机会。足球比赛快速的攻防转换（断球）中也许会出现决定比赛结果的重要机会。我们也许可以设计出某种战术，它既能巩固球队某些方面的强项，又能充分利用下场比赛对手的弱点。在复杂的系统（如足球比赛）内，干扰事件似乎能起到决定性作用。但是我们非常清楚，为了看清这些干扰事件的本质，在这个领域内还有很多工作要做。一些针对数据建模的研究已经通过不同的途径做了一些新尝试。例如，与平等对待所有行为的理念相反，有人认为某些干扰事件可能比其他事件更加重要。来自此类调查的发现给研究人员和教练提出了新的挑战：他们需要找到不同的对手会对球队本身产生什么影响。

　　由于足球运动包含很多组成要素（例如战术、运动技能、战略），为了理解所有这些要素组合在一起产生最终结果的方式，科学家们已经尝试使用不同的方法进行建模并预测比赛结果。我们仅介绍了其中一些方法，并没有列举全部。确实，新方法会不断涌现，并且往往会借鉴其他学科的方法和理念。

有的新技术看上去非常复杂，有的似乎比较愚笨。但是我们不能忽视这些新方法的潜力，因为它们有可能让我们对复杂情况的理解更加深入。例如在运动分析领域，模糊逻辑算法就是一种相对比较新颖的方法。这种方法旨在从复杂和模糊的决策中找到明确的结论。模糊逻辑算法原本是一种数据处理方法，它允许部分集合关系，而不是绝对集合关系或非集合关系。在 20 世纪 70 年代出现能够处理海量数据的计算机之后，以这种算法为基础的解决方案在不同领域得到广泛应用。近年来，这些技术被应用到了体育领域。模糊逻辑系统的一个弱点是，它需要分析师（可能还需要从事这项运动的教练或其他专家的协助）定义集合关系规则。尽管这个系统的强项在于可以按照不同标准处理不同的规则，但是它仍然需要科学家来制订规则。不过有人对这个系统进行了升级，研发出了一个名为"人工神经网络"（Artificial Neural Network，ANN）的模型。这套模型是根据神经细胞及其互动原则建立的。按照杰根斯·珀尔的说法，这套模型有能力在历史关系的基础上识别新的关系。不过，虽然这项新技术（至少在运动领域是新技术）拥有非常大的潜力，但是短期内可能还只是一种学术研究的工具，远远达不到用于训练的程度。在谈到这类建立预测模型的新方法（如模糊逻辑算法、ANN 和其他基因学程序）时，罗杰·巴特利特认为虽然它们确实有很大的潜力，但是实际研究成果的应用价值仍然比较低。他给出的其中一个原因是，相较于体育领域有限的学术研究资金，研发这类技术的代价过高。

第 19 章 训练课分析

现在，让我们把注意力转移到训练课上来。在前述的扩展训练过程中，我们已经证明在训练中使用和比赛相同的分析技术是可行的。因此，问题的关键就成了"有效的训练课有哪些关键因素"。为了回答这个问题，我们必须首先了解一节训练课的内容。在图 19.1 中，我们列出了一节普通的训练课所包含的一般训练内容。

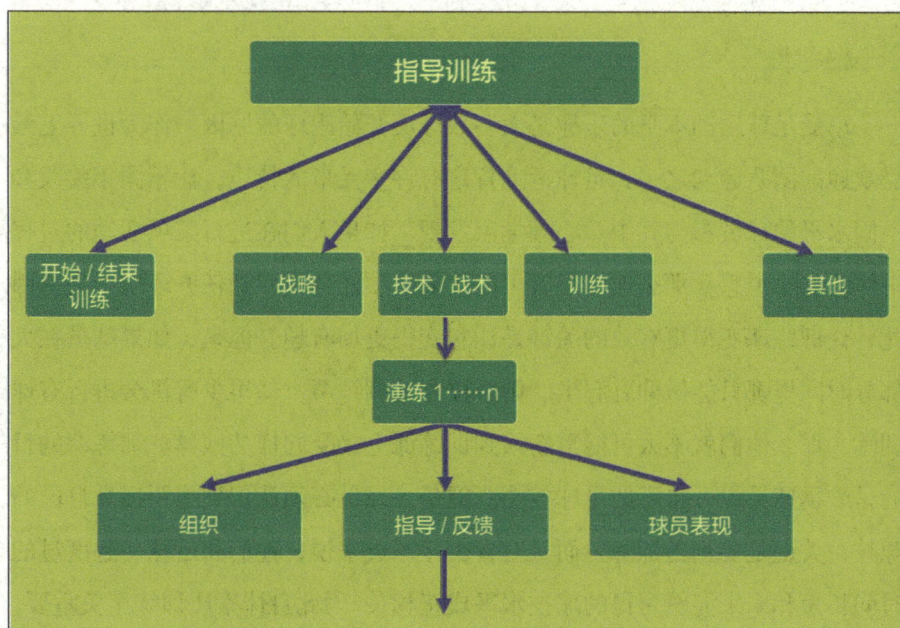

图 19.1

尽管我们承认身体素质训练对球员来说至关重要，但是我们无法在本书中详细讨论影响球员表现的所有生理因素。我们已经在之前的章节中讨论过如何开始和结束训练课。因此，既然一节训练课中的大部分时间都被用来进行战术和技术训练，本章就将把讨论的重点放在这些训练要素上。在此之前，球员的表现一直都是本书关注的焦点，但是现在我们要转而关注教练在训练课中的行为。教练负责组织训练课，并向球员传达指示，因此，让我们先来审视一下有关组织训练课的一般建议以及最优实践，然后详细讨论如何衡量教练给球员提供的指导和反馈。可能的话，同时找出改善这些指导和反馈的方法。我们建议教练以下文中的训练要素为指导，优化训练课的组织工作。也希望教练审视一下自己的训练课，然后问自己一个问题："我们的训练课有没有包括以下所有的组织要素？"

组织

趣味性

　　享受足球运动本身的乐趣是大多数球员开始踢球的原因。作为世界上最受欢迎的团队运动之一，足球运动肯定有许多无形的特质，让不同年龄段和不同水平的球员参与其中。心理学家发现，如果人们在进行某项活动的过程中体验到愉悦感，那么他们很有可能重复这项任务或回到任务环境中去。因此，让训练课变得更有效的关键是让它变得更加有趣。但是，如果球员在大部分时间里都只能做仰卧起坐、俯卧撑和冲刺练习，却很少有机会进行有球训练，那么他们就不太可能重新回到训练课上接受同样的煎熬。训练课的目的是鼓励球员提升自己的足球技能。但是，球员必须认识到想要提升自己的球技，关键是要刻苦训练，而且对青少年球员来说，他们和足球一起度过的时间长短和未来能够习得的球技水平成正相关。因此身体素质训练至关重要。如果能从训练环境中得到关于训练误区的有效反馈（不一定是来自教练的反馈），那么训练量越大，他们的进步就越大。

因此，球员每天都应该刻苦训练，如果有需要，教练应该教给他们一些能够在家里独自运用的方法。尽管熟练不一定能生巧，但是某种有趣的训练方法一定可以让球员的球技得到显著提升。

符合实际

那么，我们应该如何营造一个符合实战的训练环境呢？以下要素能让训练课的逼真度得到显著提高。

训练场地

训练场地可以根据不同的目的而定。用任何东西都可以划出 10 米 × 10 米的正方形场地，例如球员的衣服或背包。我们可以把一个全场的足球场分隔成两块迷你足球场，并在各个角落划出训练区域。我们还可以把球门放在球场中央，让双方共用一个球门，用来组织与个人技术相关的训练。

防守球员

在所有技能习得阶段，防守球员都应该积极参与。但是，为了优化训练的效果，我们可以有意地限制防守球员，要求他们在一定程度上消极防守。随着球员技术水平的不断提高，我们可以逐渐取消这些限制。

配合球员

足球是一项团队运动，不论拿球球员（正在传球和接球的那些球员）还是无球球员（跑动到无人防守的区域准备接球的球员），队友之间都需要默契配合。大多数技术动作的训练都需要队友配合。

目标

在每节训练课中教练应该为每名球员都制订一个清晰的目标。例如，全队需要连续完成多少脚传球，球员必须把球控制在目标线上，球员能够把球传给指定的目标球员。对球员来说，所有这些都是有效的目标。

积极性和合理设置训练环节的顺序

如果训练课经过精心设计且符合实际，那么球员在整节技术训练课中都会保持较高的积极性。在为每节训练课安排训练顺序时，教练应该考虑这样一个事实，那就是他所提供的任何信息都应该与球员目前的知识基础相适应。一般情况下，当教练正在一边介绍某项新技术一边布置训练环境的时候，由于球员在训练课刚开始的时候没有任何参照点，所以他们无法理解教练口头传授的技术信息。毕竟他们自己从来没有尝试过这项新技术！教练可以按照以下概括的顺序组织每节技术训练课。

⚽ 布置训练环境。

- 确定训练所需场地的边界线。

- 向球员简要介绍本节训练课的目标（这时没有必要讲解任何训练要点）。

- 分配训练课需要的进攻球员和防守球员。

- 为进攻球员和防守球员制订清晰的目标。

- 训练环境的布置应该有利于技术训练，可以让教练有针对性地给球员提供指导和反馈（与技术相关的评语）。

⚽ 让球员在场地内开始训练，他们会出现一些可预见的失误，教练应该让他们做好接受纠正性反馈和指导的准备。

⚽ 示范这项技术，必要的时候使用我们在本书中概括的那些方法。记住：对球员来说，千篇一律地耳提面命不如教练手把手地言传身教。然后只针对该技术的关键要领提供 1 ~ 2 个重点。

⚽ 让球员继续训练，体会这些重点。记住，一定要让球员在接近实战的环境中训练技术，这非常重要。

⚽ 改变训练环境，进一步提高球员的技术水平。

⚽ 需要牢记：环境的设置必须有助于保持球员的积极性、参与性和满足感。

进步

一节组织严密的训练课还应该有一个明显的特点：球员能在训练中取得进步。对教练来说，让球员的技术水平持续得到提高是可能的。关键在于提高技术训练的难度，例如提高防守强度。但如果原先的训练安排对球员来说难度太高，那么教练也可以降低难度。虽然很多教练不会选择降低训练的难度，但是它可能与提高训练的复杂程度一样重要。教练面临的主要问题是："什么时候才是改变和提高训练要求的正确时机？"答案要视球员是否能够成功掌握技术而定。如果球员觉得训练太复杂，而且一直达不到预先设定的目标，那么教练也许应该降低训练的复杂程度，直到目标变得可达成。相反，如果球员觉得训练太简单（例如，他们能轻而易举地达成目标），那么教练就需要提高训练的复杂程度和要求。目标设定应该带有自我激励的效果，也就是说，目标的达成可以给球员带来正面的激励。我们不应该狭隘地看待这种达成目标取得进步的方法。例如，当一名球员无法完成某个技术动作的时候，他应该另辟蹊径，而不是一条道走到黑。掌握某项技术的方法有很多种。也许一个新的训练环境就可以帮助这名球员掌握这个技术动作。除了营造自我激励的环境，教练还应该提供一些外部激励，例如夸球员："干得漂亮！就这么做！很好！"有的教练只关注球员的失误。他们让球队实力变强的方式是努力减少球员的失误，例如他们会这么说："不对！你做得不对！"尽管我们可以使用负面反馈防止球员出现失误，从而让他们学会新的技术动作，但是对教练来说，寻找并夸奖球员的出色表现也许是一种更有效的方法。有时候我们应该允许球员犯错，球员可以从错误中吸取教训，这有利于他们学习新的技术动作。但教练应该谨慎选择夸奖球员的时机。过于频繁的赞赏会减弱这种方法的激励效果。让球员通过努力训练赢得教练的夸奖，如果他们的确表现出色，教练就应该由衷地夸奖他们。

技巧

　　教练必须把大部分时间用在培养既有出众球技又有丰富想象力的球员上——这是他们的首要任务。训练课的组织必须反映出教练对球员技术水平提高的重视。在给球员分配职责时，教练只需要强调一般性原则，不要过多地限制他们，这样可以给球员更大的发挥空间。遵循团队配合的一般原则（而不是战术体系）可以让球员更容易适应各种比赛场地和各种比赛形势。

适应性

　　教练负责计划并组织训练课，而球员通过这些训练课提升自己的球技，因此训练课应该富有挑战性，但是难度不能太大。教练应该根据所执教球员的实际水平设置合适的训练难度，并且知道球员在这种训练难度之下会有什么样的表现。每位教练都应该持续关注球员对训练难度的反馈，如果难度太低或太高，或者完全不适合，他们应该对训练难度进行调整或换一种训练方法。因此，教练必须在训练计划中增加能带来类似效果的备选训练方案。教练对球员的水平越了解，他用到这些备选方案的可能性就越低。当然，前提是教练刚开始就选对了训练计划。

毅力

　　尽管某个特定的技术动作可能需要花很长的时间才能被熟练掌握，但是教练应该不断鼓励球员坚持训练。在大多数团队运动项目中，人们一直以来都认为战术训练更加重要，个人技术训练则不值一提。但是，从事个人运动项目（如高尔夫球、网球、游泳和体操）的运动员每天都会花很多时间完善他们的技术。足球运动员没有任何理由不接受个人技术训练。除了全队的战术训练，每名球员每天还应该增加技术训练的时间，例如射门、短传、长传、带球等技术动作。

个体训练

把年龄和技术水平接近的球员组合在一起是我们组建球队的基础。因此，我们的所有球员都应该处于相似的发展阶段。但即便在职业球队中，事实也并非如此。个体差异是所有球队都具备的特点，期望所有球员在每节训练课都有类似的表现是愚蠢的。然而，每节训练课都应该至少包含一个训练要点。除此之外，教练还应该给球员充分的空间，让他们可以灵活地按照自己的想法理解并阐述这个训练要点。教练应该鼓励球员用他们已经掌握的技术动作进行尝试。教练还应该了解球员的极限，让他们在巩固强项的同时也要补足短板。考虑到个体差异，教练有责任给每名球员提供适合他的反馈。即使在中场谈话的过程中，教练也应该直截了当地指导球员，避免使用过多的概括性评语。概括性评语的适用范围太广，往往导致球员逃避责任。

守门员训练

由于外场球员在人数上的优势，守门员总是在训练中被忽视。在每套训练计划中，教练都应该为守门员专门制订一系列具体的训练方法。我们希望守门员在训练中的参与度可以和他的队友一样。但是守门员确实需要更专业的训练方法，而且教练应该把这种训练方法整合到训练课中。这些训练内容不应该只是为了填满训练时间，而是经过仔细规划的渐进式训练（见第 13 章）。

守时

教练应该永远提前到达训练场，并换好训练服准备开始训练。如果球员到场的时候看到教练已经在等他们，而且球都已经摆好，训练锥已经放到正确的位置，角旗作为球门也已经插好，那么他们对训练的期望值就会升高，而且会非常好奇随后开始的训练有什么内容。不管有没有人迟到，教练都应该开始训练课。他应该让球员清楚地意识到，训练和比赛一样，必须准时开始，每个人都应该整装待发。

在其他球员到来之前，提前到场的球员可以自由进行热身运动。随着赛季临近尾声，这些额外的训练会成为所有球员的常态。

训练主题

训练应该有条理，这样教练才能更好地向球员传达信息。为了做到这一点，教练可以在整节训练课中关注一个主题，并为整个赛季制订一个训练框架或计划，带领球员循序渐进地朝着年度目标努力。如果执教的是 8 ~ 12 岁的青少年球员，教练可能需要在一个赛季里设置所有方面的训练内容，但在每节训练课中，他可以着重提升某项具体的技术。尤其是较低年龄段（8 ~ 10 岁）的球员，他们必须在训练中学习接球、带球和射门的技术，并反复训练。拥有出色技术水平的球员能够融入任何球队阵型。高年龄段（12 岁以上）的球员也许能够较好地适应经过团队分析而制订的训练方法。虽然教练完全可以针对想要涵盖的训练主题制订一个大的框架，但是为了解决比赛和训练分析中出现的问题，教练的个人计划必须要灵活变通。既然本书的受众是所有级别的教练，那么训练计划就必须具有较强的灵活性和特异性。我们对每个章节都进行了精心的设计，以帮助教练了解一个共同的训练主题，并围绕这个主题提供了多种可选的训练方法。教练应该首先选择他们的个人优先训练目标，其次应该规划一节能达成这些优先目标的训练课。

管理

主动的教练把他们的时间和精力奉献给球员，训练的频率往往就成了综合考虑球员日程、比赛计划以及教练日程的结果。可能的话，除比赛日外，我们建议每周至少进行两节训练课。对青少年球员来说，夜间训练课的开始时间不应该太晚。但是你的训练时间很可能取决于球员生活的社区。训练课的时长往往由教练控制。许多训练课的时长会远远超过大多数青少年球员注意力可以集中的持续时间。如果这些青少年球员感到疲劳和注意力分散，那么训练的效果就会大打折扣。

当球员积极性较低时，继续进行任何训练都是没有意义的。我们建议教练安排简短、有趣且气氛活跃的训练课，但前提是教给球员的训练方法可以让他们在家里进行训练。在训练的过程中，最开始的训练组织往往是最耗时间的。但是，这种组织的一些小细节往往会决定一节训练课的效果。以下是训练项目检查清单，教练可以对照这份清单查看哪些项目已经就位，哪些还要进一步准备。

- ⚽ 足球：正确的尺寸，大量；
- ⚽ 训练背心：两套不同颜色的训练背心；
- ⚽ 训练锥：至少 12 个，用于标记区域；
- ⚽ 角旗：至少 1.52 米高，用于设置临时球门；
- ⚽ 球网、可移动球门或迷你球门：可能需要桩钉固定球网；
- ⚽ 手表：训练中某些计时项目可能需要秒表；
- ⚽ 装有冰敷袋或冷敷袋的急救箱：所有比赛和训练的必备品；
- ⚽ 分析设备：电脑、录像机等。

每节训练课应该从一个训练环节平稳地过渡到下一个环节。这样可以让球员理解训练课的各个部分都是相辅相成的。可能的话，当教练在不同训练内容之间转换时，他也应该考虑球员分组人数的变化（例如，如果球员在上一阶段是 3 人一组，那么下一阶段应该让他们尝试 6 人一组）。训练场地的大小应该能与最少球员数量相适应。教练应该避免把全场的球门从一个区域搬到另一个区域，更不应该对训练场地进行彻底的重新设计。在训练开始前，教练就应该给球员分好组，而且他应该告诉每名球员训练内容。

训练场地

我们应该对训练设施给予更多关注。只要有可能，我们就应该要求相关场地的管理部门对球场的画线加强控制。对球员数量较少的球队来说，11 人制标准球场画线的用处相对有限。他们还可以选择许多别的球场画线方案。例如，我们对威廉·汤姆森在其著作《教授足球》（1980 年出版）中的画线方案进行修改，得到了以下方案（见图 19.2 ~ 图 19.5）。

网格系统

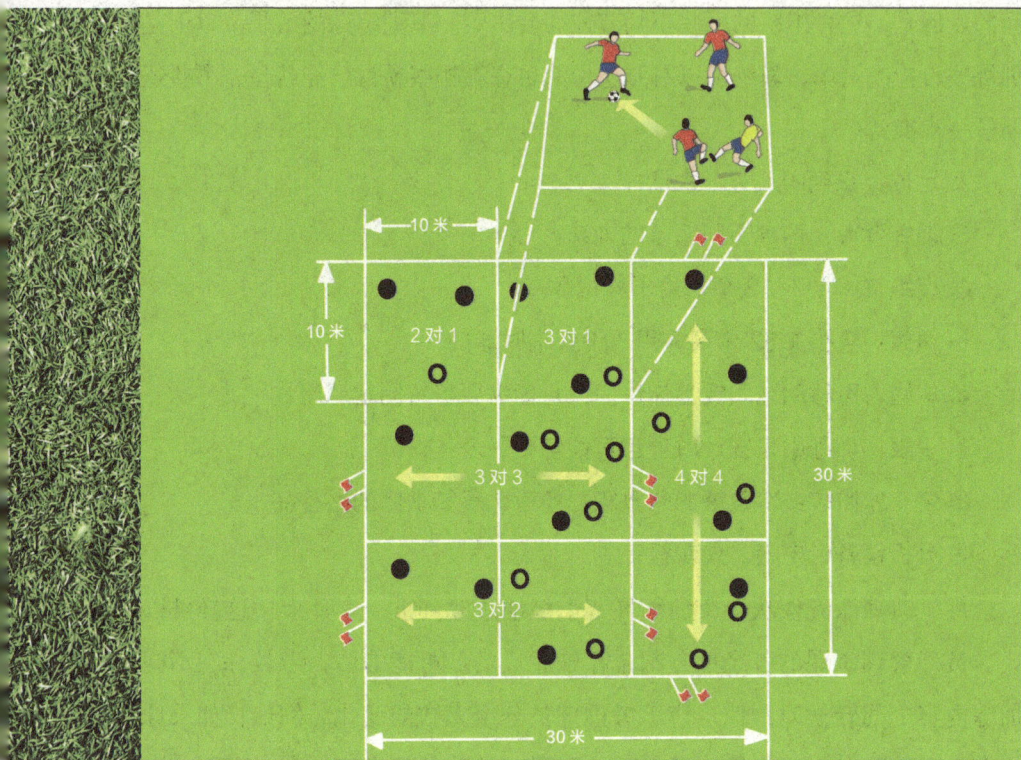

图 19.2

中央球门

图 19.3

小场足球

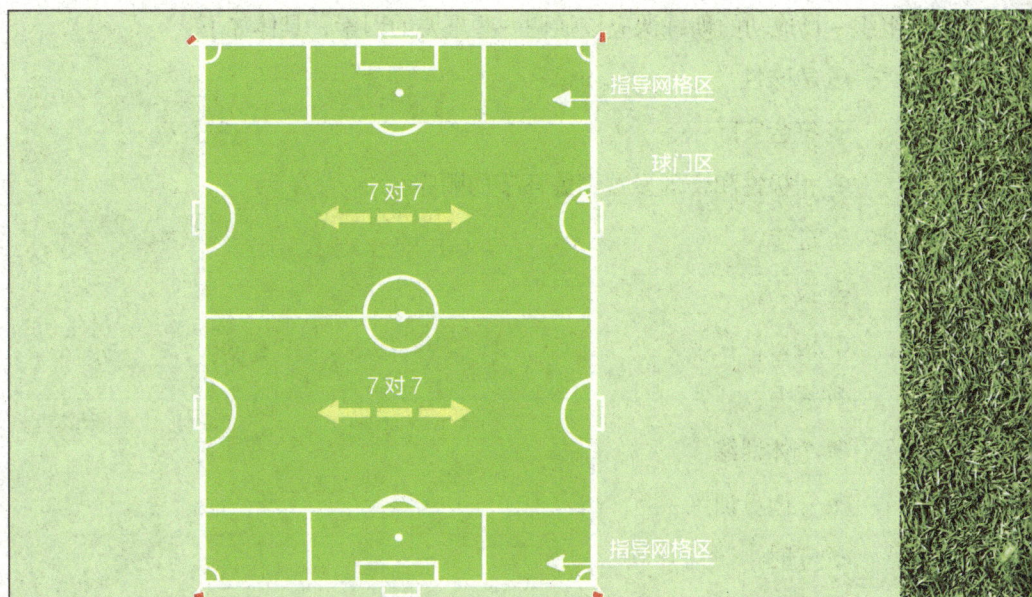

指导网格区

球门区

7 对 7

7 对 7

指导网格区

图 19.4

场地画线

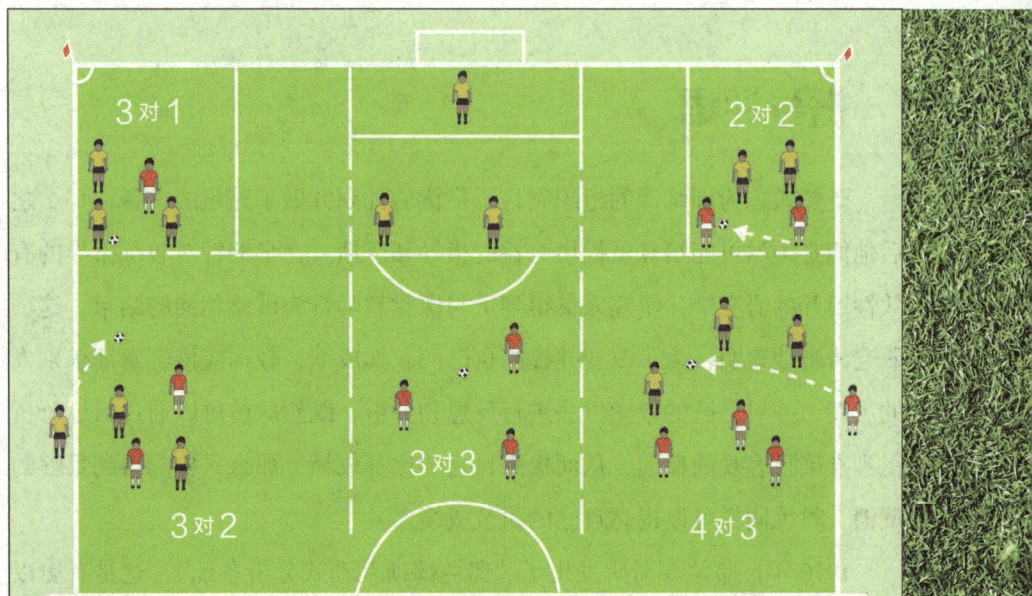

3 对 1

2 对 2

3 对 2

3 对 3

4 对 3

图 19.5

总之，为了确保训练的有效性，教练应该增强球员的满足感和自信心，组织一场成功的训练课应该强调一些重要的因素，具体如下：

- ⚽ 趣味性；
- ⚽ 符合实际；
- ⚽ 积极性和合理设置训练环节的顺序；
- ⚽ 进步；
- ⚽ 技巧；
- ⚽ 适应性；
- ⚽ 毅力；
- ⚽ 个体训练；
- ⚽ 守门员训练；
- ⚽ 守时；
- ⚽ 训练主题；
- ⚽ 管理；
- ⚽ 训练场地。

指导评语

既然教练为训练课的组织制订了最优的计划并做了充足的准备，那么之后他们必须尽可能给球员提供有益的指导和反馈。在早期针对教练指导的有效性展开的研究中，研究人员得到了与课堂教师行为试验相同的结果。这项研究清晰地表明：为了改变并提高自己的教学成绩，教师应该经常征求别人的反馈，并对自己的教学方法进行反思和分析。既然球员可以通过目标分析得到准确且客观的反馈，从而提高自己的比赛成绩，那么只要能得到足够的反馈，教练同样可以提高自己的执教成绩。

1970 年，弗兰德斯研发出了"弗兰德斯互动式分析系统"，这是有史以来首个以系统方法考核课堂内师生互动效果的观察工具。但直到 1989 年，梅茨勒才开始使用计算机辅助工具研究体育教学和运动环境中的师生教学行为。

尽管这些工具已经识别了口头指导行为的本质，但是它们还无法完全描述教练在足球训练环境中使用的指导风格。由于无法认识到有效指导的复杂性，这些早期的系统的运用范围只能被限制在一些基础用途上。20 世纪 80 年代末到 90 年代初，当时哥伦比亚大学运动分析中心的肯·莫尔研发出了一套计算机辅助执教分析工具（Coaching Analysis Instrument，CAI），专门用于量化分析教练在一节训练课中说过的每一句评语。计算机会把这些评语的录音与这节训练课的录像同步，帮助分析师回忆起记录的上一个行为，或搜索任何特定的行为或行为组合。图 19.6 是莫尔使用的工具架构。

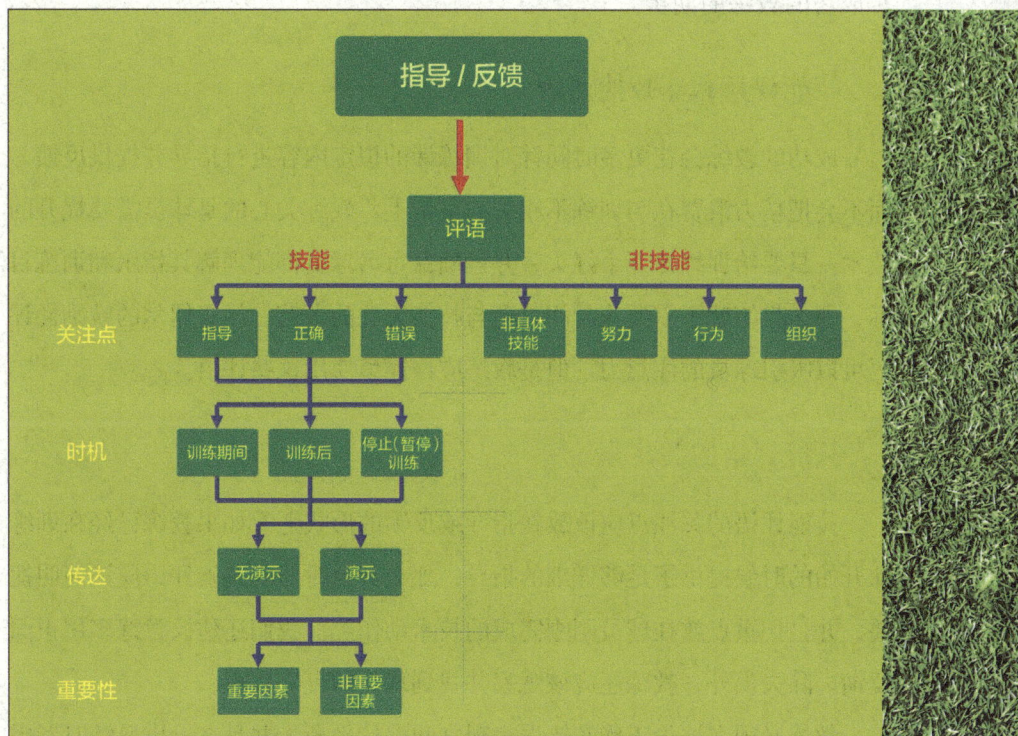

图 19.6

尽管这个架构最初是在一台计算机的键盘上绘制出来的，不过它已经被应用到一款名为 Focus X2 的表现分析软件上。这款软件能保持所输入的每条评语的完整性，允许用户对数据进行即时编辑并显示概要数据，它还提供即时互动权限，允许用户编辑与数据相关的视频。教练每发表一句评语，分析人员就用这款软件把这句评语完整地记录下来。但分析人员必须系统性地回答一个问题：记录的评语是否有关某个技能。例如，如果是一句非技能评语，那么它可能评价的是球员的努力程度和非足球相关行为，也可能评价训练的组织，还有可能是一句不具体的评语。但当评语直接指向某项技能时，分析人员就需要回答几个限制性问题：这句评语的关注点是什么？教练在什么时候说的这句评语？他在评价的时候有没有进行某种形式的示范？这些指导和反馈是基于教练具备最佳的执教实践经验。这些都是对成功的教练的期望。

技能评语和非技能评语

成功的教练会花更多时间针对训练课的拟定内容进行指导并提供反馈，而不会把精力浪费在与训练不相关的事情上。教练关心的是球员需要提升的技术。只要给训练课开个好头，并且确保每名球员都能理解其指示和训练目标，那么教练就不需要花时间处理与技能无关的事情。尽管偶尔的鼓励性评语可以吸引球员的注意力，但是教练应该谨慎使用这些评语。

技能评语的关注点

技能评语的关注点应该放在指导或反馈的形式上。如果教练已经在训练课开始的时候提供了足够详细的指导，那么其余时间的技能评语应该简明扼要，并且把重点放在球员刚刚完成的技术动作上。我们还建议教练多用正面反馈。除失误外，教练还应该观察并找到球员的良好表现。

教练必须在评价正确和错误表现之间保持平衡，并且在给出反馈时考虑到球员的年龄和能力差异。

技能评语的时机

教练应该仔细衡量提供指导和反馈的时机，这个时机往往视具体的训练任务而定。也就是说，当练习某项复杂的技巧时，球员可能在做技术动作的时候无法理解教练的反馈。因此，对教练来说，更合适的反馈时机也许是球员做完技术动作之后。此外，如果球员已经意识到自己的失误，那么教练也许可以等球员多尝试几次之后再给他提供简要的反馈。在训练球员的团队战术意识的过程中，暂停或中止训练进行讲解是一种非常有效的训练方法。当训练中所有球员暂停跑动的时候，教练讲解的要点可以传达到每个人，从而让所有人都参与到决策中来。

技能评语的传达

如本书前文所述，教练可以通过（自我）示范向球员讲解他们过去已经掌握及将来可能习得的出色球技。但不论以什么形式，教练必须牢记：他们的示范必须准确地体现这个技术动作的要领。此外，每次示范还应该伴随简洁清晰的口头提示，确保把球员的注意力吸引到关键的动作要领上来。不过，我们也明白，要求教练每说一句技能评语就进行一次示范是不现实的。口头评语仍将是最主要的反馈形式。但是，在可能的情况下，我们强烈建议教练进行示范。

评语的重点

评语的重点应该放在训练计划所确定的关键技术要领上。和本书介绍的诸多训练方法一样，球员会通过多种方式达成教练给他们制订的目标。

如果训练目标是增强传中能力，那么教练的关注点就是传中的关键动作要领。例如，如果防守球员在传中练习中出现失误，那么教练应该花时间纠正其错误动作，而不是批评他们的糟糕表现。

为教练提供反馈

　　肯·莫尔曾经用 CAI 记录了教练在一节训练课中的行为，然后以上文所述的标准对这些行为的变化进行量化。莫尔的分析结果证实了早前由劳伦斯·洛克于 1984 年发表的论断，他认为把数据作为直接的反馈信息可以帮助教练改善他们的执教行为。在莫尔的研究中，教练改变了他们的执教行为，并完成了最佳的执教实践。为了举例说明，我们在图 19.7 中列举了一种执教风格的相关数据。莫尔在每节训练课结束前会向教练提供这些数据，并通过视频回顾这节训练课的重要内容。除了量化数据和视频反馈之外，莫尔还向教练提供了分析师的评语和建议。

<table>
<tr><td colspan="4" align="center">评语汇总</td></tr>
<tr><td colspan="4">训练数　　　　　:2</td></tr>
<tr><td colspan="4">评语总数　　　　:129</td></tr>
<tr><td colspan="4">技能评语数　　　:115</td></tr>
<tr><td colspan="4">非技能评语数　　:14</td></tr>
</table>

分析 115 条技能评语			分析师说明
技能评语的关注点	指导	50	
	正确	35	自上次训练后有了很大的进步
	错误	30	
技能评语的时机	训练期间	65	减少在某个活动进行期间提供评语的情况，球员不会注意这些评语。展示不需要的多条评语的教练视频示例
	训练后	35	
	停止（暂停）训练	15	
技能评语的传达	演示数	17	尝试改变所用的演示类型
评语的重点	重要因素	84	非常好，继续让这个数字不断增大
	非重要因素	31	
分析 14 条非技能评语			
	非具体技能	6	这很好，尽可能让这些数字变小，尤其是非具体技能评语
	成就	0	
	行为	1	
	组织	7	

图 19.7

　　在与分析师一起回顾和讨论这些数据后，教练被要求把自己对训练的反思及收到的反馈写下来。在下次训练开始前，他们会给接下来的训练课制订需要达到的执教目标。让教练了解自己的执教行为的特征是执教过程的一个重要组成部分。

结语

我们强调了将客观的比赛分析融入执教过程中的重要性。在图Ⅵ.2中，我们概括了一些创新，试图通过改变球员和教练的行为增强训练的有效性。随着新方法的应用和行为的改变，教练的执教风格也会发生变化。尽管我们认为教练需要扮演多种角色（从球员的营养师到公关发言人），但是他们的首要职责仍然是在训练中给球员提供指导与反馈。只有在教练的正确指导下，球员才有可能拿出最佳的表现。在指导的过程中，教练需要应用许多技巧，例如训练的规划和组织，以及向球员示范这些反馈和指示。如上所述，教练的职责是告诉球员需要做什么、怎么做，可能的话，还需要告诉他们怎么才能做好。既然球员可以从别人的反馈中获益，那么教练应该也可以从别人的反馈中获益。既然他们的首要职责是指导训练，那么我们有理由对教练在训练中的行为进行分析，就像我们分析球员的行为那样。在本章中，我们强调了几种可以帮助教练优化表现的最佳执教实践方法。通过本章介绍的系统性分析方法优化教练的执教行为是可能的，球员和教练都可以从针对执教方法的客观分析中获益。

结语

在本书中，我们参考了足球分析和技能习得领域的研究成果，设计了一些能帮助所有年龄段的球员获得最佳训练效果的训练方法。在整本书中，我们强调了教练必须考虑的一些要点。在最后，我们对影响训练效果和比赛成绩的几个重要因素做了总结。

符合实际

我们已经强调过，在训练目标的限制下，教练应该尽可能让每项训练内容接近实战。要让训练符合实际，教练必须在比赛表现的基础上设计训练课。符合实际的训练能最大限度地提高训练转化率。

训练

毫无疑问，在训练某项技能的过程中，给球员提供充分的反馈和指导能帮助他们提高这项技能。在得到正确反馈的前提下，球员的训练次数越多，他们对这项技能的应用就越得心应手。

准备

教练应该为每项训练精心准备一个主题，这个主题是从比赛分析和观察中识别出的某项重要的具体技术。

决策

在整场比赛中，球员每时每刻都需要进行决策。这些决策往往决定了他们接下来要做的动作。如果球员能提前决策，那么他们就会有更充裕的时间完成某个技术动作。决策应该成为每项训练中不可或缺的一部分。但是教练应该努力减少球员需要考虑的选项数量。面对的选择越多，球员就会变得犹豫不决，他们的反应时间就会越长。

活跃性

训练气氛必须活跃，而且训练应结构紧凑，这样才能让球员不断地积极跑动。让球员排队等待的训练可能会导致他们心不在焉。

趣味性

除了活跃性之外，训练还需要具备趣味性。球员应该享受他们的踢球过程。

有球训练的时间

只有多和足球接触，球员的球技才会提升。因此，教练应该努力确保训练用球的充足，并且在训练中鼓励球员多和球接触。

支援

不论在进攻战术中还是在防守战术中，目标都是让本方在球所在的区域周围形成人数优势。为了实现这个目标，全队必须明白提供支援的重要性：他们既可以和带球进攻的球员进行配合，也可以帮负责逼抢的防守球员补位。

穿透性

英足总前任训练总监艾伦·韦德强调，最重要的进攻原则就是穿透性（准确地利用防守球员身后的空当进行传球）。本书及我们在本书中参考的那些研究成果都不约而同地强调了穿透性原则的重要性。

防守

团队协同防守的重要性丝毫不亚于进攻。所有球员都必须清晰地理解团队防守的原则，这样才能让每名球员朝共同的目标（例如，阻止对方射门，然后重新夺回球权）努力。

机会

我们可以把比赛看成一系列机会的集合。球员应该懂得如何创造和识别机会，以及抓住利用这些机会的正确时机。

循序渐进

在一节训练课中，训练内容的难度应该循序渐进。把难度提高到接近实战的程度可以让训练变得更有意义。

对球员的了解

教练必须意识到不同球员之间的个体差异。尽管球队在攻防两端必须力往一处使，但是每个人理解和学习的速度和方式是不一样的。教练应该意识到这些差异，并且在训练中做出相应的调整。

训练要点

我们可以把本书中的训练要点看作教练希望和球员分享的训练提示或要点。例如，教练不应该花太多时间解释技术动作的生物力学原理或者确保球员领会每节训练课中的每个训练要点。球员想要的是简单的、能帮助他们提高技术水平的要点，然后他们需要进行大量的训练。正确的训练方法能帮助球员降低对教练指导的依赖程度。教练可能只需要在一项技术训练中提供一两次口头指导。就是在提供指导时，教练也应该言简意赅，最好进行示范或者使用标准模型。记住，与其重复提供口头指导，不如少说多练再加上示范。

信息

对足球运动员来说，信息这个词就是一个矛盾点。一方面，球员应该接收尽可能多的有关表现的准确而客观的信息（见第一部分），但是另一方面，教练又必须努力减少球员在比赛中需要处理的信息量（见第二部分）。

团队协作

在每场比赛中，球队都必须团结一致。只有每名球员都了解每次配合的总体目标（不管是进攻还是防守），他们才能更容易地履行好自己的职责。只有这样，整个球队的技术水平才能在教练的指挥下更上一层楼。

观察

教练应该仔细观察球员的表现，而不是冷眼旁观。在足球比赛中，观察是一项需要勤加练习才能熟练掌握的技能。我们在本书中介绍了一些客观观察的手段。

对足球比赛的了解

教练必须了解足球比赛是一个连续的过程，球员的每个动作都会产生一连串的结果。教练需要让球员明白导致某种结果的原因是什么，而不是仅仅满足于结果。因此，教练应该尽可能多地观看各个级别的足球比赛。

分析

在评估球队和球员表现之前，教练应该首先对比赛进行客观分析（可能的话，对训练课也要进行分析）。教练可以使用的分析工具有很多，有时可以是简单的一支笔和一张检查表，有时可以是一套先进的计算机视频软件程序。总的来说，在过去几十年里，表现分析领域的研究已经取得了长足的进步，相关研究成果的应用范围也扩大了。和大多数领域一样，随着科技的进步和研究成果的增加，人们已经研发出了大量足球表现分析方法（尤其是符号分析系统）。以前，先进的分析系统虽然已经问世，但由于价格太高，有条件使用这些系统的可能仅限于那些资金雄厚的球队（也就是最成功的球队）。但过去 10 年来，计算机和录像机的成本已经大幅下降，许多软件公司应运而生，它们针对各种表现分析需求研发了专业级的分析软件并将其投入市场。现在大多数球队和个人已经有能力负担这些用于记录和分析表现的必备设备。但是，拥有这些设备与有效地利用它们可不是一回事儿。在接下来的 10 年里，表现分析的难度极有可能大幅度降低。随着符号分析系统在职业足球领域的普及，我们认为有必要培训一批专业的运动科学家。目前，为了满足这个需求，仅在英国就有许多大学已经开设相关的课程和研究项目，还有一些大学正在研发课程并储备专业人才，例如卡迪夫城市大学、利物浦约翰穆尔斯大学、拉夫堡大学、切斯特大学、诺丁汉特伦特大学、米德尔塞克斯大学、伯明翰大学、伍斯特大学、中央兰开夏大学以及奇切斯特大学。在世界范围内，还有很多大学（大多数是研究生院）同样开设了相关课程，并提供运动训练学和运动分析学的专项认证项目。在旺盛的需求下，符号分析领域的研究人员会研发出越来越多新的方法、更适用的统计过程以及更简单的输出格式。这些成果又将进一步被体育组织和公司应用，造福所有的分析师、教练和球员。

致谢

封面设计：伊娃·费尔德曼

排版：桑娜·英德雷斯特

插图：伊恩·弗兰克斯、蕾切尔·爱普特

（以上为原版书的信息）

参考文献获取说明

请按以下步骤说明获取本书参考文献。

步骤1 打开手机微信"扫一扫"。

步骤2 扫描右侧二维码。

步骤3 进入人民邮电出版社"人邮体育"微信公众号关注界面，点击"关注"。

步骤 4 关注成功后，界面如右图所示。

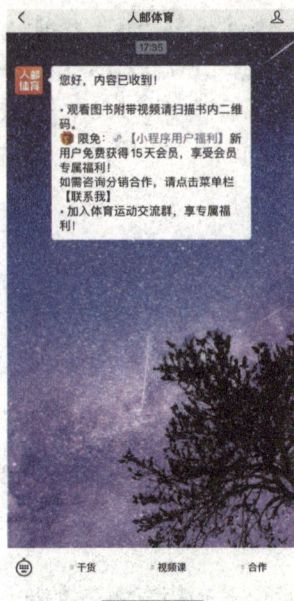

步骤 5 再次打开手机微信"扫一扫"，扫描左下方二维码，出现右侧界面，点击"允许"，即可获取本书参考文献。

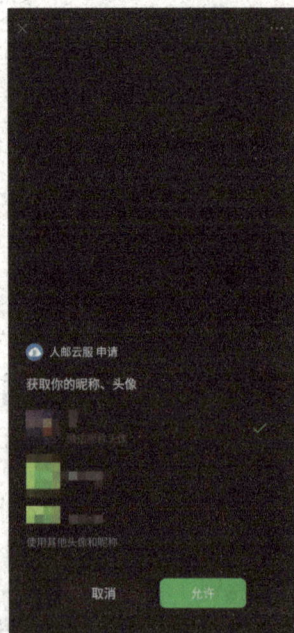